转型时期城市效率
与产业结构调整

王 珺／著

Urban Efficiency and
Industrial Structure Adjustment
in the Transition Period of China

社会科学文献出版社
SOCIAL SCIENCES ACADEMIC PRESS (CHINA)

目 录

第一章

绪论

一 研究背景

党的十九大报告指出："我国经济已由高速增长阶段转向高质量发展阶段，正处在转变发展方式、优化经济结构、转换增长动力的攻关期，建设现代化经济体系是跨越关口的迫切要求和我国发展的战略目标。"要加快建设现代化经济体系，就必须以供给侧结构性改革为主线，推动经济发展质量变革、效率变革和动力变革，提升全要素生产率。在这三大变革之中，效率变革是贯穿始终的主线。我们在讨论效率变革的时候，不能忽视空间上的配置效率问题。这就涉及对城市和城市群的效率评价。

经济意义上产生的人类城市，本身就是效率驱动的产物。在传统经济时代，为了降低交易成本，人们选择在交通便利的地区进行集中交易，"集"而成"市"。到了现代经济时代，无论是工业化大生产还是提供高水平的服务，都必须达到一定的经济规模后才具备经济效率上的可行性。为了追求这种规模效率，各种要素在空间集聚程度上不断加快，由此导致了突飞猛进的城市化运动。近代史上工业化的推进是和城市化的推进同步发生的。那些已经进入后工业化阶段的全球主要发达经济体，城市化率都在70%以上，很多突破了80%。城市化的过程就是空间配置效率提高的过程。

人们通常是围绕城市规模来讨论城市效率。城市的平均工资水平是度量城市效率的一个直观指标，因为它可以大致衡量城市中劳动者的平均劳动生产率。在同一个国家的大城市和小城市之间，平均工资水平往往有较大差异。这种差异往往来自大小城市在产业结构上的差异，大城市集中了更多高技能、高报酬的行业部门。除此之外，即便是在同一个行业，大城市和小城市就业者的平均工资也存在差异，大城市的平均工资会更高。平均工资水平的差异显示，大城市通常会比小城市更具有投入产出意义上的经济效率。城市经济理论认为，大城市的规模优势能产生更多外部性收益，进而为大城市中的经济活动创造更多的规模经济报酬。这也解释了为什么世界各国的主要城市变得越来越大。从这个角度来看，政府放开人口流动，或者说为人口流动创造更便利的条件，让更多的人去效率更高的大城市，等于从空间配置的角度提高了一个国家的全员劳动生产率。

由于在相当长一段时间内，中国执行的是控制大城市规模的城市化政策，这个政策是否符合效率原则，就成为过去十多年间中国区域与城市问题研究的一个重点领域。图 1 - 1 显示了 2000 年不同规模城市人口分布的中国与世界平均水平的比较。2000 年，世界有 37.3% 的城市人口居住在 10 万 ~ 100 万人的小城市中，而中国这个比例达到了 53.5%；世界有 9.6% 的城市人口居住在超过 1200 万人的超大城市里，而中国仅有 3.9%。显然，运用户籍政策等行政控制手段是造成中国和世界一般分布规律差异的重要原因，由此很可能隐含着巨大的城市效率损失。随着中国市场化程度的提高，以劳动者为代表的要素自由流动程度提高，推动人口加快向大城市和超大城市集聚。表 1 - 1 显示了 2005 年和 2015 年中国不同规模的城市数量对比，这 10 年间的一个总趋势是 100 万人及以下的中等城市和小城市数量减少了，100 万人以上的各类大城市数量均有上升。但是，这种上升水平离充分发挥城市效率还有多远，是已经到了一个基本适宜的程度，抑或应该继续加快发展？国内外许多学者从不同角度进行了测算。大部分研究结论认为，中国城市规模不合理，小城市太多，大城市不够大，远远没有达到最优效率规模（Au and Henderson，2006b）。基于这个结论，许多研究建议国家应该放松对城市，尤其是大城市的入户限制，通过扩充城市规模来提高城市效率。这个建议已经逐步被政策制定者接受，近年来，中国的城市化政策经历了一个从放松中小城市入户限制到不断放松大城市入户限制的显著转变。

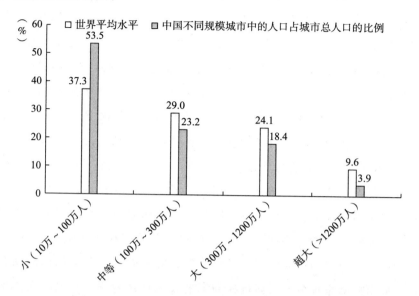

图1-1 2000年不同规模城市的人口分布（中国与世界平均水平的比较）

注：数据误差是由四舍五入造成的。

资料来源：Henderson（2007b）。

表1-1 中国城市规模体系

城市类别		按城市人口规模分类	城市数量	
			2005年	2015年
超大城市		超过1000万人	3	4
特大城市		500万~1000万人	6	9
大城市	I型大城市	300万~500万人	8	13
	II型大城市	100万~300万人	97	123
中等城市		50万~100万人	108	92
小城市		50万人及以下	65	51
地级及以上城市总量			287	292

资料来源：《中国城市统计年鉴》（2006年、2016年），未含西藏及港澳台地区数据。

与城市效率密切相关的还有城市的产业结构。产业结构意义上的城市效率可以分为静态视角下的当前产业结构高端化水平，以及动态视角下的城市持续推动产业升级和结构调整的能力。显然，产业结构越是高端化，投入产出效率越高，城市效率也越高。另外，创新能力是城市效率的一个重要指标，一个城市具备持续创新的能力，推动产业升级和结构调整，也是城市效率的应有之义（Glaeser et al.，1992）。但是在以往的城市效率研究中，人们很少专门讨论产业结构问题，而是仅仅把目光落到城市规模上。这种情况出现的原因在于，城市经济理论预言，城市规模会决定产业结构。不同规模的城市会因其行业的规模经济和集聚收益不同而形成专业化分工，导致不同行业会相应集聚到不同规模的城市之中（Henderson，1974），形成我们目前所看到的，以总部和高级商务服务为代表的大城市和以普通制造加工业为主的中小城市（Duranton and Puga，2005）。因此，从城市效率的角度来看，在城市规模和产业结构之间，通常存在一个"中小城市专业化，大城市多样化"的基本对应关系（Glaeser et al.，1992）。不仅如此，城市之间形成恰当的规模布局还能有效推动产业结构的动态调整。大城市的效率优势不仅体现在静态的投入产出效率上，同时还体现在动态的创新能力上。城市规模越大，就能集聚越多不同的行业和技能越高的劳动者，由此会形成创新上的外部性，这些城市就会成为理想的创新孵化基地，不断孵化新兴产业。因此，如果大小城市之间形成合理的规模分布，城市效率得以持续发挥，那么多样化的大城市就会不断孵化新兴产业，而专业化的中小城市负责承接大城市转移的成熟产业，由此持续推动产业升级（Duranton and Puga，2001，2004）。从这个角度来看，我们研究城市效率无须再特别关注产业结构问题。

但是，这种研究思路未必适合中国。规模决定产业结构进而决定城市效率的逻辑，是建立在要素流动便利、没有市场失灵的理想市场经济体系中，并不一定适用于市场经济尚在逐步健全过程中的发展中国家。我们注意到，拉美地区的城市化率已经超过欧洲发达国家。其他许多发展中国家或地区，例如非洲，城市化率也正在快速提升，整个非洲大陆的城市化率达到43%，相当于中国2005年的水平①，但是非洲目前的整体发展水平显

---

① 据联合国经济和社会事务部（UN DESA）公布的《2018年世界城市化趋势》，2018年全球城市化率平均为55%，其中最高的为北美洲的82%，其次是拉丁美洲和加勒比地区的81%，接下来是欧洲的74%和大洋洲的68%，亚洲的城市化率接近50%，最低的非洲的城市化率也有43%。2018年中国城市化率为59.58%，相比之下，远低于拉丁美洲和加勒比地区。

然离 2005 年的中国还有差距。此外，如果城市规模大就意味着城市效率高，那么在以人口排行的全球十大超级城市中，印度有两个，巴西有一个，墨西哥有一个，埃及有一个，孟加拉国也有一个。但是上述国家的中心城市大多没有表现出令人满意的经济绩效和创新能力。造成这种情况的原因在于，这些欠发达国家的国民在工业化没有充分展开的情况下，出于改变生活的渴望涌入了大城市，这种没有工业化相配合的城市化和大城市膨胀造成了大量的城市贫民窟，虽然扩大了城市规模，但是对于空间配置效率的改善相对有限。一些非洲城市化的研究指出，非洲城市化的主要动力并不是由工业化推动的，而是由于大规模出口原材料带来了消费能力的提升，在消费需求驱动下而实现的城市化。这种人口集聚对城市效率的提升效应，应该是比不上工业化推动的城市化。这说明，至少对于发展中国家而言，单一用城市规模来衡量城市效率是不充分的。

中国特殊的制度安排也是研究中国城市效率不仅要考虑城市规模，同时也要考虑产业结构的重要原因。对于中国城市而言，除了城市自身规模外，其产业结构明显受到国家政策和地方政府行为的影响。实际上，不同时期的国家工业布局战略和工业化推进政策，以及不同工业化阶段对于资源要素的需求变化，是导致一些城市兴起或者衰落的重要原因。例如在新中国成立早期全面发展重工业的时代，资源型城市作为国家基础能源和原材料的供应地，推动了如鞍山、攀枝花、包头等工业城市的兴起。这些城市的规模不是很大，但是产业结构在当时是相对高端的，其城市效率虽然受到城市规模不足的影响，但在当时应该是高于很多规模更大的城市的。地方政府的行为也会极大地影响城市的产业结构。中国各地政府都高度重视本地的产业升级和结构调整问题，各个城市的五年规划中，有关产业发展的规划都是重点内容，同时还会制定专门的产业五年规划和产业发展规划。这些规划在很大程度上决定了下一阶段政府对人、财、物和土地资源的投放方向。从城市效率的角度来看，这种做法有弊有利。利的一面是，它有利于克服市场失灵，加速产业升级和结构调整。弊的一面是，它扭曲了市场机制，有可能用"长官意志"替代市场规律，造成资源的错配。理论上，不同规模的城市适宜配置不同的产业部门。一些前沿性的创新活动和相关产业出于共享大型基础设施、获取信息的效率原则，适合在产业结构多样的大城市进行。如果由于行政导向，在小城市强行布局高技术产业，或者大量投入创新资源，就会造成资源错配的效率损失。由于地方政府往往存在盲目追求产业高级化的行政驱动，以及"一刀切"的行政执行方式，这种错配情况很可能普遍存在。为科学研究中国的城市效率，我们不仅仅要关注城市规模，更要将产业结构、创新活动与城市规模结合在一起，才能准确分析中国的城市效率分布及其变动。

最后，中国的城市化已经进入城市群时代，我们考虑城市效率，不应该仅基于单体城市，还要充分考虑城市群内不同城市之间的协同效率。这种协同效率是通过外部性和分工来获得的。所谓城市群的外部性，是指同处于一个城市群中的不同城市，可以彼此共享城市群规模经济带来的收益。例如，在城市群中，中心城市的机场、港口等交通枢纽设施可以为周边城市所共享。由多个城市共同形成的区域性大市场，也远比单个城市更能够有效地吸引要素集聚。另外，城市群内的不同城市还可以通过彼此之间的产业分工和功能分工获得分工效率。之前说的周边城市共享中心城市的交通基础设施，就是中心城市和周边城市的一种典型分工形态——由中心城市向周边城市提供中心城市才具备的高质量服务。此外，之前所说的那种大城市负责孵化创新、小城市负责制造的一种功能分工，也是创新驱动阶段城市群的一种重要分工形态。但是，这种分工在中国很有可能会遇到行政干预的障碍。正如我们之前所说，在每个地区都追求产业高级化的行政驱动和"一刀切"的行政执行方式下，各个城市的地方政府都有很强的动机"画地为牢"，不同城市的产业定位相似程度很高并照此引导本地产业发展，最后导致城市之间产业趋同，破坏了城市群应有的分工，降低了城市群应有的效率，尤其是创新效率。为了更好地解决这个问题，将城市效率研究从单体城市推进到城市群到了刻不容缓的阶段。

二　研究内容

本书的研究目标是揭示产业结构调整对中国城市效率的影响。我们希冀通过理论和实证两个层面深入探讨城市产业结构与城市效率之间的关系，明确二者之间的联系机制，从而以调整、优化城市产业结构为根本抓手和着力点，找到城市效率改善的"钥匙"，进一步完善城市化的市场机制和政府产业政策体系。

为了完成这个目标，本书围绕以下几个方面展开了研究。

第一，打开城市效率的"黑箱"，将城市效率进一步明确分解为规模效率、配置效率和技术效率。城市经济理论从集聚外部性视角入手，提出了城市效率源于三个微观机制，即共享、匹配和学习，在新古典经济学的理论框架下为城市效率提供了一个清晰的、精炼的、结构化的解释。通过对城市效率的分解，本书从理论层面尝试将这三个微观机制和这三类城市效率进行对应。规模效率是指专业化分工后，城市中的企业家可以从更大范围获得广泛的投入品供给，以获取更大的生产成本优势，发挥生产中的规模效应，这主要对应于城市外部性中的共享机制；配置效率是指由于资源的稀缺性以及寻找资源的时效性，生产者为了更有效地实现组织目标，需要合理搭配要素取得更高的运行效率，达到社会产能的最优化，这主要对应于城市外部性中的匹配机制；技术效率是指城市发展带来的技术创新，能够适当降低对劳动力、资金等有形要素的投入比例，技术、知识等无形要素的需求不断增加，使企业对价值的寻求朝着更加精准的方向前进，谋求更具附加值的技术，同时也加快了技术的传播，这主要对应于城市外部性中的学习机制。

第二，在理论上打开城市效率"黑箱"的基础上，我们将城市效率与中国城市产业结构调整联系起来，实证检验了中国城市的产业结构变化如何影响这三类城市效率。在城市发展的初期，城市规模的扩大和工业发展对生产性服务业的需求增加推动了生产性服务业由专业化向多样化转变，带动了商务咨询服务、金融服务、信息服务等现代服务业的发展，服务业市场进一步扩张和细化，这会相应提高城市效率。当城市规模进一步扩张，住房成本、通勤成本等城市生活成本上升时，企业的劳动力、土地等生产要素成本也随之上升，这又会降低城市效率。在市场机制的作用下，城市内部原有的低成本导向的产业部门在城市生活成本上升后，由于缺乏赢利能力，会向外转出，为更高生产率的产业部门腾出空间。城市通过这种产业升级抵消生活成本上升压力，持续提高城市效率。由此存在两个方面的问题，一方面，各种市场失灵因素可能导致原有的产业部门不愿意迁出，致使新的产业部门无法及时进来，这会抑制城市效率的提升；另一方面，不恰当的行政力量因素会阻碍要素在新旧产业部门之间的再配置（对城市而言，重要的要素除了资本和劳动力之外，还包括土地），会阻碍产业升级的顺利进行，同样也会抑制城市效率的提升。在本书中，我们首先从整体层面研究了自 20 世纪 90 年代后期以来中国不同地区城市效率的变动趋势，再分别考察了城市产业升级和结构调整对规模效率、配置效率和技术效率产生的影响。

第三，我们进一步考察了城市产业结构调整对城市群整体效率的影响。城市群（城市体系）视域下的城市效率已经不再是单体城市的简单加总，而是由一个具有复杂内部秩序的城市体系产生。一个城市要提升自身的效率水平越来越依赖与其他城市，尤其是周边城市的互动。城市群内部的分工形式和分工机制是多样的，不仅包括大城市与中小城市之间的垂直分工，还包括大城市间、中小城市间的水平分工。通过这些不同的分工机制，城市群内部会形成一种有利于整体效率提升的、纵横有序的、差异化的产业结构。在本书中，我们分别考察了中国城市群内部产业结构是如何影响规模效率、配置效率和技术效率的。

三　研究意义

讨论中国城市效率问题不能绕开中国特定的制度安排，这些制度安排直接影响要素的流动和配置，进而影响城市效率是否得以充分发挥。只有弄清楚中国所处的特定制度环境，才能避免外国理论在中国的生搬硬套。

基于本书的研究内容，我们认为有两类特定的制度安排非常重要。

第一，行政区经济模式深刻影响城市效率。中国区域发展受行政边界分割的影响，地方政府手中仍然掌握着大量的经济、社会和政治资源，财政分权制充分激励了地方政府"为增长而竞争"，但也产生了一些负面的激励扭曲。为了保证本城市的经济增长和财税收入，政府除了大力招商引资推动产业结构调整升级外，还牢牢抓住原有的产业。为了容纳尽可能多的经济部门，地方政府倾向于使用各种行政手段扩大城市建设用地规模（王小鲁，2010）。这一方面导致了"摊大饼"式的城市发展规模，造成了大城市过度膨胀。另一方面严重干扰了大小城市之间的市场分工机制，扭曲了城市产业结构。此外，地方政府以户籍制度、行政收费、市场保护、交易成本、土地价格等政策手段为工具，干预劳动力、资本等要素和商品的自由流动。

第二，自上而下铺开的产业政策也深刻影响城市效率。产业政策作为促进产业增长和效率提升的政策，在世界各国（尤其是发展中国家）都得到长期而广泛的应用。在20世纪80年代末，国家全面推行的产业政策成为我国政府经济管理与经济调控的重要工具。中国的产业政策体系经历了一个由计划管理与选择性产业政策混合向以选择性产业政策为主体、以功能性产业政策为辅助的转变过程（江飞涛、李晓萍，2018）。地方政府往往会借助直接行政干预和间接引导的措施，以配合国家及省级层面产业政策的实施，改变地区产业发展格局。一般的直接行政干预手段包括市场准入、项目审批、贷款行政核准、目录指导以及强制性淘汰落后企业等；间接引导则强调地方政府通过给予重点发展产业内企业资本、土地、劳动力等要素资源的优惠措施支持，改变要素资源跨行业配置，实现重点行业快速扩张（张莉等，2019）。

本书充分考虑上述制度安排约束，将产业结构引进对中国城市效率的考察之中。具体而言，本书的研究意义主要体现在四个方面。

一是通过将城市效率分解为城市配置效率、城市规模效率和城市技术效率，进一步打开了城市效率的"黑箱"。近几十年来，人们一直试图理解城市为什么是一种有效率的经济组织，由此实证检验现有的城市体系是否科学合理，从规范层面提出更好的城市发展模式。现在，我们已经知道，影响城市效率的来源非常复杂，共享机制、匹配机制和学习机制分别作为三种不同的外部经济机制，从不同途径影响以投入与产出测度的城市效率。但是，相比于已经被成功打开的城市经济外部性"黑箱"，我们对城市效率定量测度依然习惯采用单一指标，不足以反映不同类型的城市效率。通过将城市效率分解为三种不同类型，我们可以具体描述是什么原因导致了城市低效率。第一个原因是城市内部不同产业部门之间的搭配不是最优的生产组合，也就是缺乏配置效率；第二个原因是城市生产活动偏离了最优生产规模，也就是缺乏规模效率；第三个原因是城市作为一个整体，其生产函数落到了生产可能性边界内部，也就是缺乏技术效率。不难推断，共享机制、匹配机制和学习机制很可能对这三种城市低效率的影响程度是不一样的，由此为我们进一步深化对城市效率的机制理解，找到了切实可行的推进途径。

二是从产业结构优化的角度来观察城市效率，建立了一个符合中国经济制度的城市效率研究框架。长期以来，我们对中国城市效率的研究都是基于现有的西方经济学框架进行的。在西方的经济制度下，产业布局的变动基本上是依靠市场自发机制推动完成的，要素在效率机制（包括城市效率）的推动下跨空间和跨部门流动，实现产业升级和产业布局的空间调整。但是对于处在赶超阶段的中国而言，从中央到地方都一直在实施积极的产业政策，产业结构的调整和产业空间的布局在很大程度上是政府规划布局的结果，而这种布局的合理性直接影响城市效率。因此，在相当大程度上，中国和西方在城市效率和产业结构上的因果关系是反向的，不是效率机制推动了产业结构调整，而是产业结构调整决定了城市效率。如果我们没有意识到经济体制带来的差异，简单使用西方经济学框架来分析中国的城市效率问题，很有可能得出错误的结论。

三是将城市效率的研究拓展到城市群的研究上，适应了区域经济发展格局的趋势性变化需求。党的十八大后，中央会议多次提出要发展城市群，形成以城市群为主体构建大中小城市和小城镇协调发展的城镇格局。党的十九大报告提出要大力实施区域协调发展战略，形成以城市群为主体、大中小城市和小城镇协调发展的城镇格局，中国已进入将城市群作为城市化发展主要形态的阶段。仅仅从单体城市角度去研究城市效率，已经不能与新时代的区域经济发展格局相适应了。

四是对政府正确制定产业政策和城市发展政策应用的意义。长期以来，中国的产业政策和城市发展政策都无法摆脱趋同效应和羊群效应，不管是沿海、内地还是大城市、小城市，在拟定城市产业规划进行产业选择的时候，往往习惯政策跟风，而很少考虑到是否真正有利于提高本地城市效率。此外，各个城市在进行产业选择的时候缺乏分工意识。本书对城市效率的研究既突出了产业结构的影响又突出了城市群的影响，前者旨在解决科学选择产业的问题，后者旨在解决城市群内部、城市之间分工合作的问题。在中国城市化已经发展到强调城市配合分工的城市群阶段，对于如何发挥市场在资源配置中的决定性作用和发挥政府作用，制定有效的产业政策，城市效率为相关的政策研究和政策制定提供了一个有效的分析工具。

四 章节安排与主要发现

本书共分为七个章节。

第一章提出研究背景、研究内容、研究意义，以及章节安排与主要发现。本章提出了两个重要观点：第一，基于市场失灵的存在，以及中国特殊的制度安排和发展阶段，劳动力和资本的流动并不是完全充分自由的，仅仅用城市规模来考察城市效率是不完整的，需要直接从产业结构的视角入手，完整全面地分析中国的城市效率问题；第二，随着中国城市化已经进入城市群阶段，我们不仅仅要关注单体城市的效率，更要研究城市群的效率。

第二章首先从投入产出理论和集聚经济理论两个视角阐述了城市效率的内涵。从投入产出理论的视角来看，城市效率是城市的生产效率，即生产活动在城市层面上的投入产出比。城市效率在计算时可以用劳动生产率和全要素生产率进行衡量，这也是基于投入产出理论视角的优势所在。但它充其量只是一个测量理论，而不是一个解释机制的理论，没有突出城市这种现象的本质特征。集聚经济理论认为，城市是经济活动集聚的结果，在城市内部通过"共享、匹配、学习"等多种机制，实现集聚经济。与此同时，经济活动集中所造成的"集聚不经济"也会抑制城市规模无限扩张的趋势。集聚经济和集聚不经济这两个作用相反的力量（向心力和离心力）的互动塑造了城市效率。因此，从集聚经济的角度来看，城市效率是指城市的规模经济和拥挤成本之间的相对关系，并为将城市规模作为判断城市内部经济活动的效率提供了可能性。进一步地，本书指出，在我国的政治经济体制下，进行产业结构调整是政府进行经济管理与经济调控颇为重要的工具，也是地方政府提高城市效率的工具，它是城市效率的"因"而非"果"。基于以上逻辑，我们将城市效率分为配置效率、规模效率和技术效率三个维度，从理论上阐释城市产业结构（如专业化、多样化的城市）如何分别影响城市配置效率、规模效率以及技术效率。对于单体城市来说，政府进行产业结构调整需要尽量引入与原有产业基础有较大关联或者相互溢出较高的产业，同时转移那些相互溢出较低的产业。对于由多个城市构成的城市群而言，构建合理的城市间产业分工体系是提高城市群效率的关键。

第三章重点刻画城市效率、城市产业结构的分布现状、演进趋势，在整体上描述中国城市效率和城市产业结构的分布特征和变化情况。本书基于随机前沿生产函数法测算中国城市整体效率，从城市规模、行政级别、所属地区、通达性等方面描述中国城市效率及其动态变化，并发现以下基本经验事实。城市规模与城市效率之间呈现正相关关系；自东向西中国各地级及以上城市的效率总体呈现下降的趋势；中部城市和西部城市的效率分布整体比东部城市更加分散；城市效率总体上伴随城市行政级别提高而提高；靠近铁路干线城市的效率往往高于不靠近铁路干线城市的效率；城市效率总体上随与港口距离的增加而降低；第三产业占比与城市效率总体上呈反向变化关系。1996～2013 年，除特大及以上城市外，其他不同人口规模城市的效率均值长期维持在一个相对固定的水平；西部城市的效率均值呈现波动幅度较大的上行趋势，中部城市的效率均值呈现波动幅度较大的下行趋势，东部城市的效率均值则长期维持在一个相对固定的水平；省级城市的效率均值呈现震荡上行趋势，而其他行政级别城市的效率均值则长期维持在一个相对固定的水平；总体上，靠近铁路干线城市的效率均值呈现震荡上行趋势，而不靠近铁路干线城市的效率均值则长期维持在一个相对固定的水平；与港口距离不同城市的效率均值大致维持在一个相对固定的水平。另外，本书还以三次产业的产值占 GDP 比重来表示城市的产业结构，从城市规模、行政级别、所属地区、通达性等方面来分析城市产业结构及其变化趋势，并得出以下主要发现。特大及以上城市和大城市的第三产业占比随人口的增加而上升，第二产业占比随人口的增加而下降；中等城市第二、第三产业占比随人口规模的增加而基本保持不变；小城市的第三产业占比随人口的增加而下降。中国各地级及以上城市的第二产业占比自东向西呈现先上升后下降的变化趋势，第三产业占比自东向西以不断放慢的速度下降。中国各地级及以上城市的行政级别越高，其第一产业和第二产业占比越低，第三产业占比越高。比起不靠近铁路干线的城市，靠近铁路干线的城市往往其第二产业占比更低，而第三产业占比更高。总体上，中国地级及以上城市与港口的距离越近，第二产业占比越低，而第三产业占比越高。从城市群来看，第二产业占比最高的为珠三角城市群，其次是长三角城市群，最后是京津冀城市群。对于第三产业占比来说，这一结果正好相反，第三产业占比最高的为京津冀城市群，其次是长三角城市群，最后是珠三角城市群。从时间演进分析，特大城市第二产业占比总体呈下降趋势，大城市和中等城市第二产业占比则保持平稳，小城市第二产业占比呈先上升后下降的趋势，四类城市第三产业占比在1996～2013年都总体呈上升趋势。东部城市第二产业占比总体上呈现先上升后下降的趋势，中部和西部城市的这一比重总体上呈现上升的趋势，2008年后中西部城市的第二产业占比逐步超过东部城市。就第三产业占比来看，2008年后，东部城市这一比重稳步上升，中西部城市则呈现先下降后上升的趋势。从行政级别来看，一般地级市的第二产业占比要远远高于其他类型的城市，且总体呈现上升趋势；省级城市、副省级城市和省会城市（非副省级城市）的第二产业占比非常接近，且总体呈缓慢下降趋势。从城市群来看，1996～2013年，长三角和京津冀城市群的第二产业占比总体震荡下降，长三角和京津冀城市群的第三产业占比总体呈现震荡上升趋势，珠三角城市群的第二产业及第三产业占比基本维持平稳不变态势。

第四章主要从产业结构变化角度考察了我国城市的配置效率。城市配置效率对我国总体经济发展效率有着关键性影响，目前我国城市化深入推进已经为城市配置效率的进一步提升创造了良好的条件，但也存在较大挑战。在方法上，本章采用了劳动生产率增长的分解公式，根据该公式，地区的劳动生产率增长可以分解为两个部分，一是地区各产业自身劳动生产率的上升，二是劳动生产率较高行业所占比重的上升，后者可称为结构效应，而这个结构效应可用来度量地区的配置效率。在劳动生产率的增长率分解方法基础上，本部分利用全国275个城市市辖区第二产业和第三产业的数据考察了城市配置效率的变化、城市规模对城市配置效率的影响以及三大城市群配置效率的差异。本章主要有以下三方面的发现。一是2002～

2013 年，我国城市的配置效率偏低，从三大区域来看，东部地区城市配置效率稍高，中部次之，西部最低。东部地区较高的市场化程度、城镇化水平以及对外开放水平可能是导致其配置效率较高的主要原因。二是在城市规模与配置效率的关系上，城市人口规模、经济规模和人口密度与配置效率大致呈现正相关关系，但城市的行政级别与配置效率呈"正 U 形"变化。这说明，总体上，规模较大、人口密度较高的城市配置效率相对较高。三是通过考察京津冀、长三角和广东三大城市群的配置效率，得到以下发现：首先，三大城市群的配置效率总体上不高，城市群中第二圈层的城市配置效率尤其低；其次，第三圈层城市配置效率在三个城市群中存在差异，京津冀城市群和长三角城市群的第三圈层城市配置效率较低，而广东城市群较高；最后，第一圈层城市配置效率也不尽理想，其主要原因是三个城市群的中心城市都属于国家中心城市，承担着全国政治中心、经济中心、文化中心以及创新中心等方面的功能，服务业的集聚水平较高，而服务业相对来说劳动生产率较低，并且在这些城市中生存下来的第二产业又具有比较高的劳动生产率。

第五章从规模经济的视角探讨了产业结构与城市效率之间的关系。主要写作思路是，在测算全国不同规模城市产业结构的专业化水平和多样化水平的基础上，进一步分析其与城市效率之间的动态变化关系，并基于城市群规模经济的视角来考察产业结构与城市效率之间的关系。本章得到的主要发现如下。首先，从我国大中小城市产业结构的专业化水平与城市效率关系的对比来看，小城市的专业化水平与城市效率之间呈弱负相关性，中等城市的专业化水平与城市效率之间呈弱正相关性，大城市的专业化水平与城市效率之间呈弱正相关性。无论是大城市、中等城市还是小城市，产业结构的多样化水平与城市效率的相关性都不明显。从城市等级动态变动下的规模经济与城市效率关系来看，在中等城市向大城市转变的过程中，城市效率随着产业结构多样化水平的提高而增加，即大城市产业结构越多样化，城市化经济效应越突出，城市效率越高，而产业结构专业化水平与城市效率之间不存在明显的相关性。在小城市向中等城市转变的过程中，城市效率的变化与产业结构专业化水平（多样化水平）变化的关系不大。其次，分析城市群视角下要素的集聚与扩散及其所形成的区域空间结构对城市效率的影响，发现城市群的平均城市效率比非城市群高，且城市群的整体效率在逐年提高，内部差距趋于缩小。东部地区城市群的城市效率高于中西部地区。从时间序列来看，中国城市群城市效率改善程度与中心度呈"倒 U 形"关系，与分散度呈"正 U 形"关系。

第六章从技术进步的视角探讨了城市产业结构对城市效率的影响。首先，本章考察了我国城市技术进步和创新的特征事实，发现创新能力强的城市主要集中在沿海地区的长江三角洲（简称长三角）、珠江三角洲（简称珠三角）和京津冀三大城市群。中国城市技术进步尽管获得较大发展，但不平衡性也有所增强，位于东部地区、规模较大且在城市群内的城市技术进步相对较快。东部地区得改革开放之先，更早地推动了技术进步，从而形成了良性循环，更易推动技术进步；规模较大城市高度集聚了人口、教育、企业和资金，满足了知识溢出对地理空间的需求，更有利于创新的扩散，从而加快技术进步；城市群内的城市之间紧密联系和交流，使一个专业化很强的城市能够与周边其他城市形成互补和分工格局，从而有利于创新在城市群内的各城市之间扩散，因而城市群内的城市相对于其他城市技术进步更快。其次，本章利用 2013 年地级市层面的专利申请量数据，以及城市层面的数据，检验城市产业（相对）专业化指数和（相对）多样化指数对城市技术创新的影响，主要发现中国城市的技术进步与创新进程会受到城市产业结构的影响。整体来看，城市产业专业化对技术创新有一定的抑制作用，而城市产业多样化有助于城市技术创新。在大城市中，如果产业结构过于专业化，并不能充分发挥大城市的产业创新优势。相反，大城市若过度专注发展某一项或几项产业，既不利于大城市释放创新红利，也会因为过大的生产成本压力而减慢创新步伐。最后，本书还进一步实证检验了高端人力资本、科学技术支出、科技文化文献、科技产业、科技产出对城市效率的影响，发现中国城市的创新和技术进步深受城市产业结构（产业发展层次）的影响。当城市产业低端环节占比较大时，技术进步难以发挥对城市效率的促进作用，甚至抑制城市效率的提升；当城市产业以高端环节为主时，技术进步所产生的知识和技能等更容易被高端产业吸收和利用，从而促进城市效率的提升。

第七章从促进产业结构调整视角提出了提高城市效率的政策建议。首先，通过理论回顾进一步阐明城市产业结构与城市效率之间的理论关联；其次，深入探讨我国在转轨过程中与城市化密切相关的制度安排，以及这些制度安排对我国产业结构和城市效率产生的影响；最后，重新认识并评估我国新型城镇化道路的相关政策，同时，进一步提出通过新型城镇化道路优化我国城市产业结构和促进城市经济高质量发展的基本政策导向。

第二章
城市效率的内涵及产业结构
对城市效率的影响机制

自 18 世纪 60 年代工业革命发生以来,城市化率和城市规模急剧提高,包括生产、贸易、消费、研发、教育、信息传播在内的大多数经济活动集中到了城市里进行。联合国经济和社会事务部的数据[①]显示,全球城市化进程正加速推进,全球城市人口占比在 2007 年首次超过农村人口占比。2014 年全球 54% 的人口生活在城市中,而在 60 年前这一数值不到 30%。2014 年全球 233 个国家和地区中,已经有超过六成的国家和地区的城市化率超过 50%,未来会有更多的国家和地区迈入高城市化率的行列。

经济活动集聚成为 20 世纪最引人注目的经济地理现象(Fujita and Thisse,1996)。经济活动集聚使一国的经济增长日益倚重城市这种生产的空间组织形式。以日本为例,它是一个高度城市化的国家,2014 年日本的城市人口比例高达 93%。[②] 城市人口主要分布在东京、大阪、名古屋、福冈等几个大的都市圈,它们的人口加起来超过全国人口的 45%。其中,东京都市圈(Tokyo Metropolitan Area)以占全国 0.56% 的土地面积承载着全国 10.6% 的人口(2015 年),成为世界上人口密度最高的地区之一。同时,东京都市圈显现出极高的生产力水平——2012 年它创造了日本全国

---

① World Urbanization Prospects:The 2014 Revision,http://www.un.org/en/development/desa/publications/2014 - revision - world - urbanization - prospects.html.

② World Urbanization Prospects:The 2014 Revision,http://www.un.org/en/development/desa/publications/2014 - revision - world - urbanization - prospects.html.

19.4% 的 GDP。① 可以说，现代经济就是城市经济（Sveikauskas，1975）。

在全球化背景下，国家间的经济竞争逐步演化为全球主要城市之间的竞争。处于世界城市等级顶端的城市，如伦敦、纽约、新加坡、香港、巴黎、东京等②集中了世界上大部分的优质跨国企业总部，它们通过遍布世界各地的分支机构网络对全球经济活动进行组织和控制，在世界城市体系中扮演着全球生产管理中心、服务中心、金融中心、研发中心的角色。为此，世界各国都在不断强化自己国内的核心城市，希望通过增加基础设施投资、改善城市治理、调整产业结构、优化城市空间等措施提高核心城市的国际竞争力。

在 2012 年发布的《全球城市竞争力报告》③ 中，英国的经济学人情报小组（Economist Intelligence Unit，EIU）对全球 120 个城市的综合实力进行了比较。该报告使用经济实力、人力资本、政府能力、金融发达度、全球吸引力、基础设施、自然环境、社会文化等 8 个维度，共 31 个指标进行量化评估。数据显示，纽约、伦敦、新加坡、香港、巴黎、东京等城市的综合实力位于世界城市体系的最顶端。在中国大陆城市④中，综合实力在世界城市体系前 60 名之内的是北京（排名 39）、上海（排名 43）和深圳（排名 52）。尽管从经济实力的单一维度看，前 15 名几乎全部是中国城市⑤，但在其他维度上的不足拉低了中国城市的综合实力。

城市竞争力的国际对比通常会引出一些我们关心的问题：为什么一些城市比另一些城市更富裕、更舒适、更有活力？其中有哪些影响因素？作用机制是怎样的？有什么措施可以实现城市经济绩效的改善？面对这些错

---

① 日本及东京数据来自 Japan Statistical Yearbook 2017，http://www.stat.go.jp/english/data/nenkan/66nenkan/index.html；ABOUT TOKYO，http://www.metro.tokyo.jp/english/about/vision/documents/pr_03abouttokyo-en.pdf。

② The World According to GaWC 2016，http://www.lboro.ac.uk/gawc/world2016.html.

③ Hot Spots: Benchmarking global city competitiveness，https://www.citigroup.com/citi/citiforcities/pdfs/eiu_hotspots_2012.pdf.

④ 参与排名的中国大陆城市有 11 个：北京、天津、上海、广州、深圳、杭州、苏州、大连、青岛、重庆和成都。此外，总样本中还包括香港和台北。

⑤ 这主要是由于经济实力维度对经济增长率和名义 GDP 两个指标赋予了较高权重，而其他 3 个指标，即人均 GDP、家庭年消费额、区域市场一体化的权重较低。显然，相对于全球其他城市，中国城市在前两个指标上占据优势。

综复杂的问题，为获得一个清晰的思路，首要任务是回到对一个关键概念——城市效率的阐释，这正是本章的目的。

一　城市效率的内涵

（一）城市效率：投入产出理论的视角

经济学创立的一个重要目的就是提高经济活动的效率。效率是经济学中一个基本且广泛使用的概念，它存在于生产、交换、分配、消费等各个经济活动环节，例如，有效率的生产可以定义为用尽可能少的投入创造尽可能多的产出，有效率的交换能够消除资源闲置，有效率的分配使资源流向回报率最高的领域，有效率的消费则使消费者花相同的钱获得更高的心理满足感。同时，效率概念也存在于各种生产活动单位或者组织，如个体劳动者、企业、市场、城市、地区、国家。我们经常会比较这些生产组织的经济绩效，例如，为什么一个国家会比另一个国家有更高的收入水平，一个企业比另一个企业有更高的利润，等等。此外还有从影响因素角度划分的效率概念，如结构效率、规模效率、技术效率等。

由此可见，效率概念是复杂的，因而在使用时需要界定清楚。本章关心的城市效率是城市的生产效率，即生产活动在城市层面上取得的绩效。生产有投入和产出两端，度量生产效率最基本的思想就是比较投入与产出（Hannula，2002；Nadiri，1970），如果能用相同的投入获得更多的产出，或者使用更少的投入就能得到相同的产出，那么我们就说生产效率提高了。根据这一思想，生产效率可以用"投入产出比"这一指标度量。顾名思义，计算方法是用生产时全部投入要素的价值除以全部产出的价值，数值的含义是每单位产出所需要的投入，数值越小，说明生产越有效率，反之则越无效率。这是一种"投入导向"的效率度量方式，与之相对应的是"产出导向"的效率度量方式，在数值上后者就是前者的倒数，即用产出价值比上投入要素价值得到，其含义是每单位投入能够得到多少产出，因而"产出导向"的效率也称作"要素生产率"，这个数值越大生产越有效率。这两种度量方式是等价的，不过研究者们似乎习惯使用要素生产率进行度量。要素生产率在计算时根据投入要素的单一性或多元性分为局部要素生产率（Partial Factor Productivity，PFP）和全要素生产率（Total Factor Productivity，TFP）（Good et al.，1996；Nadiri，1970）。

1. 局部要素生产率

局部要素生产率（PFP）也叫作平均产出，是由产出比上某种特定的投入要素，这类指标最常见的就是劳动生产率（Labor Productivity，LP），它表示每单位劳动（人数、时间）的平均产出。此外还有资金利用效率、土地利用效率等（Hannula，2002；杨学成、汪冬梅，2002）。由于PFP只考虑一种投入要素的贡献，所以在度量效率时会产生偏误，例如使用机器替代劳动会导致劳动生产率的上升，而实际上如果扣除了机器的因素，LP可能是不变的。在历史上，LP是研究者们最先使用的生产率指标，并持续了很长一段时间。后来随着生产函数理论和经济指数理论的发展，同时也由于其他投入要素的数据，尤其是资本存量的数据变得容易获取，研究者们用其他指标代替了LP。尽管LP会误导解释，但因其计算简便、含义直观，而且资本存量难以估算，一些研究者（Pan and Zhang，2002；Broersma and Oosterhaven，2009；陈洁雄，2010；刘修岩，2009；王永培、袁平红，2011）仍使用LP作为生产率的指标。

2. 全要素生产率

（1）参数方法

全要素生产率（TFP）能够克服PFP度量偏误的缺陷，因为它是产出与全部投入要素加权之和的比率。在最开始的时候，TFP的计算是建立在生产函数理论的基础上，因为这些精心构建的理论能够告诉研究者这些指标具有什么样的性质、应该采取什么方式加总投入要素、具体的要素权重怎么选取等关键的问题。最著名的生产函数就是Cobb-Douglas生产函数（C-D生产函数），20世纪50年代Solow借助它建立了可操作性的TFP（Kendrick and Vaccara，1980）。C-D生产函数的一般形式是 $Y = AX_1^{\alpha}X_2^{\beta}$，$Y$ 是产出，X_1 和 X_2 是两种投入要素，最重要且常见的就是劳动力和资本，α 和 β 是两种投入要素的支出份额，A 就是TFP。在这种设定下，TFP的计算公式是 $Y/(X_1^{\alpha}X_2^{\beta})$，投入要素以几何加权的形式加总成综合投入品，显然，TFP的含义就是1单位综合投入品所能生产的产品数量。除了C-D

生产函数，还有许多其他可供实证研究用的生产函数形式，例如广义 Leontief 生产函数、Translog 生产函数等（Berndt and Khaled，1979）。

TFP 的计算要比 LP 复杂，其中最关键的问题是确定要素的加总权重。首先，利用现实的观测数据 Y、X_1 和 X_2 将 C – D 生产函数中的两个参数 α 和 β 用回归分析的方法估计出来。由于 C – D 生产函数是非线性的，因此需要进行对数线性变换才能估计。如果用小写字母表示变量的对数值，那么用于估计权重的生产函数方程就是 $y = a + \alpha x_1 + \beta x_2$。其次，在得到权重的估计值 α^* 和 β^* 后把数据代入 $a = y - (\alpha^* x_1 + \beta^* x_2)$，就可以算出 TFP 的对数值。最后，利用关系式 $A = \exp(a)$ 就可以得到 TFP 的水平值。上述 TFP 的测量是一种结构化的参数方法，因为它以生产函数为框架，并依赖对函数参数的确定。参数方法的优点在于它是有理论基础的，然而这同时也是它的缺点，因为生产函数理论假定了 TFP 指标的测量有效性。测量 TFP 还有一种数据导向的非参数方法，它的思想是让数据自己说话，不需要任何理论以及事先设定的函数形式。

（2）非参数方法

测量 TFP 的非参数方法不需要理论框架和生产函数设定，只要有投入、产出的观测数据，就能根据一定的计算程序给出结果。它还可以测量多产出的情况，这是生产函数法所不能做到的。非参数方法中比较流行的是"数据包络分析"（Data Envelopment Analysis，DEA），其基本原理是，给定一个样本，找出这个样本中最有效率的个体，称之为"决策单元"，以它为参照标准比较其他个体的全要素生产率，其他个体与最有效率个体的"差距"就度量了该个体的全要素生产率高低。利用图 2 – 1 进行展示，读者会更容易理解其中的思想。想象你已经得到一批关于各个城市的数据，它包括总产出 Y、两种投入要素（劳动力 L 和资本 K）。令 $y = Y/L$，$k = K/L$，这是为了能在二维平面中同时包含这 3 个元素。所有城市的投入与产出数据构成了一个集合 T，如果对它们的 y 和 k 绘制散点图，就会形成图 2 – 1 中的阴影部分，它是所有可能的投入产出组合，它的边界称为"生产可能性边界"（Production Possibility Frontier，PPF），越接近边界的城市生产越有效率，在边界上的城市就是样本中完全有效率的城市，例如图中的城市 C，而有些城市如 B，它们的生产不是完全有效率的，因为别的城市使用同样多的人均资本可以得到比它们更多的产出。对于投入 k，由于 C 代表了完全有效率的城市，那么只要把城市 B 的产出 y 比上 C 的产出 $\hat{y}$，就能知道 B 的全要素生产率大小了，这个比值称为效率得分，我们用 e 来表示，即 $e = y/\hat{y}$，$e \in (0, 1]$，e 越接近 1，城市 B 的全要素生产率越高。这种测量程序对于集合 T 中任意一个城市的 TFP 都是适用的。现在，"数据包络"的含义就很清楚了：当边界找到后，所有数据都被包含其中。当然，在真正计算 e 时，经济学家不会用这种笨拙的方法求解全要素生产率，他们使用的是正规而系统的数学方法——线性规划法，而效率得分 e 是由所谓的"距离函数"给出的，数学细节可以参考 Coelli（1996）和 Färe 等（1994）的研究。

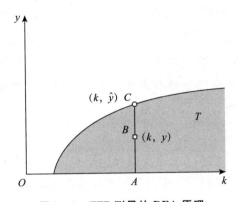

图 2 - 1　TFP 测量的 DEA 原理

上面讲述的 TFP 是在一个时点上的全要素生产率（静态），如果对于每一个城市有连续的时间序列，那么 DEA 方法还能给出全要素生产率变化的大小（动态），并且将这种变化分解为不同的组成部分。我们利用图 2 - 2 来说明其中的道理。假设某个城市 B 的投入产出组合随着时间的推移由 (k_τ, y_τ) 变为 $(k_{\tau+1}, y_{\tau+1})$，它的产出提高了（$y_{\tau+1} > y_\tau$），同时投入也在增加（$k_{\tau+1} > k_\tau$），那它的全要素生产率有没有提高呢？Färe 等（1994）构造的 Malmquist 生产率指数（MPI）正是用来反映 TFP 变化的。MPI 把全要素生产率变动分解为技术进步 Δ_{TECH} 和技术效率 Δ_{EFF} 两个部分，并且 MPI = $\Delta_{TECH} \times \Delta_{EFF}$。随着时间的推移，生产技术会提高，这表现为图 2 - 2 中的 PPF 向外扩展。给定投入 k_τ 我们可以算出城市 B 在两种技术下的产出是不一样的，我们可以用"距离之比"表示这种变动（Δ_{TECH} 公式中方括号里的第一项）。同样，给定 $k_{\tau+1}$ 我们也可以算出两种技术的产出差距（Δ_{TECH} 公式中方括号里的第二项），取两者的几何平均数（即两项相乘后开方），就得到了技术进步导致的全要素生产率变化。

$$\Delta_{TECH} = \left[\frac{(y_\tau / y_\tau^1)}{(y_\tau / y_{\tau+1}^1)} \times \frac{(y_{\tau+1}/y_\tau^2)}{(y_{\tau+1}/y_{\tau+1}^2)} \right]^{1/2}, \quad \Delta_{EFF} = \frac{(y_\tau / y_\tau^1)}{(y_{\tau+1}/y_{\tau+1}^1)}$$

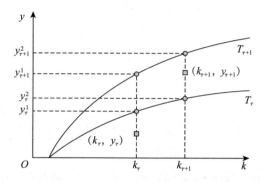

图 2 - 2 TFP 变化的测量与分解

再来看一下技术效率变动导致的全要素生产率变化。技术效率大小无非就是城市 B 现实产出与 PPF 的垂直距离，因此只要比较 τ 期和 $\tau+1$ 期各自的垂直距离（Δ_{EFF} 公式中的分子和分母）就可以得到了。如果假定生产技术具有可变规模报酬，Δ_{EFF} 还可以进一步分解为纯效率变化 Δ_{EFF}^P 和规模变化 Δ_{EFF}^S，且 $\Delta_{EFF} = \Delta_{EFF}^P \times \Delta_{EFF}^S$。当 MPI > 1 时就表明全要素生产率提高了，反之则下降，如果正好等于 1 则说明没有变化。Δ_{TECH}、Δ_{EFF}、Δ_{EFF}^P 和 Δ_{EFF}^S 的数值也具有相同的含义。读者可能想知道 MPI 和生产函数法得到的 TFP 有什么关系，由于后者假设每个个体都是在 PPF 上的，所以生产函数法的 TFP 的变动就是 MPI 中技术进步引致的全要素生产率的变化，即 TFP′ (τ) / TFP (τ) = Δ_{TECH}。

投入产出理论把具有固定行政边界的城市看作一个生产单位，计算它的投入产出比，正如企业、行业、区域、国家这些生产单位一样。这个定义简单明了，易于计算，这是它的优势。但它充其量只是一个测量理论，而不是一个解释机制的理论，此时的城市仍然是一个"黑箱"，投入产出理论没有说明其中的任何机制，也没有突出城市这种现象的本质特征，它更像是一种计算公式，这对于要更深入了解城市及其效率来说，并不是一个令人满意的途径。相比之下，集聚经济理论对城市效率有更为精巧的解释。

(二) 城市效率：集聚经济理论的视角

1. 集聚经济理论的基本思想

在城市的形成及其演化过程中，物理距离是重要的。城市无非就是相互靠近 (Glaeser and Gottlieb, 2009：984)，或者更明确地说，城市是一个密集且多元化的社会经济相邻性力场 (Scott, 2008：789)，它是生产活动聚集的结果。自 19 世纪工业革命发生以来，交通技术的进步不断降低产品的运输成本，市场范围不再局限于一个城市。为了获得市场规模扩大带来的巨额利润，企业必须放弃前工业化时期分散的、小规模的生产方式，转向采取一体化的资本密集型生产方式，这导致了劳动力在大的生产单位集中，而且，在生产部门层面的地方化经济 (Localization Economies) 吸引相同行业的企业聚集在同一个城市中。

城市经济活动在有限的空间内进行表明集中做会带来好处，这种好处或者是提高产出，或者是降低成本。这种"好处"在城市经济学中称为"外部规模经济"①。之所以在规模经济前冠以"外部"一词是为了有别于新经济地理学 (New Economic Geography, NEG) 的规模经济。在 NEG 中，规模经济存在于企业层面，其来源是企业的固定成本 (Martin and Ottaviano, 1999：285)，企业生产得越多，固定成本越能被有效地分摊，这种规模经济内在于企业。城市经济学所说的规模经济存在于产业或城市层面，而企业的生产技术是规模报酬不变的，所以规模经济是外在于企业的 (Henderson, 1996)。有时外部规模经济也可以称为"集聚经济" (Agglomeration Economies)。前面提到的存在于行业内的地方化经济，以及后面将会提到的城市化经济 (Urbanization Economies) 都是集聚经济 (见图 2 - 3)。②

---

① 经济 (Economies) 这个词在集聚经济理论中被广泛使用，包括后面提到的规模经济、地方化经济、城市化经济等。这个词是一个名词，本质上是指某种有利的东西、收益、好处，不是指经济体、经济学、经济系统。

② 在某种程度上，集聚经济、规模经济、正外部性是同义词。规模经济最早是指企业层面的生产特性，即投入增加一倍，产出增加一倍以上，这是企业内部的规模经济。后来研究者发现同行业的企业聚集在一起能够提高单个企业的生产效率，尽管单个企业内部并不存在规模报酬递增的生产特性。为了解释这一现象就发明了"外部规模经济"这个术语，这里的规模指的是一地的企业数量，而不是生产投入。外部规模经济只是一个用来概括企业集聚现象产生原因的笼统词语，而不是机制解释。集聚经济和外部规模经济的含义是一样的，因为要形成规模必然需要集聚。集聚经济也是集聚现象产生（转下页注）

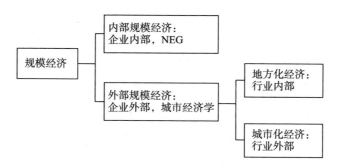

图 2 - 3　规模经济概念分类

　　外部规模经济是城市存在的必要条件。由于存在外部规模经济，城市的生产活动显示出规模报酬递增的特性，即相同的投入在人口密集的地方可以获得更多的产出。这已得到大量实证研究的证明。Sveikauskas（1975）最早用现代研究方法考察了单位工人产出与城市人口之间的关系，发现人口增加一倍，单位工人产出将上升 6%。Rosenthal 和 Strange（2004）在控制了大城市密集使用资本可能造成的偏误、排除反向因果的可能性之后，估计出城市规模扩大一倍，生产率会提高 3% ~ 8%。为什么高人口密度的地区生产率更高？设想当 2 个人分开生产时，每个人可以生产 1 单位商品，总和为 2 单位。当他们在一起生产时，总产出超过 2 单位。如果不是外部规模经济发生作用，那么这种现象就无法从经济学上得到解释。外部规模经济和城市层面的规模报酬递增是紧密联系在一起的。正因为如此，城市的增长极大地推动着国家经济的增长。

　　城市集聚经济的形成机制有很多种，可概括为"共享、匹配、学习"（Duranton and Puga，2004；Puga，2010）。共享机制有很多种形式，例如，如果城市的人口足够多，那么耗资巨大的公共基础设施的成本就能够有效地分摊，当地居民只需缴纳很少的税额就可以享用，从而提高居民的效用；提供作为最终产品中间投入的专业化服务就变得有利可图，而这种专业化服务能够提高最终产品的生产效率；较大的劳动力市场能够迅速地将劳动力从生产率低的企业转移到生产率高的企业，熨平由单个企业受特定冲击导致的就业波动。匹配机制包括很多种形式，例如工人和雇主、买方和卖方、商业合作者之间的匹配。由于城市聚集了形形色色的人物，这些对象间的搜寻与合作都变得更容易，降低了相应的成本。学习机制源于知识溢出。增长经济学家认为人力资本溢出和知识积累是经济内生增长的基础，这种知识溢出在空间上具有局域性，它是城市增长过程中的一部分（Henderson，2007a）。城市是一个密集的社会经济网络，嵌入其中的人们每天进行频繁的接触和面对面的言语交谈，信息和知识有意或无意地就在人们之间迅速传播，信息交换速度的加快提高了人们的学习效率。城市中不同特质的人之间的交流和合作会导致创新的产生。一些只可意会不可言传的知识和技能也只有在城市的环境中才能习得。上述机制都要求劳动者或企业集中在较小的空间范围内（城市）才能获得收益。地理范围的扩大会增加经济活动的成本，使这些收益趋于 0，尤其是知识溢出，它会随着距离的扩大而迅速衰减（Rosenthal and Strange，2008）。

在现实中，一个城市无论再大都不可能覆盖所有土地。一方面，集聚经济不断地吸引劳动者和企业进入城市，使城市规模扩大。另一方面，经济活动集中所造成的负面影响，即"集聚不经济"（Agglomeration Diseconomies）会抑制城市规模无限扩张的趋势。大量的人口在城市里生产和生活加重了城市管理和运行的成本，交通系统不堪重负，事故频发；人们要忍受更长的通勤时间和更拥挤的车厢；城市的能源消耗不仅巨大，同时伴随严重的污染；城市土地的稀缺导致住房价格上涨，居住质量下降。集聚经济和集聚不经济这两个作用相反的力量（向心力和离心力）在边际上相等时就形成了城市的均衡规模。找出向心力和离心力是城市经济学和 NEG 的一个研究方向，它为我们思考城市效率的问题提供了一个有用的统一框架。

2. 城市有效率的表征

由于城市有效规模是城市内部经济活动有效率的信号，这就为我们从城市规模判断城市内部经济活动的效率提供了可能性。实际上，城市经济学家正是这么做的。Au 和 Henderson（2006a）考察了中国的城乡劳动力流动限制政策对城市集聚经济的影响。在研究过程中，他们认为评估一个国家的经济活动在空间上的集聚是太多还是太少，需要评估城市规模是不足还是过度。为了达到这一目的，需要估计单位劳动者的真实产出如何随城市规模的变化而变化。城市体系模型假设效用或者单位劳动者的真实产出与城市人口或者就业规模存在"倒 U 形"的函数关系。这就为估计最优城市规模及城市规模的无效率程度提供了一个分析框架。他们的研究发现，存在一个与最大化单位劳动者真实产出相对应的城市规模，但是"倒 U 形"曲线的顶点所对应的规模会随着城市产业结构的变化而变化。随后，Au 和 Henderson（2006b）完善了这一分析框架，发展出一个用于估计城市净集聚经济（Urban Net Agglomeration Economies）的一般均衡模型（A－H 模型）。这个模型可应用于评估不同制度下可能存在的城市规模过度问题。

A－H 模型通过对效用函数、生产方式、有效劳动、运输成本等方面的特殊设置把城市生产的规模经济和不经济要素都纳入分析当中。按照一般均衡方法的既定解法，经济行为主体最大化私人收益，并且最终产品、中间产品和劳动力市场均达到供求均衡的状态，由此得出刻画整个系统的工资方程、利润方程、价格方程等，最后联立方程组把单位工人净产出（Net Output per Worker，即对城市净集聚经济的度量）表示为外生参数和城市规模、产业构成、资本、市场潜力等变量的函数，由此得出"倒 U 形"曲线。一旦得到了"倒 U 形"曲线，我们就可以确定真实产出如何随城市的集聚程度的提高而快速上升、如何在越过峰值后下降，以及峰值如何在不同等级的城市间变动，从而能够评估制度或政策约束实施的福利成本，以及克服导致城市规模过度或不足的政策缺陷。

A－H 模型考虑了一个关键的问题，即如何设定模型以体现具有多种类型城市的等级体系。从理论和实际上来说，一个经济体中存在许多种类型的城市，不同类型的城市生产不同的产品、具有不同的生产规模经济，并且当单位劳动产出最大化时具有不同的规模。如此多种类型的城市不是一条"倒 U 形"曲线所能够概括的，而应该是每一种类型的城市对应于不同形状的曲线。该模型使用制造业与服务业的附加值比率作为刻画城市类型的参数。这个参数会影响"倒 U 形"曲线的形状,从而可以从曲线上观察净集聚经济如何随产业构成移动。

Au 和 Henderson(2006b)使用中国的城市数据对单位工人净产出函数中的参数进行了估计,然后用这些估计出的参数模拟图 2-4 所展示的"倒 U 形"曲线。图中的 MS 表示制造业与服务业的附加值比率,是净集聚经济函数中的一个重要参数,反映了城市的产业构成。图中给出了两种情形:$MS=1.0$,$MS=2.7$。MS 的值越大,表示一个城市越偏重于制造业,专业化于某类产品的制造。MS 的值越小,则表示一个城市越偏重于服务业,专门提供专业化服务。正如前文提到的,城市的产业构成会改变净集聚经济"倒 U 形"曲线的形状,从而使不同类型的城市有不同的规模。MS 的两个值分别对应于两条曲线,为方便讨论,这里暂时把 $MS=1.0$ 的情形称为服务业城市,把 $MS=2.7$ 的情形称为制造业城市。首先,我们看到服务业城市和制造业城市的净集聚经济都是一样的,均在 1.8 万元的水平上达到峰值。这是因为模型中假设要素是可以在城市间自由流动的,所以在市场达到均衡时无论什么类型的城市,其净集聚经济必须一样才不会引起要素流动,否则要素就会从净集聚经济低的城市流向高的城市,使空间均衡不成立。其次,每种类型的城市在净集聚经济最大化时所对应的规模是不一样的,服务业城市比制造业城市有更大的规模。这是符

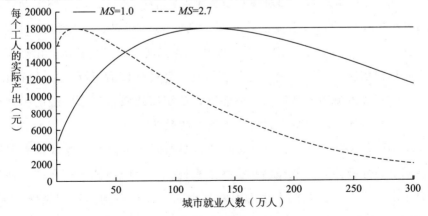

图 2-4　城市净集聚经济的"倒 U 形"曲线

资料来源:Au 和 Henderson(2006b)。

合"中小城市专业化,大城市多样化"的理论预期和现实观察的(Henderson, 1974, 1983, 1996, 1997; Moomaw, 1981; Black and Henderson, 2003; Scott, 2008),由于服务业对外部规模经济的依赖程度更高,其生产方式比制造业体现出更高的规模报酬递增特征。最后,有了每一种类型城市理论上的最优规模,我们就可以拿实际观察值与之相比较,看看现有的城市规模到底是过度还是不足,评估现实中城市内部的产业构成、资源配置、政策实施是否有效率。

3. 城市规模效率

既然经典理论指出城市规模是城市内部经济活动有效率的表征,那么横向(个体间比较)来看,大城市的生产活动应该比小城市更有效率;纵向(跨期比较)来看,城市不断扩大应该伴随生产效率的提高。基于这种想法,在估计城市规模经济的实证研究中,研究者们把生产效率作为因变量、把城市规模作为自变量进行回归分析。常见的生产效率指标包括产出、工资、劳动生产率、就业增长率以及 TFP,而城市规模的指标有市场潜力、就业密度以及就业量(Beaudry and Schiffauerova, 2009; Melo et al., 2009)。

对生产效率度量的研究最初是在国家(Hulten, 2001)和行业(Stigler, 1947)等宏观层面上开展的,后来相关的理论和测量方法很快就流行到各个生产层次的研究当中。城市与国家、地区、工农业、企业一样也是一种生产系统,因而这些方法也适用于城市层面的生产效率研究。由于城市经济学家相信城市是集聚经济的结果,因而城市的生产效率也必然与集聚程度有关。关于城市生产效率的大量实证研究集中于探讨经济活动的集聚程度对城市生产效率的影响,研究者们希望弄清楚对于城市的生产效率,产业规模和城市规模哪个更重要?若是前者则存在地方化经济,若是后者则存在城市化经济。这些研究遵循生产函数理论的研究框架,都是从总生产函数开始的。总生产函数的一般形式是:

$$Q = A(S \mid \Omega)f(X)$$

其中,Q=产出;A=生产效率;S=规模变量,如城市人口、行业就业、就业密度、集聚程度等;Ω=各种控制变量,如地区特质、人力资本等；$f(\cdot)$ = 规模报酬不变的生产技术；X = 投入要素，如劳动力和资本。

研究的步骤是，首先根据生产函数理论计算出 A，然后用 A 对城市规模 N 和（或）行业规模 L，以及其他控制变量 Ω 做回归分析。其中 $A(\cdot)$ 和 $f(\cdot)$ 的函数形式都会事先设定好。利用该研究框架，早期的研究者得到了一些关于生产效率和城市规模的基本结论，如大城市比中小城市有更高的生产效率（Sveikauskas，1975）；与制造业相比，大城市多样化的环境对非制造业的生产效率有更大的促进作用（Moomaw，1981；Segal，1976）；一些制造业部门在专业化的中小城市中进行生产时具有较强的地方化经济，而在大城市不具有生产效率优势（Henderson，1996；Moomaw，1985）。

工资方程是另一种常用的估计城市规模效率的框架。如果假定要素价格代表了边际产品价值，那么工资方程就可以直接利用生产函数求导得到（Combes et al.，2008）。一些研究者还使用 Mincerian 形式的工资方程（Mincer，1974），该方程把工人 i 在城市 j 的工资看作两组特质的函数，一组是工人特质变量（如受教育程度、年龄等），另一组是包含城市集聚经济指标的地区特质变量。

以往估计集聚经济的实证研究主要集中在识别地方化（Localization）和城市化（Urbanization）经济的相对重要性上，即集聚经济来自产业集中还是来自城市规模大小。这些研究在识别两类外部规模经济时，要么单独估计地方化或城市化经济，要么在一个方程中同时估计两种效应。那些同时考虑两种效应的研究通常发现地方化经济效应更强一些（Henderson，1996，2003），而城市化经济通常对轻工业（Sveikauskas et al.，1988；Nakamura，1985）以及知识密集型服务业，例如金融、保险和房地产（Duranton and Puga，2000）更重要。

早期估计生产函数的研究使用区域加总的截面数据或一些行业加总数据，主要是制造业（Åberg，1973；Sveikauskas，1975；Moomaw，1981，1983，1985；Nakamura，1985；Henderson，1996；Sveikauskas et al.，1988）。近期的研究更多地利用了跨期的非加总数据。例如，使用企业/工人层面的数据来估计生产/工资函数（Wheeler，2001；Henderson，2003；Mion and

Naticchioni，2005；Graham，2007a，2007b，2009；Graham and Kim，2008；Combes et al.，2008；Rosenthal and Strange，2008）。微观层面数据的优点在于它能更好地反映经济理论假设的企业最优化行为，从统计学上来说，它能提供更大的数据变动性，而且降低了由不可观测的异质性导致的多重共线性和加总偏误（Griliches and Mairesse，1995）。

关于城市集聚的度量指标也会造成研究结论的差异。早期研究者普遍使用从总体上反映集中程度的指标，如用城市总人口（Åberg，1973；Sveikauskas，1975；Moomaw，1981，1983，1985；Nakamura，1985；Sveikauskas et al.，1988）来代表城市规模经济，后来 Ciccone 和 Hall（1996）引入了就业密度指标。就业密度的主要优点有两个方面：首先，它能够更好地捕捉到经济活动在空间上集中所能获得的生产率收益（例如知识溢出），而一个城市的总人口既是城市宜人性又是潜在拥挤成本的代理变量；其次，密度类指标对地区土地面积量的差异是稳健的。然而就像总人口指标一样，最主要的局限在于它假设集聚经济效应只存在于地理单位的边界内。为了克服这一点，近期的研究都采用了"市场潜力"指标度量集聚经济，这就不会把集聚经济效应限制在地理边界内了，而且允许它随距离递增而衰减。一些研究对该指标进行了改进，构造了"无距离限制的市场潜力"指标（Graham，2007a，2009；Graham and Kim，2008），还有的研究则把无距离限制的市场潜力方程分解为一组连续的"带宽距离"（Rice et al.，2006；Rosenthal and Strange，2008）。

反向因果关系存在的可能性使估计集聚对生产率的影响变得困难。许多经验研究根据标准的城市经济理论，假定因果关系是从集聚到生产率，即"集聚→生产率"。然而一些研究提出生产率也可能决定集聚，即"生产率→集聚"。其逻辑在于企业和工人会流动到更高生产率的地方，从而提高了那里的城市规模和密度。为了矫正集聚经济的内生性问题，研究采用了工具变量技术。最常见的策略是使用人口或人口密度的长期滞后值作为集聚经济当期值的工具变量（Ciccone and Hall，1996；Mion and Naticchioni，2005；Rice et al.，2006；Combes et al.，2008）以及地理工具变量（Ciccone and Hall，1996；Rosenthal and Strange，2008；Combes et al.，2008）。选择工具变量的合理性在于，历史上的城市规模和外生质变量

（如土地面积、水域面积、泥石流灾害等）与当前城市规模有关，而与当前的生产率无关。劳动力的素质也可能存在内生性问题。正如新增长理论所定义的那样，人力资本是决定生产力水平的关键变量。在估计集聚经济的框架中，城市规模（密度）的正效应可能更多地来自技能型劳动力在密集区域的出现。因此，密度效应可能并不反映真实的集聚经济（集聚溢出→生产率），而只是那里有更高的人力资本（人力资本集聚→生产率）。

（三）两个视角的联系

城市效率这个概念可以从两个层面去理解，一个是从测量的层面，另一个是从机制的层面。前者依赖投入产出理论，在这个理论的框架下，城市效率就是城市的生产效率。有效率的生产状态是以尽可能少的投入创造尽可能多的产出。城市效率的高低可以使用局部要素生产率和全要素生产率进行度量。投入产出理论视角下的城市效率概念具有易于界定、计算方便的特点。但不足的是，这个理论把城市看作一个生产"黑箱"，并不关注城市生产效率的内在发生机制，集聚经济理论弥补了这一不足。

集聚经济理论认为，城市是经济活动集聚的结果，集聚有好处但同时也存在负面影响，正是集聚经济和集聚不经济两种作用相反的力量的互动塑造了城市效率。将集聚经济与集聚不经济的差值称为集聚净值，如果进入城市的边际个体（企业或劳动者）的集聚净值大于零，就表明经济活动集聚产生的好处没有被消耗所抵消，那么进一步集聚仍然是有好处的；而当进入城市的边际个体的集聚净值小于零时，就表明进一步集聚只会弊大于利，要疏散一些经济活动才能减少集聚的负面影响；当进入城市的边际个体的集聚净值等于 0 时，集聚经济与集聚不经济相互抵消，此时城市承载的经济活动规模就达到了帕累托最优，即城市的生产活动处于帕累托有效率状态。此时，城市中全部个体的集聚净值总和可以作为城市效率的指标。

集聚经济理论在新古典经济学的理论框架下为城市效率提供了一个清晰的、精炼的、结构化的解释，是一个真正解释城市效率发生机制的理论。但与投入产出理论相反，集聚经济理论界定的城市效率很难直接计算，因为无论是集聚经济还是集聚不经济，集聚净值在测量上都存在困难。但集聚净值总和能够间接地反映在城市的最优规模上，因为上述集聚净值总和的确定机制告诉我们，集聚净值总和与城市最优规模是相对应的。城市规模和生产效率都是容易测量的，于是产生了大量探讨两者关系的实证文献，它们通常的结论是：大城市比小城市更有效率。不妨将这些研究看作两种理论对同一个概念的相互印证。

二 产业结构对城市效率的影响机制

（一）城市产业结构问题

1. 国内外研究的差异

在探讨城市效率和产业结构的关系之前，对国内外研究城市产业结构问题的差异做出说明是有好处的，这包括以下三个方面：一是厘清西方文献关于城市产业结构问题所涉及概念之间的联系和脉络（研究体系）；二是指明中西方研究城市产业结构问题的不同思路，找准对话点；三是弄清楚西方特有机制所处的制度环境，避免外国理论在中国的生搬硬套。

产业结构调整是中国各级政府长期以来关注的重大经济议题。在政府的发展理念中，更高级的产业会带来更高的附加值、生产率以及经济增长率，因而出台了很多推动产业结构调整的政策，如发展战略性新兴产业、"中国制造 2025"等计划，而且各级政府掌握的大量经济资源能够保证它的产业政策得到较好的贯彻。在我国的政治经济体制下，产业结构调整是政府提高城市生产效率的工具，它是城市效率的"因"而非"果"。相反，欧美的自由市场经济国家的产业结构调整[①]更多的是城市效率的"果"而非"因"。在欧美发达国家，政府较少出台政策干预城市的产业结构，塑造城市产业结构的主要力量是各行业的企业（Eisinger，1990；Ketels，2007；Stensrud，2016）。具体而言，城市的产业结构是由各行业的企业在不同城市间的选址决策决定的，城市产业结构的宏观问题本质上是企业选址的微观问题。企业的选址决策受多重因素的影响，包括税收、基础设

---

① 在欧美的制度环境下，更准确地说应该是产业结构变动，因为"调整"一词有政府有意识进行干预的含义。

施、人力资本、市场规模、地理区位，以及行业的集聚经济等（Andersson and Forslid，2003；Drucker and Feser，2012；Graham，2007a；Manjón - Antolín and Arauzo - Carod，2011；Park and Rabenau，2011；Rosenthal and Strange，2001）。这就是西方文献很少直接研究城市产业结构调整问题的原因，与产业结构有关的研究一般是放在产业集聚、企业选址、专业化、城市分工、行业就业、生产率这些文献里面。这些主题之间具有内在的逻辑联系：产业间和产业内的集聚经济影响企业的选址决策，同行业企业聚集度高的城市呈现产业集聚的状态；具有集聚经济的行业会挤掉没有集聚经济的行业，那些只留存了少数几个行业的城市，它们的产业结构会显现出专业化形态；城市的专业化必然与城市间贸易互补，因为只有进行贸易才能满足一个城市对所有产品的需求。这时候，对城市效率问题的研究就要从单体城市层面扩展到由多个城市构成的城市体系层面。

由此可见在城市产业结构问题上，西方学者强调的是市场机制以及政府的间接作用，他们关心的问题不是城市的产业结构，而是企业如何选址，因为前者是结果，后者才是影响因素。而在我国，产业结构是政府提高城市效率可资利用的工具，因此国内在研究城市效率时会更多地探讨城市目标产业的选择、产业结构的转换路径、产业政策的设计等议题。正如接下来看到的那样，这种产业结构是城市效率的"因"而非"果"的现实直接影响到分析框架的设计。

2. 产业结构影响城市效率的三个维度

集聚经济理论把城市效率定义为城市经济活动的集聚净值，它是集聚经济和集聚不经济的差值，这个简单的公式为我们分析产业结构如何作用于城市效率提供了一个框架。正如前文所言，在中国的制度环境下，产业结构是城市效率的"因"而不是"果"，所以通过调整城市的产业结构可以改善城市效率，这是我们关注产业结构最根本的理由。否则，产业结构就会变成一个无足轻重的东西（一如西方人认为的那样）。基于这种考虑，我们把产业结构作为影响因素纳入集聚经济理论的分析框架，如图2 -5所示，产业结构可以同时影响集聚经济和集聚不经济，从而影响集聚净值。在研究处理上，我们遵循集聚经济理论的传统，将研究重点放在解释集聚经济的产生机制上。这是因为集聚不经济是很好解释的，它的来源无非是拥堵、污染等负外部性，以及市场竞争加剧导致的要素价格上涨和利润下降，传统经济理论已经对这些有了充分的分析（Fujita，2007：484）。到目前为止，我们一直笼统地说产业结构影响集聚经济。为进行深入研究，必须更详细地探讨其中的机制。首先我们必须弄明白集聚经济的微观机制，然后分析产业结构调整是怎么影响这些微观机制的，通过这两个步骤才能完整地搭建本研究的分析框架。

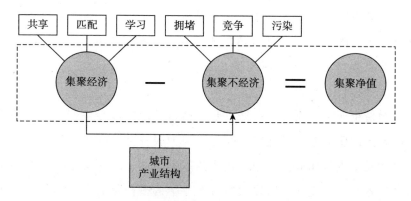

图 2 - 5　产业结构影响城市效率的机制

（二）产业结构与配置效率

对初次就业的人来说，大城市是非常具有吸引力的，因为那里有数量巨大且种类繁多的行业和企业，他们总能找到与自己的知识、技能、经验相匹配的工作岗位。即使是那些想要谋求更高薪酬的人，在大城市中寻找另一份工作的时间也将大大缩短，从而减少摩擦性失业。提高异质性劳动力和企业的匹配程度、减少搜寻适合的工作和劳动力的时间（提高匹配速度）都有利于提高城市的生产效率（Abel and Deitz，2015；Helsley and Strange，1990）。Andersson 等（2007）利用 2001 年美国加州和佛罗里达州的企业和就业微观数据论证了异质性劳动力和企业的匹配程度对企业生产率的重要性。研究发现，高密度的劳动力市场能够提高异质性劳动力与企业的匹配程度，而且匹配产生的生产率溢价具有行业差异，与制造业相比，匹配效应在服务业中更为突出，尤其是在零售、教育培训、金融、地产、交通及基础设施运营等行业（Andersson et al.，2007：121）。实际上，不仅限于劳动力市场，提高城市效率的匹配机制也适用于其他生产要素。

在人口规模大、密度高的城市中，资本更容易发现新的投资机会，流向那些具有更高回报率的行业（Helsley and Strange, 1991）；土地的价值会通过多方的激烈竞争而得到充分体现（Arnott, 1989）。

大城市促进生产资源配置效率提升的特性对制定大城市的产业政策具有重要意义。

首先，从大城市自身的视角来看，通过推进产业结构朝多样化的方向发展，大城市的生产效率能够进一步提高：产业越多，生产要素的选择越多，从而最大限度地发挥其价值的机会越多。制造业可能不适宜多样化，因为制造企业存在内部规模经济，也就是其所需的土地、厂房、机械设备、劳动力，只有在大规模投入的情况下才能保证生产有效率。因此，少数几个制造企业可能就已经占据了整个城市的绝大部分生产要素，多样化比较困难。而服务业比较适宜多样化，因为服务企业的主要投入是人力资本，少数几个人就能成立一个专业化的服务企业，一栋写字楼就能容纳数以百计的各类服务企业。所以大城市产业结构多样化的方向是鼓励更多的生产性服务企业进驻，同时有序地降低制造企业的比重。

其次，大城市促进资源配置效率提升的功能不仅使本城市的生产要素和企业受益，而且可以使其他城市受益。其他城市（尤其是与大城市相邻的中小城市）的生产要素和企业都可以在大城市的专业化市场中快速找到合适的交易对象（双方只是在这里搜寻、接洽、交易，并不是在这里生产）。通过这种方式源于大城市的生产率溢价将扩大到整个城市体系。大城市在整个城市体系中的功能定位应该是生产要素的交易中心，而非制造中心。这就是世界上生产效率高的大城市都扮演着商贸中心、金融中心、知识信息中心、技术交易中心等角色的原因，它们最大限度地发挥了自己在促成资源供需双方成功配对方面的作用，这是大城市的优势所在。

（三）产业结构与规模效率

规模经济可以分为内部规模经济和外部规模经济，内部规模经济是指内在于企业的一种生产特性（规模报酬递增特性）；外部规模经济是指外在于企业的正外部性，这些企业可以是同行业的，也可以是不同行业的。存在于同行业企业间的外部规模经济叫作地方化经济，存在于不同行业企业间的外部规模经济叫作城市化经济。地方化经济通常导致专业化集聚，因此又称之为专业化外部性或者 Marshall 外部性[①]。城市化经济通常导致多种产业的共集聚（Co-agglomeration），所以又有多样化外部性、Jacobs 外部性[②]之名。图 2-6 展示了上述诸多概念之间的区别和联系。

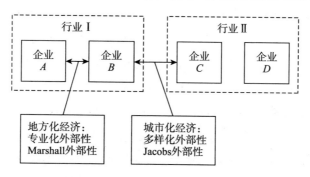

图 2-6 地方化经济与城市化经济

地方化经济概念要解决的问题是，如何解释一个地方某个行业的规模（用企业数或就业数度量）越大，产出效率越高？或者，为什么某个行业的企业在一个地方的集中会提高生产效率？Marshall（1890，转引自 Henderson，2001）认为，出现这种现象的原因在于，聚集起来的同行企业能够以较低的成本共享某些有价值的生产要素，包括专业劳动力、专用基础设施、行业市场信息、管理知识和生产技术、地区品牌等。这种共享行为促进了产品的生产和销售，或者大幅度降低了企业的生产成本和市场风险。城市化经济概念要回答的是，为什么不同的产业聚集到了同一个城市中？其中有以下三种原因（Quigley，1998）。一是众多的产业虽然属于不同的分类，但是存在互补关系，例如钢铁业和汽车业、电子工业和家用电器制造业，也就是存在生产上的前后向关联。二是各种产业之间可能没有太强的关联性，它们共同出现在城市中只不过是为了共享对所有生产活动都有利的公共基础设施，包括交通、通信、能源设施以及良好的营商环境，或者共享相同的投入品，例如专业化的技术服务、商务服务、信息服务。三是

---

① 以这种现象的最早提出者 Alfred Marshall（1842-1924）的姓氏命名（Beaudry and Schiffauerova，2009）。

② 这一概念由 Jane Jacobs（1916-2006）在《城市经济》（*The Economy of Cities*）中提出（Henderson，1997）。这些术语都是可以互换使用的（Galliano et al.，2015）。

消费者的需求是多样化的，不同类别的产业因为共享同一个消费市场而聚集在一起。例如，食品加工业和纺织业在生产过程中并没有太多的联系，但都满足了消费者对衣食的需求。它们聚集在城市中可以接近消费市场，减少运输成本。

地方化经济的概念对城市产业结构调整政策的意义是直观的，即城市可以实施专业化发展战略，把某种产业定位为支柱性产业，采取政策吸引同类企业集聚于当地，充分利用专业化外部性产生的生产率溢价。当前，产业集聚政策已经成为各国政府增强区域经济增长动力、平衡地区发展差距的一种常用措施（Desrochers and Sautet，2004；Pessoa，2014）。日本在20世纪90年代后期有530个专业化差异极大的产业集群遍布全国各地，典型的有食品加工、纺织、服装、家具、陶瓷玻璃、机械设备等产业集群。如今，日本的专业化产业集群逐渐进入以技术创新为基础的发展阶段，汽车、电子元器件、半导体、生物科技、信息技术和云计算等产业集群具有很强的竞争力（Cheba，2015）。有效的产业集聚政策是有条件约束的，并不是地方政府想培育哪个产业，哪个产业就能成长起来。Cheba（2015）认为，成功的产业集群受地区价值（Value of Region）的影响，其中的因素包括政治和法律环境、制度供给能力、空间、人力资本、技术潜力等。这表明，城市的专业化发展战略必须立足于地方的具体环境，在制定政策前要进行深层次的、多维度的分析，尤其是要对目标产业的特性、与既有产业基础的关系，以及发展策略的可行性进行充分的研究（Nathan and Overman，2013；Pessoa，2014）。

产业结构的多样化并不意味着产业的多元组合是随意的。否则，产业结构多样化的政策含义就会被误解为不加选择地把各种各样的产业引入城市就能产生规模经济。实际上，多样化的产业结构也有可能导致城市效率低下。在现实中，一些城市政府为了尽可能大地创造税收和就业，在不断引入各种产业的同时，仍抓着旧有产业不放，即使新旧产业之间没有什么直接联系，但布局杂乱无章的产业共存只会降低城市效率。有效率的产业结构多样化应该有其内在逻辑和基本原则。多样化的产业结构有很多种潜在的组合，早期支持 Jacobs 外部性的文献并没有说清楚什么样的组合有效率，什么样的组合无效率。从前面列举的城市化经济产生的原因来看，在城市中共存的多种产业之间可能存在关联，也可能没有关联。一些文献（Simonen et al. , 2013：232）认为，产业间的关联性直接影响城市效率，只有那些在技术上紧密相关的产业才能产生促进经济增长的多样化外部性，产业结构内部互补性强的地区比那些互补性弱的地区要有更高的增长率和更低的失业率。也就是说，在推进产业结构多样化的过程中，政策制定者应该关注产业间在技术上的邻近而不是单纯的地理邻近。

（四）产业结构与技术效率

技术进步是长期经济增长的最终动力，因为只有技术进步才能持续地推动生产可能性边界不断外移（Romer，1990：72）。无论是从无到有的重大技术创新还是对既有技术的边际改进都极大地改善了人类社会的生产率。由于技术创新的重要性不言而喻，从集聚经济视角研究其产生机制的文献逐渐增多（Gordon and McCann，2005：523；Storper and Scott，2009）。在技术创新的生产函数中，知识和人是两个最关键的投入要素，研发人员通过学习储存技术知识以创造新的知识（Romer，1990：78–79）。在这个过程中，人与人之间的互动与交流、知识的广阔性和传播速度、思想和信息的多元化，以及制度安排等都影响着技术创新绩效（Fujita，2007）。

城市为技术创新提供了理想的知识溢出和学习环境。Carlino 等（2007）对美国大都市区的就业密度和专利生产效率的关系进行了研究。结果显示，在考虑其他控制变量的情况下，如果就业密度增加一倍，人均专利数将显著提高 20%。研究同时指出，过度拥挤的都市区并不利于专利生产，这意味着存在有利于技术创新的最优城市规模和就业密度。学者们越来越倾向于从信息组织的视角解释这种高密度环境对技术创新的作用。一个明显的现象是城市中的大学常常激发出新的产业和企业，例如美国波士顿的创新活动与 MIT，创新型企业集聚的硅谷与斯坦福大学之间就存在长久的强相关性（Black，2005）。技术创新离不开知识溢出，而大学是知识溢出的重要来源。研究表明，德国新成立的高技术企业通常会设在靠近高校的地方，以便获得知识溢出，其中的渠道包括大学培养的人才流入企业、企业购买大学的发明专利、企业联合大学进行 R&D 活动等（Audretsch et al. , 2005）。

网络理论对知识溢出的解释是，城市中精心构建的信息网络促进了知识的传播和扩散（Henderson，2007a），大学和企业之间的联结只是其中一例。信息网络有其内在的结构，包括关键的行为者、网络节点、配对联系、交换规则等内容。正是这种严密的组织体系保证了知识溢出是通过专业化和系统化的途径产生的。现代化的大规模技术创新已经摆脱了依靠个体独立探索的落后方式，越来越依赖系统化的方法。也就是说，不仅是大学和生产企业，而且其他机构包括科研院所、政府、金融企业、服务中介等都需要纳入一个更大、更紧密的创新网络。只有当这些技术基础设施（Technological Infrastructure）聚集在一起形成知识溢出并作用于创新的组织架构时，才能实现提高技术创新效率的目的。美国数据显示，那些与大学、政府或其他公共机构结成网络的创新企业拥有全美国七成以上的专利授权量（Black，2005）。

城市的产业结构与创新效率之间的关系一直都是研究者们关注的议题。一个经常论证的问题是：专业化和多样化的产业结构哪个更能促进地区创新绩效？这个问题尚无定论，各方都能找出合理的原因和实证证据（Feldman and Audretsch，1999；Simonen et al.，2013）。一些研究者认为，专业化的产业结构有多种促进技术创新的机制。一是同行业企业的集聚创造了一个较大的专业技术劳动力市场，这些特定产业的技术人员和熟练工人能够被该地区的大部分企业雇用。二是专业化的产业结构能够建立起专门为这种产业结构服务的供应体系，如特殊的商业服务、金融服务，以及专用性基础设施。三是在专业化地区，信息技术能够更快地在具有相同技术基础的企业间传播和应用。四是当面对一个相对专业化的产业结构时，由私人企业、服务商、公共研究机构、政府、相关政策组成的区域创新系统更容易运转和管理，因为这些行为主体都有共同的知识基础。然而，专业化环境也有潜在的危险，即锁定效应。地区知识体系和资源的专业化可能会妨碍其他产业技术创新的生成和发展，从而失去了发展新产业的机会，那些专业细分程度较高的地区被锁定的可能性较大（Fritsch and Slavtchev，2010）。相反，多样化的产业结构环境能够避免这种困境（Duranton and Puga，2001：1455）。

多样化的支持者认为，多种产业在城市的集中，展示了各种各样不同但互补的技术领域，这种多样性有利于研究人员学习、模仿和试验，进而催生更多的新技术。Fujita（2007）也指出，随着时间的推移，如果没有新的异质化知识注入，异质化的交流会变得同质化，此时新思想无法产生。Duranton 和 Puga（2001）通过观察法国的企业转移数据发现，在发生转移的企业中，72% 的企业是从中度以上多样化的城市转移至中度以上专业化的城市。对于那些注重创新的企业而言，这种转移特征更明显。他们给出的解释是，当多样化的生产技术在大城市集中时，研发人员在一个城市就可以试验多种创新方案，直至找到最优方案，而不需要频繁地在各地寻找，这使前期研发活动的试错（Trial and Error）成本大大降低。当技术创新的应用趋于成熟之后，以该技术为基础的批量化、标准化生产就会转移到要素相对便宜的小城市中，由此实现了从大城市到小城市的新技术扩散。

从上述讨论中，我们可以得出几条政策启示。

首先，这种产业集聚的创新效率有可能是由专业化机制引起的，也有可能归功于多样化机制，并不存在统一模式，因此，在制定和推行城市的产业政策和创新政策时必须考虑本地的资源禀赋、产业基础、制度安排、历史路径等，以求符合实际。Gordon 和 McCann（2005）指出，尽管世界上一些"新产业区"在科技创新上取得了巨大的成功，如美国硅谷电子工业集群、德国巴登 – 符腾堡州机械业集群、英国剑桥科技产业集群等，但这种效应并没有在英国伦敦发生。

其次，需要动态地看待城市产业结构变动并采取相应的政策促进创新。Henderson（2007a）指出，历史上一些大城市曾经是制造业城市，如纽约的制衣业在 1860 年的就业占比达到 30%，而如今纽约制造业的占比微乎其微，它已经蜕变为金融中心和商务服务中心。1983 年韩国首尔、釜山和大邱的制造业在全国制造业中的就业占比之和为 44%，这一数值在 10 年后下降为 28%。相应地，这些城市的产业结构也逐渐服务化了。在城市经济的演进过程中，一个城市依靠工业化集聚了人气，随后慢慢地变成具有高度知识溢出环境的大城市，此时要不失时机地采取产业结构调整措施引入知识和技术密集型产业，充分利用大城市的氛围促进技术创新。

最后，城市之间要建立合理的分工合作关系才能促进创新。Carlino 等

（2007）的研究显示，美国大都市区的制造业就业规模对当地的专利密度有很显著的正向作用。这并不意味着一个城市要有大的制造业就业部门才有利于提升创新效率。实际上，美国大都市区由多个城市组成，城市之间存在职能分工。中心城市很可能专注于 R&D 活动，而周边城市专注于制造业活动。但可以肯定的是，对整个大都市区（城市群）而言，大的制造业就业部门是技术创新的沃土。

三　产业结构及效率：从单体城市到城市群

（一）单体城市的产业结构调整

1. 产业集聚政策

Henderson（1974）提出，相互间没有溢出的产业不要放在同一个城市里。我们可以用图 2-7 来说明其基本思想。假定城市中有 A、B、C 三个不同的产业，A 与 B 之间有溢出（外部经济），C 与这两者之间都无溢出。由于城市能够提供所有产业都需要的公共品，如产业园、交通运输系统、信息服务，因此所有行业都希望留在城市中。但城市空间有限，三者的集中会造成拥挤，推高房价，企业必须支付更高的工资才能雇用到工人。由于 A 与 B 之间有溢出，它们能够挣取更多的利润，从而向工人支付更高的工资以弥补高房价；由于 C 无法从与 A、B 的集聚中获得溢出收益，它无法给出有竞争力的工资，从而招不到工人，退出这个城市。这样只有 A、B 产业聚集在城市中，形成有效率的经济活动结构。例如，一个原本以钢铁生产为支柱产业的城市引进了汽车制造业，这可能加剧了城市的拥挤程度（不经济），但与此同时由于汽车制造业可以就地取材，节省了运输成本，形成集聚经济，只要集聚经济大于集聚不经济，那么这种产业结构的改变就能提高城市效率。相反，一个以科技研发、专业服务和文化创意产业为主要经济活动的城市，引进重化工业并非明智之举，因为这种产业与原有支柱产业没有什么关联，同时它所造成的环境污染、土地竞争加剧了不经济，从而使整个城市的效率面临下降的风险。

上述分析的一个重要政策启示是，为了提高城市效率，要引进集聚经

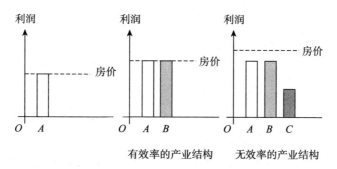

图 2 – 7　城市产业结构

济大的产业，例如产业关联性强、知识溢出大的产业，同时迫使那些没有多大正外部效应或者集聚不经济较大的产业退出城市。随着我国学界对集聚经济理论的介绍和研究，运用产业政策增强集聚经济、降低集聚不经济的理念越来越为城市政府所接受和采用。例如广东提出的"腾笼换鸟""退二进三"等产业结构调整策略，都是这一思想的体现。构建新兴产业集聚区、打造特色产业集群、形成集聚效应等词语频繁出现在政府的各类产业发展规划文件当中。例如，在《广州市战略性新兴产业第十三个五年发展规划（2016—2020 年）》当中，"加强产业集聚"被列为发展创新产业的五大基本原则之一。尽管 Henderson（1974）的原理已经成为决策者的共识，但仍有许多细节问题决定着产业结构调整政策的效果，例如，为了提高城市效率应该选择哪些目标产业？吸引这些目标产业需要具备哪些条件？以什么形式引入目标产业，批量引入还是龙头带动？这些新引进的产业如何与既有的产业基础对接，是强化原有的优势产业走专业化道路还是引进新兴产业走多元化道路？这些悬而未决的细节问题为学者们提供了广阔的研究空间，只有深入地研究它们才有可能设计出行之有效的产业结构调整政策。

2. 城市规模约束

城市的产业结构调整不可能是随心所欲的，它必然是在多种约束条件下做出的权衡与选择。首先要考虑的约束就是城市规模。大城市之所以大是因为它的集聚经济大，反之，小城市的集聚经济小。城市所拥有的集聚经济是由它的区位条件、自然资源、历史地位、政治角色、科技水平、文化氛围等错综复杂的因素决定的，这种格局很难人为改变。Duranton

（2007）的研究指出，从历史经验看，城市体系存在三种典型的事实：①城市的产业结构是快速变动的；②城市在城市等级中的升降是缓慢的；③大小城市的个数几乎是不变的。换言之，无论产业结构怎么变动，大城市还是大城市，小城市还是小城市。那么，产业结构调整的意义何在？其意义就在于实现城市的动态效率：尽管横向上，中小城市比大城市效率低，但是与自身相比，其效率可以随时间的推移而提高。

按照 Henderson（1974，1983）的观点，城市效率问题就是资源（资本、劳动力）配置的问题。资源应该怎样在不同类型和规模的城市间配置才有效率，关键就在于从城市所具有的规模经济出发，有什么样的规模经济就发展什么样的生产活动，使规模经济的类型与生产活动的类型相匹配。如果城市的规模经济是地方化的，那么发展多种产业只会造成拥挤，规模经济无法支撑规模不经济，城市集聚净值总和无法最大化。所以，这样的中小城市应专注于发展少数几个密切相关的产业。相反，外部规模经济（或者说 Jacobs 外部性、城市化经济）大的城市发展专业化生产是没有效率的，因为多样化外部性所具有的收益没有得到很好的利用。那么大城市应该选择多样化的制造业结构还是多样化的非制造业结构呢？进入大规模标准化生产环节的商品生产对大城市多样化环境的依赖并不是很强，而处于探索、试验、培育阶段的商品生产却相反，后者比前者能够从大城市的多样化外部性中获得更多的好处。实证研究表明，大城市在非制造业部门中有更高的生产率优势，大城市应该发展非制造业部门（Moomaw，1981）。

（二）城市群的产业结构

1. 城市体系理论

前面已经提到，由于一个城市不可避免地与其他城市发生经济联系（分工和贸易），单体城市的产业结构调整还应置于城市体系当中进行考虑。城市体系是城市经济学的一个重要研究领域，它包括城市间的互动关系、城市等级结构及规模分布、城市的空间分布等主题。从城市产业互动的视角出发，研究者们已经在理论上对各种类型的城市体系进行了划分，主要分为三种类型："纯多样化"城市体系（Abdel - Rahman，1990a，1990b；Abdel - Rahman and Fujita，1990，1993）、"纯专业化"城市体系（Abdel -

Rahman，1998；Henderson，1974；Henderson and Abdel‑Rahman，1991）以及"混合型"城市体系（Duranton and Puga，2001，2005）。在"纯多样化"城市体系（简称多样化体系）中，无论是产业结构还是城市规模，所有城市都是一样的，典型城市内部既有制造业，又有生产性服务业，两者相互配合进行生产，城市间不存在产业分工。多样化体系模型的构建主要是为了说明典型城市的均衡规模是如何确定的，它对城市间的互动关系考虑较少，因而与现实情况有较大差距，"纯专业化"城市体系（简称专业化体系）模型改善了这个状况。

Abdel‑Rahman（1998）探讨了专业化体系是怎样形成的，在其模型中有两个城市、两个生产部门（食品 VS 高科技产品）、两种劳动力类型（非技能型 VS 技能型）。达到空间均衡时，一个城市由非技能型劳动力组成，专门生产食品，另一个城市由技能型劳动力组成，专门生产高科技产品，城市间形成专业化分工。同时，两种产品无运输成本地在城市间贸易，食品用于满足所有劳动力的消费，而高科技产品用于改善所有城市的交通基础设施。专业化体系比多样化体系更合理，然而仍不能解释多样化城市和专业化城市共存的事实。

Abdel‑Rahman（1998）描绘的城市间产业分工可以称为部门分工或水平分工，即不同城市生产完全不同类型的最终商品。Duranton 和 Puga（2001，2005）提出了另一类城市间分工，即功能分工或垂直分工。Duranton 和 Puga（2001）认为多样化城市和专业化城市在产品生产周期的不同阶段扮演着不同的角色。多样化城市产品种类丰富、各类人才聚集、知识信息容易获取，适合新产品研发，但是人口密度高、地价贵，不适合大规模生产。相反，专业化城市产品、人才、信息单一，但是专业化程度高且地价便宜，适合标准化产品的大规模生产。当两者共存于同一个城市体系当中时，厂商可以先在多样化城市研发产品，待技术成熟后转移到专业化城市进行批量生产。

除了产品生产周期，企业组织方式的变化同样可以解释"混合型"城市体系（简称混合体系）的形成（Duranton and Puga，2005）。一个企业的总部和工厂都位于同一个城市可以节省运输和管理成本，但是会增加城市的拥挤程度，抬高用地成本。随着交通和通信技术的进步，一个企业可以通过把总部与工厂分置在不同的城市来降低用地成本。总部一般安置在商业服务丰富的城市，以便充分利用多样化服务提高运营效率；而工厂则开办在同类生产集中的城市，以便利用同行业的技术、劳动力和基础设施。如此一来，城市体系结构也随之变化，形成总部集中的多样化城市和工厂集中的专业化城市共存的格局，多样化城市扮演管理者的角色，而专业化城市则扮演生产者的角色。在这个混合体系中，多样化城市大而少，专业化城市小而多。

2. 发达国家的经验

Duranton 和 Puga（2005）发展的混合体系模型是相当符合现实情况的。根据世界发达国家的经验，不同规模的城市会根据自身的禀赋条件选择差异化的发展模式，从而形成城市分工体系（见表 2 - 1）。小城镇主要从事农业生产以及一些规模小且简单的加工制造。中型城市的角色是单一类型的服务中心或者制造中心。服务中心为生产提供零售、修理、运输、金融、科技、培训等服务。制造中心生产标准化的产品，如纺织、食品、钢铁、汽车零部件、造纸，以及各种机械和电气设备。这类城市是高度专业化的，大部分中型城市在许多行业门类上的就业量为 0 或接近 0，就业只集中在一两个制造业上，所以存在汽车城市、纺织城市、造纸城市、造船城市等（Henderson，1997）。大城市里的经济活动与前两类城市截然不同。Black 和 Henderson（2003）通过回顾美国城市的历史演变指出，美国的生产结构正朝服务部门主导转变，一些现代服务业，如金融、研发、管理咨询、法律和教育、工程和建筑，以及商业服务（广告、信用担保、计算机服务）等倾向于在大城市集中。Scott（2008）对美国不同规模都市区生产活动特征的研究同样证实了这种模式。无论从行业还是从职业的角度看，两者都有显著的差异。在知识经济时代，美国的就业和创新都是由处于城市等级顶部的大都市区引领。大都市区集中了那些需要更高知识和文化技能的生产活动，如技术密集型制造业、时尚产业、商务和金融服务业、个人生活服务业、文化产业等。相较之下，小都市区更多地集中了资本密集型的、常规的和标准化的制造业活动。毫无疑问，这种城市间差异化的分工合作关系是发达国家城市体系显示出较高生产率的重要原因。

表 2 - 1　城市分工体系

城市规模	产品生产
小城镇	农业 传统制造业 食品加工 简易金属加工 非金属器具制造 ⋮
中型城市	现代制造业 金属 机械 电气设备 ⋮
大城市	高科技研发和现代服务业 仪器 电子 金融 出版 艺术 ⋮

资料来源：Henderson（1996）。

　　当跳出单体城市的视域，转而在城市体系的概念下讨论城市效率时，城市间经济关系的重要性就会凸显出来。城市经济发展至今，城市效率已经不再是单体城市的简单加总，而是由一个具有复杂内部秩序的城市体系产生。一个城市要提升自身的效率越来越依赖与其他城市，尤其是周边城市的互动。一方面，正如上文所言，城市间要建立起明晰的分工合作关系，这不仅指大城市与中小城市之间的垂直分工，还包括大城市间、中小城市间的水平分工，从而在城市体系内部形成一种纵横有序的、差异化的产业结构。这意味着，一个城市的产业结构调整不仅要考虑自身的历史路径、比较优势、资源禀赋、地理区位和市场规模等条件，还要考虑其他城市的产业发展策略，尽量避免产业重构。另一方面，城市间的产业结构调整要实现联动。处于城市等级顶端的大城市具有较强的集聚经济，它们能够不断地内生出新思想、新技术和新产业，这些创新是中小城市生产率提高的源头。如果大城市为保有税基而拒绝转移某些产业（如低端制造业、批发业），那么必然会限制其创新能力的提升，同时也影响中小城市的发展。在这种情况下，中小城市有可能另起炉灶发展新产业，重复建设和培育新产业失败都会降低城市的生产效率（Henderson，2007b）。城市的产业结构调整具有联动性：大城市是整个城市体系产业结构调整的引擎，只有大城市产业结构调整了，中小城市的产业结构才会随之调整（王珺，2010）。因此，必须减少由政策干预造成的城市间产业转移障碍，只有顺畅城市间的产业结构调整关系，才能构建高效率的城市体系。

3. 中国城市群的效率问题

与发达国家一样，中国的经济增长日益依赖城市及城市群的发展质量。2016 年中国近 37% 的 GDP 是由国内三个生产率最高的城市群——京津冀、珠三角、长三角城市群创造的。[①] 但正如本章开头所展示的那样，中国城市群的生产率水平与世界级城市群还有很大的差距。其中的原因当然是多方面的，但从城市体系理论的角度看，中国城市间分工合作程度不高是一个很重要的原因。在当前的政治经济体制下，许多机制的扭曲阻碍了中国城市间高效分工体系的建立。

中国城市的发展在很大程度上是由城市政府主导的，分权竞争体制使政府倾向于竞争而非合作。为了保证本城市的 GDP 增长和财税收入，政府除了要大力招商引资、引进新的产业外，还要牢牢抓住原有的产业使其不流失。为此，政府采取各种措施干预劳动力、资本、商品的自由流动，这些政策工具包括户籍制度、行政收费、市场保护、交易成本、土地价格等。为了有更多的空间容纳各种各样的产业，政府不是通过向周边城市转移低端产业的方式腾出空间，而是通过撤县设区的方式不断地把农业用地转换为城市建设用地，以获取产业发展所需要的空间（王小鲁，2010）。结果显示，无论是大城市还是中小城市，都趋于形成大而全（自给自足型）的产业结构。在实践中，省级政府试图通过行政协调的方式促进城市间的产业分工。以 2012 年《广东省战略性新兴产业发展"十二五"规划》为例，省级政府划分了省内各市应该发展的细分产业，例如以深圳为中心

---

① 京津冀城市群的数据来自《中国统计年鉴》，珠三角城市群的数据来自《广东统计年鉴》，长三角城市群的数据来自《2016 年 1—12 月长江三角洲城市主要经济指标》（上海统计网站，http://www.stats - sh.gov.cn/html/fxbg/201708/1000894.html）。

建设通信元器件生产基地，以肇庆为中心建设新型电子元器件专用设备基地，以广州为中心建设生产半导体和集成电路专用设备基地，以汕头为中心建设电子电路工业基地。其目的在于让各市生产不同产品以避免重复建设和直接竞争，虽然这在一定程度上促进了城市间的水平分工，但并不能解决更深层次的垂直分工问题。

除了分权竞争体制，自上而下铺开的产业政策也阻碍了城市间分工合作程度的提高。在中国，有三个机制能够保证地方贯彻中央发起的产业发展计划：一是中央对地方官员发展经济绩效的考核；二是中央掌握的经济发展资源，包括产业项目、专项发展资金、特许政策（如政策试点资格）、配套支持（如金融和财税支持）等；三是遍布全国的国有企业系统。中国有多个地级市，各个城市的经济发展阶段不一样，产业结构调整方向也千差万别，中央的产业发展计划不一定适用于每个城市。此时就存在一个执行中央计划和满足自身发展需要的权衡。为了获得晋升，城市官员必然会选择前者。例如，《"十二五"国家战略性新兴产业发展规划》发布后，几乎所有的省区市都把中央指定的八大产业作为重点发展对象（于津平、吴小康，2016；朱艳鑫等，2016），对其投入大量资金予以扶持和培育。从逻辑上讲，当所有城市都按统一的计划发展产业时，城市间的产业同构在所难免，相应地，城市的产业分工合作程度也就降低了。

未来要提升中国城市体系的效率，中央决策层必须设计新的制度激励地方政府在产业结构调整上实施差异化发展战略，包括打破行政壁垒，建立更加一体化的要素和商品市场；减少大规模产业计划的铺开，让城市在产业发展上有更多的自主权；在制定经济发展战略时更多地考虑地方性差异，使用更灵活和多样化的指标考核地方官员绩效；等等。

四 小结

在回顾大量理论和实证文献的基础上，本章试图阐明城市效率概念所具有的理论内涵。我们可以借助两种理论视角去理解城市效率。在投入产出理论的视角下，城市效率就是城市的生产效率，它更多的是作为一个量化指标存在，而不是一个机制或过程。这时，城市效率通常使用局部要素生产率和全要素生产率去度量，它们本质上都是投入产出比，不过在具体的指标算法上有很多不同。常用的度量局部要素生产率的指标有人均GDP、地均产值等，它们计算起来很方便，但有以偏概全的风险。TFP是一种改进，但它提高了计算的复杂度。TFP可以通过参数模型方法计算，也可以通过非参数模型方法计算，这取决于数据的可获得性、研究语境、研究目的、问题对象，以及研究者偏好等诸多因素。投入产出比被广泛应用于各种生产单位——个人、企业、行业、区域、国家等的效率测算，显而易见，把它用在城市层面上并没有什么特殊性。投入产出理论并不能告诉我们怎样才能提高城市的生产效率，因而，我们需要一个解释城市效率生成机制的理论。

集聚经济理论对城市效率有更为精巧的解释。其基本思想是，集聚的向心力和离心力共同作用于城市的经济活动，向心力（集聚经济）促进集聚，离心力（集聚不经济）驱散集聚，当边际个体进入城市的集聚净值为0，即边际个体的集聚经济和集聚不经济相互抵消时，城市经济就达到了有效率的状态，此时，城市内部所有个体的集聚净值之和就是城市效率。集聚经济理论赋予了城市效率一个完整的"故事"，经过学者们的数理建模更散发出新古典经济学范式的优雅气息。然而，它的缺陷在于无法提供一个对总集聚净值直接测度的方法。尽管如此，根据城市最优规模与总集聚净值的对应关系，前者是潜在机制的外在表现，因而可以作为城市效率的间接测度方法。有大量的实证文献探讨了城市规模和城市效率之间的关系，一些研究支持大城市比中小城市有更高生产率的结论。基于此，投入产出理论与集聚经济理论视角下的城市效率概念似乎达成了某种统一。

这个理论框架对于讨论产业结构调整和城市效率改善的关系具有重要意义。为了提高城市的经济绩效（包括GDP及其增长率、就业、财税收入等），中国的城市政府经常出台各种各样的产业政策推动产业结构调整，那么，这些干预是通过什么路径来实现预期目标，又能否达成目标？这时，产业结构作为影响集聚向心力和离心力的因素纳入集聚经济理论的框架中就能得到很好的分析。对于单体城市来说，产业结构调整的基本原则是，尽量引入与原有产业有较大关联或者相互溢出较高的产业，同时迫使那些相互溢出较低的产业移出城市。只有这样，才可能使城市的集聚经济尽量大，集聚不经济尽量小，从而提高集聚净值。对于由多个城市构成的城市体系而言，城市效率提高的关键是构建合理的城市间产业分工体系，不同规模的城市在横向上有部门分工，在纵向上有功能分工。同时，大中小城市的产业结构调整应该具有整体的协调性，即避免由城市间竞争导致的制度壁垒阻碍各城市的产业结构调整。这种情况在中国的城市体系内部十分普遍，从而抑制了整体城市效率的提高。从这个意义上说，本章的研究对改善中国的城市发展政策是颇具启示性的。

|第三章|

中国城市效率与产业结构现状分析

　　本章是在第二章的基础上，刻画城市效率、城市产业结构的分布现状、演进趋势，从而在整体上探讨城市效率和城市产业结构的总体变化。改革开放以来，中国进入了城镇化的快车道，城市人口规模和城市的数量都在不断增加。1978 年，中国城镇人口共 1.73 亿人，城镇化率仅为 17.92%；2017 年，中国城镇人口增加至 8.13 亿人，城镇化率为 58.52%。40 年来，中国城镇化率增加了 40.6 个百分点。在集聚经济的作用下，农村人口大规模地进入城市，从而带来了生产和交易效率的提高，一些城市的人口、企业数量都快速增长，成为中国发展最快的地区。同时城市化的推进也极大地改变了城市的产业结构，沿海一些城市制造业比重迅速上升，成为中国著名的制造中心；而另一些城市的现代服务业发展迅速，成为区域的服务中心。

　　在这一过程中，中国城镇化的政策也经历了多次变化。在 2002 年党的十六大之前，中国城镇化的政策始终是以发展中小城市、实现就地城镇化为主。在这个阶段，大城市通过严格的户籍制度控制规模的扩张，而中小城市则鼓励外来人口安家落户。虽然从总体上看，这一阶段城镇化速度加快，但这一城镇化政策的目标并没有达到，这一时期大城市的人口增长速度超过了中小城市。党的十六大以后，中央政府开始提倡走"坚持大中小城市和小城镇协调发展"的道路。城镇化战略的调整和加入 WTO 使中国东部大城市迎来了快速的发展，其人口增长的速度超过了中小城市。虽然中央城镇化的政策进行了调整，但现实中户籍制度对人口流动的限制仍然存在。在大城市落户、上学、社保等条件依然较高。这在很大程度上限制了大城市人口规模的增长。由于大城市在就业机会、公共服务、公共基础设施等方面远远优于中小城市，即使在就业、上学、社保方面对非户籍人口存在较多限制，大城市仍然是外来人口主要的迁入地。在很多沿海的大城市，外来人口数远超过户籍人口数。党的十八大以后，中央提出了新型城镇化战略，并于2014年发布了《国家新型城镇化规划（2014—2020年）》，出台了一系列推进新型城镇化的政策。

与此同时，自20世纪90年代中后期以来，随着大规模国有企业改革的完成，传统的计划经济体制在中国城市发展中的作用显著下降，市场经济体制在中国城市发展中的作用逐渐上升。2001年中国成功加入WTO，东部地区的城市迎来了发展的黄金期，无论是在规模上还是在产业结构上，中国城市都经历了快速的变化。2008年国际金融危机后，东部地区城市产业转型升级紧迫性加剧，珠三角地区、长三角地区的城市都出台了很多推动产业转型升级的政策，如广东的"双转移"政策、江苏的跨地区产业园区建设政策等。这些政策对城市产业结构的影响无疑是深远的。

从经济发展阶段来看，城市产业结构的变化本身是经济发展阶段演进的体现。增长极理论和后来的新经济地理理论都指出，在经济发展的早期，由于市场狭小、基础设施落后、贸易成本高，经济活动通常在港口、铁路枢纽等地方率先发展起来，这些地区的城市通常是早期经济发展的受益者。19世纪的纽约、芝加哥，20世纪的深圳、东莞等都是这样兴起的。随着经济不断发展，地区之间的贸易成本下降、城市的基础设施水平不断提高，制造业会首先从少数城市向其他城市转移（Henderson，1988）。在产业转移的过程中，无论是转入城市还是转出城市，其产业结构都会发生很大变化，其中最为主要的变化在于转出城市的制造业比重下降，取而代之的是第三产业比重上升。

这种随着经济发展阶段演进的产业空间再配置将会对城市的效率产生重要影响。这是因为由经济活动构成的变化将直接影响相同产出下投入的数量，相对而言，制造业的技术进步更快（Baumol，1967），也更具规模效应；而服务业多属劳动密集型，技术进步更慢，规模经济效应更低。这两种产业的配置效率取决于市场的完善程度与改革的推进。相对而言，服务业的发展更依赖合约制度的完善。在这样的背景下，考察中国城市效率的演进和产业结构的变化，将有利于认识中国改革开放的各种政策对城市经济的影响，为本书后面的研究提供一个完整的现实图像。

一 城市效率的测算和产业结构的度量

（一）城市效率的测算方法：随机前沿生产函数法

本书用城市生产的投入与产出之间的关系来定义城市效率。在理论上，如果投入既定，产出越多则表示越有效率。当前对于效率的估计有多种方法，主要分为参数估计方法和非参数估计方法两类。参数估计方法首先设定生产函数形式，然后通过控制投入计算得到的 TFP 即可表示效率。这种方法的局限性在于投入通常是内生的，这样得到的 TFP 通常被高估或者低估。非参数估计方法不设定生产函数形式，即假定投入和产出的关系并非简单的线性或者非线性，而是通过估计出生产前沿，然后计算每一个城市到生产前沿的相对距离来测算效率。这种效率是一种相对效率，是相对于生产前沿而言的。非参数估计方法的局限性在于没有确定的生产函数形式，从而无法知道投入影响产出的作用机制。

基于此，本章采用随机前沿生产函数法来测算城市效率。参考杨莉莉等（2014）的研究，根据 Aigner 等（1977）、Meeusen 和 Broeck（1977）提出的随机前沿生产函数，我们设定面板的随机前沿生产函数形式为：

$$Y_{it} = f(x_{it}, \alpha) \exp(\mu_{it} - \varepsilon_{it}) \tag{3-1}$$

其中，$i = 1, 2, \cdots, N$ 表示截面个数，$t = 1, 2, \cdots, N$ 表示时间，Y 表示产出，$f(x_{it}, \alpha)$ 表示随机前沿面，x 表示投入要素向量，α 为待估系数向量，μ 为扰动项。假定 $\mu \sim N(0, \sigma_\mu^2)$ 且与 ε 相互独立，用于表示随机误差、各种随机因素对生产前沿的影响。$\varepsilon \geq 0$ 表示一个随时间变动的非效率项，衡量相对生产率水平。考虑到随机噪声和技术无效率因素的影响，现实难以达到生产函数的前沿水平。我们用样本中生产者产出的期望与随机前沿的期望比值表示生产者的技术效率（Technical Efficiency，TE）：

$$TE_{it} = \frac{E[f(x_{it}, \alpha) \exp(\mu_{it} - \varepsilon_{it})]}{E[f(x_{it}, \alpha) \exp(\mu_{it} - \varepsilon_{it}) \mid \varepsilon_{it} = 0]} = \exp(-\mu_{it}) \tag{3-2}$$

根据 Battese 和 Coelli（1992）对生产无效率的设定，$\varepsilon_{it} = \varepsilon_i \exp[-\eta(t-T)]$，并且假定 ε_i 服从非负截尾正态分布。显然，该随机前沿生产函数违背了 OLS 的假定，因此，我们采用 Battese 和 Coelli（1992）提出的修正的估计方法。

此外，我们采用对数形式的 C-D 生产函数来进行估计：

$$\ln y_{it} = \alpha_0 + \alpha_k \ln k_{it} + \alpha_l \ln l_{it} + \mu_{it} - \varepsilon_{it} \qquad (3-3)$$

（二）产业结构的度量方法

鉴于数据的可得性，我们用三次产业的比重来表示城市的产业结构。依据目前的数据，城市产业结构统计最为齐全的为三次产业的产值。具体计算公式如下：

$$stru_{it} = \frac{pvalue_{it}}{GDP_{it}} \qquad (3-4)$$

式中，$stru_{it}$ 表示城市 i 在 t 时期第二、第三产业的产值占 GDP 的比重，$pvalue_{it}$ 表示城市 i 在 t 时期第二、第三产业的产值，GDP_{it} 表示城市 i 在 t 时期的 GDP。

（三）数据来源

投入的数据来自《中国城市统计年鉴》（1997～2014 年）。参考 Hall 和 Jones（1999）的估计方法，我们估计了每个城市每一年的资本存量，具体估计方法为：

$$K_0 = \frac{I_0}{g_i + \delta} \qquad (3-5)$$

其中，K_0 为基期资本存量，I_0 为基期实际投资，g_i 为一段时间内的几何平均增长率，δ 为折旧率。我们采用省级折旧率来计算各个城市的折旧率。某一年实际投资 I = 基年固定资产投资 × 固定资产投资价格指数/100，我们以 1995 年为基期，计算了城市的实际固定资产投资。然后，我们通过式（3-5）可得到基期资本存量，再进一步通过公式 $K_t = I_t + (1-\delta)K_{t-1}$ 可以得到 1996～2013 年各个城市的资本存量数据。

鉴于数据的可得性，我们用《中国城市统计年鉴》中全市的单位从业人数来表示每一个城市每一个时点的就业人数。第二、第三产业的产值以及城市 GDP 的数据均来自《中国城市统计年鉴》（1997～2014 年）。

二　中国城市效率分布的现状及动态变化

（一）中国城市效率分布的现状

本部分选取了 287 个地级及以上的城市作为研究样本。基于城市效率研究数据的完整性和可得性考虑，我们剔除了盐城市、菏泽市、三亚市、吕梁市、池州市、宣城市、邵阳市、郴州市、巴彦淖尔市、贺州市、崇左市、眉山市、普洱市①、临沧市、拉萨市、商洛市、平凉市、定西市、陇南市、固原市、中卫市共 21 个城市的数据，得到 266 个城市的数据。

1. 中国城市效率总体分布现状

我们沿用 2014 年城市规模划分标准对中国各城市进行分类。② 2013 年中国城市效率分布现状如图 3-1 所示。③ 中国城市效率分布随城市规模的增加而增大，特大及以上城市为 0.87、大城市为 0.84、中等城市为 0.83、小城市为 0.81。这些数据显示，中国城市效率并没有如理论所言呈现"倒 U 形"分布，而是随城市规模的增加而增大。这说明，中国城市的集聚仍然不足，提高城市人口规模，会使城市效率提升。

图 3-2 所示的是各类城市的人口规模和效率的拟合。在特大及以上城市组别中，由于样本量少，城市人口增加与效率提升没有显著的正相关关系；在大城市组别中，城市人口增加与效率提升呈负相关关系，表明规模

---

① 2007 年，思茅市更名为普洱市。

② 根据国务院印发的《关于调整城市规模划分标准的通知》（国发〔2014〕51 号），以城区常住人口为统计口径，城区常住人口在 50 万人以下的城市为小城市，城区常住人口在 50 万～100 万人的城市为中等城市，城区常住人口在 100 万～500 万人的城市为大城市，城区常住人口在 500 万～1000 万人的城市为特大城市，城区常住人口在 1000 万人及以上的城市为超大城市。

③ 根据《中国城市建设统计年鉴 2013》，各城市规模下对应城市名单整理为附表一。其中，2013 年中国共有小城市 110 个、中等城市 96 个、大城市 69 个、特大城市 6 个、超大城市 5 个，以及 1 个因 2013 年人口数据缺失而无法归类的城市。因研究可比性需要，在进行城市效率比较时，将特大城市和超大城市归类为特大及以上城市（常住人口在 500 万人及以上）。

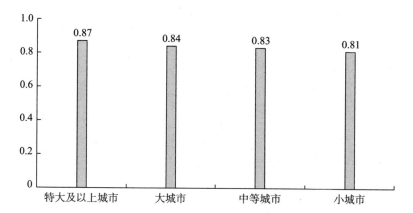

图3-1 2013年中国大中小城市效率的均值比较

注：剔除上述盐城市等21个城市的数据。

更大的城市，其效率更低；在中等城市组别中，二者没有显著的相关关系；在小城市组别中，城市人口增加与城市效率呈显著的正相关关系，表明人口增加会提升城市效率。这说明城市人口规模与城市效率并非线性相关关系，而是呈现一种非线性相关关系。

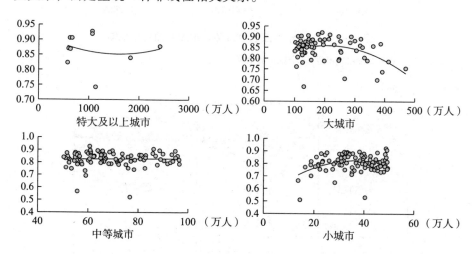

图3-2 2013年中国大中小城市效率随人口分布情况

注：除了剔除上述盐城市等21个城市的数据外，由于蚌埠市2013年城市效率数据缺失以及郑州市城市效率不足其他城市均值的0.8%，将之归为异常值，因此再剔除蚌埠市和郑州市2个样本的数据。另外，由于巢湖市2013年人口数据不详，因此再剔除巢湖市1个样本的数据。综上，共分别剔除特大及以上城市、大城市、中等城市和小城市1个、0个、6个和16个样本（另外，剔除1个无法归类的城市），约占各组样本数的9.1%、0%、6.3%、14.5%，剔除后总样本数为263个。

2. 按东中西部地区划分的城市效率分布情况

为了进一步观察中国城市效率的分布现状，我们按东中西部三个区域，将中国城市分为三个子样本：东部城市 101 个、中部城市 101 个以及西部城市 85 个（见附表二）。结果如图 3 - 3 所示，东部城市的效率最高，西部城市次之，中部城市的效率最低。城市效率在空间上呈现中部"塌陷"的状态。图 3 - 4 所示的是分地区与城市效率的拟合。从图中可知，城市效率变化的曲线呈现中部"凹陷"的特征。这说明自东向西中国各地

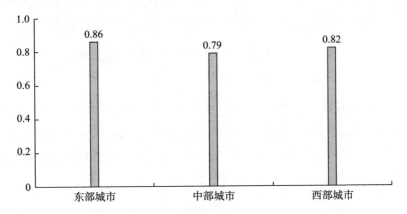

图 3 - 3 2013 年中国东中西部城市效率的均值比较

注：剔除上述盐城市等 21 个城市的数据。

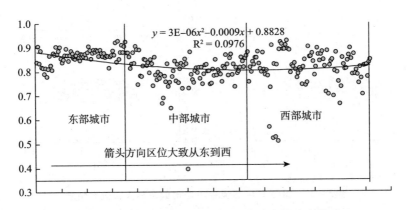

$$y = 3E{-}06x^2 - 0.0009x + 0.8828$$
$$R^2 = 0.0976$$

图 3 - 4 2013 年中国东中西部城市效率的分布情况

注：除了剔除上述盐城市等 21 个城市的数据外，由于蚌埠市 2013 年城市效率数据缺失以及郑州市城市效率不足其他城市均值的 0.8%，将之归为异常值，因此再剔除蚌埠市和郑州市 2 个样本的数据。综上，共分别剔除东部城市、中部城市和西部城市 3 个、7 个、13 个样本，约占各组样本数的 3.0%、6.9%、15.3%，剔除后剩余总样本数为 264 个。

级及以上城市的效率呈现先下降后上升的趋势，东部城市的效率最高，其次是西部城市，中部城市的效率呈"塌陷"的状态。尤其值得注意的是，中部城市和西部城市效率的分布整体比东部城市更加分散。

3. 按行政级别划分的城市效率分布情况

不同行政级别城市的效率也存在差异。我们把样本分为：4 个省级城市、15 个副省级城市、25 个省会城市（非副省级城市）以及 243 个一般地级市（见附表三）。如图 3 – 5 所示，平均来看，城市行政级别与效率呈正相关关系，行政级别更高的城市，其效率更高，但也有少数城市行政级别不高，但效率较高，如茂名市的效率高于北京市、天津市、上海市和重庆市。图 3 – 5 还显示，省级城市和副省级城市的效率方差较大。

图 3 – 6 所示的是按照行政级别划分的 4 类城市的平均效率。从图中可知，副省级城市的效率最高，达到 0.85；省会城市（非副省级城市）与省级城市的效率相同，为 0.84；而一般地级市的效率最低，为 0.82。这一结果与图 3 – 5 的结果基本是一致的。

综合两图，我们发现，行政级别与城市效率总体呈正相关关系，但行政级别最高的省级城市并非效率最高。从这个角度来说，省级城市的规模可能接近最优点，从而使人口增加的边际效率不断变小。

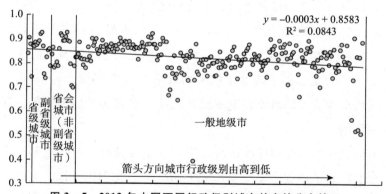

图 3 – 5 2013 年中国不同行政级别城市效率的分布情况

注：除了剔除上述盐城市等 21 个城市的数据外，由于蚌埠市 2013 年城市效率数据缺失以及郑州市城市效率不足其他城市均值的 0.8%，将之归为异常值，因此再剔除蚌埠市和郑州市 2 个样本的数据。综上，共分别剔除省级城市、副省级城市、省会城市（非副省级城市）与一般地级市 0 个、0 个、3 个、20 个样本，约占各组样本数的 0%、0%、12.0%、8.2%，剔除后剩余总样本数为 264 个。

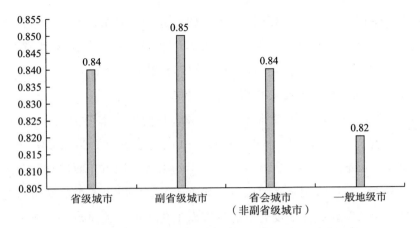

图 3 - 6　2013 年中国不同行政级别城市效率的均值比较

注：剔除上述盐城市等 21 个城市的数据。

4. 按基础设施水平划分的城市效率分布情况

现有的研究表明，基础设施对城市效率或城市规模增长有重要影响（Duranton and Turner，2012；Baum - Snow et al.，2017）。改革开放以来，中国城市内部和城市之间的基础设施都得到了很大改善。20 世纪 90 年代中后期建立的四横八纵的铁路干线就是中国城市之间基础设施改善的重要标志。基于此，我们划分了靠近铁路干线和不靠近铁路干线两类城市，观察城市效率分布是否与城市之间的交通基础设施相关。

我们得到靠近铁路干线的城市有 142 个和不靠近铁路干线的城市有 145 个（见附表四）。结果如图 3 - 7 所示，靠近铁路干线城市的平均效率为 0.83，而不靠近铁路干线城市的平均效率为 0.82。图 3 - 8 显示，靠近铁路干线城市的效率均值要高于不靠近铁路干线城市的效率均值。两图的发现是一致的。

出口的快速增长是中国经济高速增长的重要特征，到达东部沿海港口的难易程度决定了该城市参与全球分工的机会。我们以天津、上海、广州三个港口城市为基点，计算了其他城市到这三个港口城市中最近城市的距离，目的是观察与港口城市的距离与城市效率之间的关系。按照距离的长短把样本分为四组：与港口距离最近的城市（距离小于 140 千米）、与港口距离较近的城市（距离在 140～340 千米）、与港口距离较远的城市（距离在 340～640 千米）、与港口距离最远的城市（距离在 640 千米及以上）。

每组分别有 66 个样本城市，各组具体城市名单见附表五。

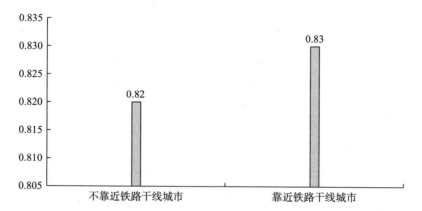

图 3 – 7　2013 年中国是否靠近铁路干线城市效率的均值比较

注：剔除上述盐城市等 21 个城市的数据。

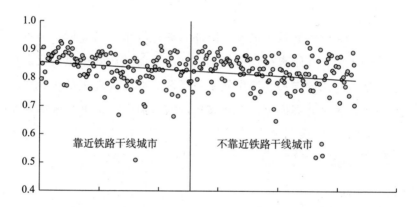

图 3 – 8　2013 年中国是否靠近铁路干线城市效率的分布情况

注：除了剔除上述盐城市等 21 个城市的数据外，由于蚌埠市 2013 年城市效率数据缺失以及郑州市城市效率不足其他城市均值的 0.8%，将之归为异常值，因此再剔除蚌埠市和郑州市 2 个样本的数据。综上，共分别剔除靠近铁路干线城市与不靠近铁路干线城市 10 个和 13 个样本，约占各组样本数的 7.0% 和 9.2%，剔除后剩余总样本数为 264 个。

结果如图 3 – 9 所示，总体上看，随着与港口距离的增加，城市效率呈现下降趋势，与港口距离最近城市的平均效率为 0.85，较近的城市为 0.84，较远的城市为 0.80，最远的城市为 0.81。这一结果还表明，当与港口距离增加到某一临界点时，城市效率下降的速度加快，这一临界点与港口的距离为 350 千米。

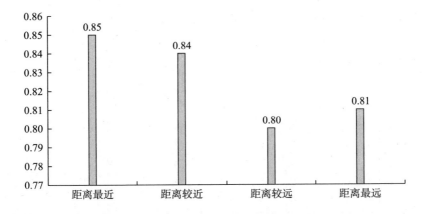

图 3 – 9　2013 年与港口距离不同的城市效率的比较

注：除了剔除上述盐城市等 21 个城市的数据外，由于蚌埠市 2013 年城市效率数据缺失以及郑州市城市效率不足其他城市均值的 0.8%，将之归为异常值，因此再剔除蚌埠市和郑州市 2 个样本的数据。综上，剔除后剩余总样本数为 264 个。

图 3 – 10 所示的是四组城市内部与港口城市距离和城市效率之间的关系。我们可知，在距离最近的组别中，距离与城市效率呈现显著的负相关关系，随着距离的增加，城市效率将下降；在距离较近的组别中，距离与城市效率的关系并不明显；在距离较远的组别中，距离与城市效率呈正相

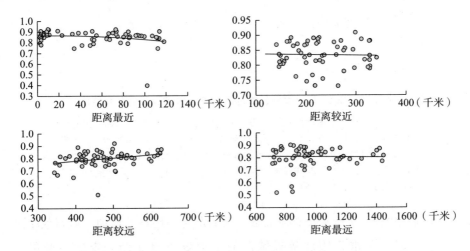

图 3 – 10　2013 年与港口距离不同的城市效率的分布情况

注：除了剔除上述盐城市等 21 个城市的数据外，由于蚌埠市 2013 年城市效率数据缺失以及郑州市城市效率不足其他城市均值的 0.8%，将之归为异常值，因此再剔除蚌埠市和郑州市 2 个样本的数据。综上，剔除后剩余总样本数为 264 个。

关关系；在距离最远的组别中，这种正相关关系不明显。四组的结果表明，只有距离最近的组别，城市效率随与港口城市距离增加而衰减的结论得到支持。

5. 按不同产业结构划分的城市效率分布情况

我们把城市按照第三产业占比从高到低排列，分为四组：占比在 49% 以上的城市为高组别，占比在 41% ~ 49% 的为较高组别，占比在 34% ~ 41% 的为较低组别，占比在 34% 及以下的为低组别（见附表六）。结果如图 3 - 11 所示，总体上看，四组城市的平均效率很接近，第三产业占比低的城市的平均效率为 0.830，在四组中最高；其次为占比较高的城市，平均效率为 0.827；再次为占比高的城市，平均效率为 0.826；占比较低城市的平均效率最低，为 0.817。从图中可知，第三产业占比与城市效率总体上呈反向变化关系。这一结果显示，第三产业是决定城市效率的重要因素。

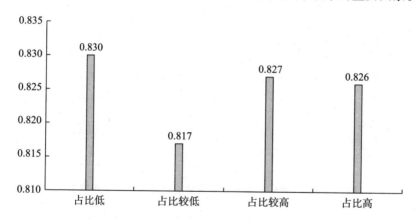

图 3 - 11　2013 年第三产业占比不同的城市效率比较

注：除了剔除上述盐城市等 21 个城市和蚌埠市、郑州市 2 个城市的数据外，鉴于数据的可得性，仍需剔除巢湖市、绥化市这 2 个第三产业占比数据空白的城市数据。剔除后剩余总样本数为 262 个，每组分别有 65 个、65 个、66 个和 66 个样本。

6. 按不同城市群划分的城市效率分布情况

根据 1994 年 10 月 8 日广东省委在七届三次全会上提出的"珠三角"概念，可知珠三角城市群由广州、深圳、佛山、东莞、中山、珠海、江门、肇庆、惠州共 9 个城市组成。根据国务院 2010 年批准的《长江三角洲地区区域规划》，可知长三角城市群由南京、无锡、徐州、常州、苏州、南通、连云港、淮安、盐城、扬州、镇江、泰州、宿迁、上海、杭州、宁波、温州、绍兴、湖州、嘉兴、金华、衢州、舟山、台州、丽水共25个城市组成。基于2014年3月5日国务院总理李克强作政府工作报告时提出的京津冀一体化方案以及2016年4月28日安阳被纳入京津冀协同发展战略的历史背景，京津冀城市群由北京、天津、保定、唐山、廊坊、沧州、秦皇岛、石家庄、张家口、承德、邯郸、邢台、衡水、安阳共14个城市组成。

如图3-12所示，从珠三角到长三角再到京津冀城市群的城市效率呈现下降的总体趋势，说明珠三角城市群的城市效率比长三角、京津冀城市群的城市效率高。图3-13显示，珠三角城市群的城市效率均值（0.89）最高，其次是长三角城市群（0.87），最后是京津冀城市群（0.83）。两图的发现是一致的。

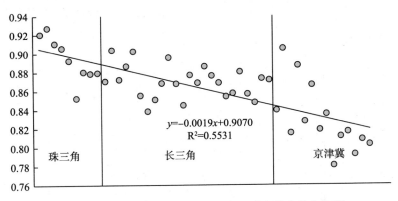

图3-12　1996~2013年不同城市群城市效率分布情况

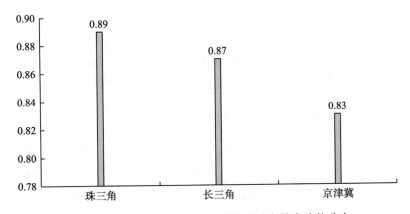

图3-13　1996~2013年不同城市群城市效率均值分布

（二）中国城市效率分布的演进

在第一小节从多个角度介绍中国城市效率分布现状的基础上，本小节进一步探讨 1996～2013 年中国城市效率分布的演进，从时间序列的角度观察不同规模、不同行政级别、不同地理区位、不同产业结构等城市的效率在这一时期是如何演变的，以及这种演变的规律是什么。

1. 不同规模城市效率演变情况

我们首先观察不同规模城市效率演变的情况。与前文一致，我们按照住建部的划分标准，从规模角度划分了四类城市：特大及以上城市、大城市、中等城市和小城市。如图 3 - 14 所示，特大及以上城市的效率在 1996 年较为异常，在 1997～1999 年呈下降趋势，从 0.84 以上下降到 0.79，随后保持平稳，在 2004 年后开始上升，2008 年跳跃式上升，而后缓慢下降。

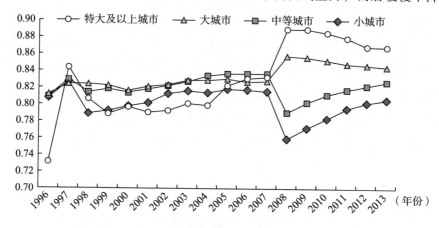

图 3 - 14　1996～2013 年不同规模城市效率均值分布

注：除了剔除同图 3 - 2 中 24 个样本数据以外，由于在 1996～2013 年各年份部分城市也存在城市效率数据缺失情况，因此再剔除廊坊市、晋中市、驻马店市、呼伦贝尔市、南宁市、来宾市、庆阳市共 7 个样本数据。总共剔除 31 个样本，分别包括特大及以上城市、大城市、中等城市和小城市 1 个、1 个、7 个和 21 个样本（另外，剔除 1 个无法归类的城市），约占各组样本数的 9.1%、1.4%、7.3% 和 19.1%，剔除后剩余总样本数为 256 个。

大城市的效率变化与特大及以上城市的变化基本是一致的，但在 2006 年之前，大城市的效率基本高于特大及以上城市，2006 年及之后特大及以上城市的效率高于大城市。中等城市和小城市的效率变化在 2008 年之前与特大及以上城市的变化方向基本是一致的，但在 2008 年这两类城市的效率都出现了断崖式下降，然后快速上升，即便如此，2008 年及之后这两类城市的效率仍然低于大城市和特大及以上城市，且小城市的效率最低。这种变化的差异反映了2008年后，中国城镇化进入新的阶段，不同规模城市在城镇化过程中获益不同，使特大及以上城市和大城市的效率提升更快，从而在城镇化中获益较多，而中等城市和小城市的效率出现了下降，相对受损。

2. 不同地区城市效率分布演变情况

我们按照东中西部对城市进行分类。结果如图3-15所示，三个地区城市效率的变化各有不同。1996~2013年，总体上，东部城市效率最高，中西部与东部相比尚有一定差距。1996~1998年，东部与西部城市效率均值的变化趋势相同，均表现出以较大幅度上升后以几乎同样的幅度下降，而中部城市的效率均值保持较小幅度的稳步上升。1999~2007年，东部城市与中部城市的效率均值均表现出小幅度的变化，而西部城市的效率均值在2001年以前呈现较大幅度的下降，以后呈现小幅度的逐年上升趋势。2008~2013年，东部城市和西部城市的效率均值变化幅度较小，而中部城市的效率均值以较快的速度逐年上升。从中部与西部对比来看，在2007年及以前，中部城市的效率显著高于西部城市，2007年以后这种结果发生了逆转，西部城市的效率实现了跳跃式上升，而中部城市的效率则出现了断崖式下降。

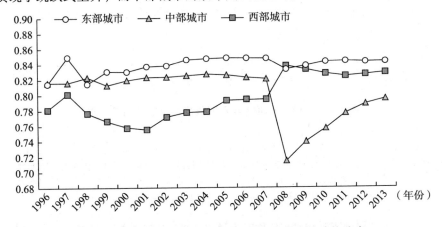

图3-15　1996~2013年东中西部城市效率的均值分布

注：除了剔除同图3-4中23个样本数据以外，由于在1996~2013年各年份部分城市也存在城市效率数据缺失情况，因此再剔除廊坊市、晋中市、驻马店市、巢湖市、呼伦贝尔市、南宁市、来宾市、庆阳市共8个样本数据。综上，共分别剔除东部城市、中部城市与西部城市4个、10个、17个样本，约占各组样本数的4.0%、9.9%、20%，剔除后剩余总样本数为256个。

3. 不同行政级别城市效率分布情况

不同行政级别城市效率的均值分布如图 3 - 16 所示。1996 ~ 2007 年，副省级城市（包括计划单列市）与一般地级市的效率变动幅度很小，集中在 0.83 左右。省级城市和省会城市（非副省级城市）除 1996 年以外，其他年份的效率总体呈现先下降后上升的趋势，省会城市（非副省级城市）的效率从 1997 年的 0.83 左右下降到 2001 年的 0.74 左右，然后上升到 2005 年的 0.79 左右；省级城市的效率则从 1997 年的 0.83 左右下降到 2001 年的 0.72 左右，然后上升到 2007 年的 0.79 左右。2008 年，省级城市、副省级城市和省会城市（非副省级城市）的效率都实现跳跃式上升，其中，副省级城市的效率最高，省级城市上升幅度很大，它的效率几乎与副省级城市相同，省会城市（非副省级城市）上升幅度相对较小，但这三类城市 2008 年及以后的效率基本在 0.84 及以上，副省级城市的效率超过 0.85。相对而言，一般地级市的效率在 2008 年经历了断崖式的下降，从 2007 年的 0.83 左右下降到 2008 年的 0.79 左右，之后虽然快速上升，但效率仍低于其他三类城市。

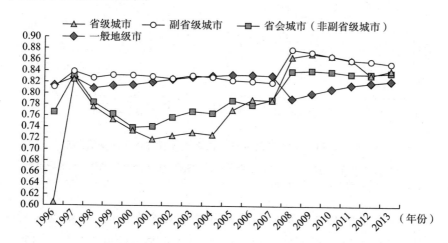

图 3 - 16　1996 ~ 2013 年不同行政级别城市效率的均值分布

注：剔除数据情况同图 3 - 15，共分别剔除省级城市、副省级城市、省会城市（非副省级城市）与一般地级市 0 个、0 个、5 个、26 个样本，约占各组样本数的 0%、0%、20%、10.7%，剔除后剩余总样本数为 256 个。

4. 通达性与城市效率的分布情况

首先观察是否靠近铁路干线城市效率的均值分布情况。如图 3 - 17 所示,在 1999 年及之前 (1996 年除外),两类城市的效率几乎没有太大差异,1999 ~ 2007 年,靠近铁路干线城市的效率呈现先下降后上升的趋势,不靠近铁路干线城市的效率呈现先上升后下降的趋势,但不靠近铁路干线城市的效率大多超过 0.83,而靠近铁路干线城市的效率则逐渐接近 0.82,前者显著高于后者。2008 年,不靠近铁路干线城市的效率出现了断崖式下降,从 2007 年的 0.83 左右下降到 2008 年的 0.78 左右,2008 年之后又开始显著上升,上升到 2013 年的 0.82 左右。相对来看,靠近铁路干线城市的效率在 2008 年及之后呈现平稳上升的态势。值得注意的是,2008 年及之后,靠近铁路干线城市的效率超过不靠近铁路干线城市。

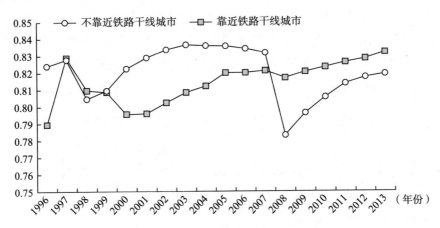

图 3 - 17 1996 ~ 2013 年是否靠近铁路干线城市效率的均值分布

注:剔除数据情况同图 3 - 15,共分别剔除靠近铁路干线和不靠近铁路干线的城市 11 个和 20 个样本,约占各组样本数的 7.6% 和 14.1%,剔除后剩余总样本数为 256 个。

我们再来观察与港口距离不同城市效率的均值分布。按照前文的标准,我们把所有的城市划分为四组:与港口距离最近的城市、与港口距离较近的城市、与港口距离较远的城市、与港口距离最远的城市。结果如图 3 - 18 所示,四组城市的效率均值总体随与港口距离的增加而下降。从时间趋势来看,四组城市中除了与港口距离最远的城市之外,其他三组城市的效率均值在 1998 年经历波动,然后总体保持平稳,2008 年再次发生波动，之后四组城市的效率均值呈现稳步上升态势。

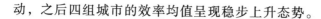
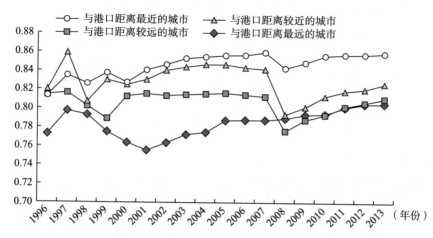

图 3 – 18　1996～2013 年与港口距离不同城市效率的均值分布

注：剔除数据情况同图 3 – 15。

5. 第三产业占比不同的城市效率分布情况

如图 3 – 19 所示，从总体上看，1996～2013 年，第三产业占比的高低对城市效率的影响不大。具体而言，1996～2007 年，第三产业占比较低的城市和第三产业占比较高的城市的效率均值变化趋势大致相同；而1998～2007 年，它们的效率均值均总体呈现上升趋势。1996～2007 年，第三产业占比低的城市与第三产业占比高的城市的效率均值基本呈现相反的变化趋势。2008～2013 年，各城市的效率均值均大致呈现上升的趋势。

6. 不同城市群的城市效率分布情况

如图 3 – 20 所示，除了 1998 年，1996～2013 年京津冀城市群城市效率的均值一直低于珠三角城市群与长三角城市群。除了 1996～1998 年京津冀城市群的城市效率呈现较为明显的上升趋势外，1998～2013 年京津冀城市群的城市效率呈现平稳不变的总体趋势。1996～2013 年，长三角城市群的城市效率在 1998～2002 年短暂地超越了珠三角城市群，其他年份均低于珠三角城市群，呈现平稳不变的总体趋势。1996～1998 年，珠三角城市群的城市效率呈现较为明显的下降趋势；1998～2013 年，珠三角城市群的城市效率呈现稳定上升的总体趋势。

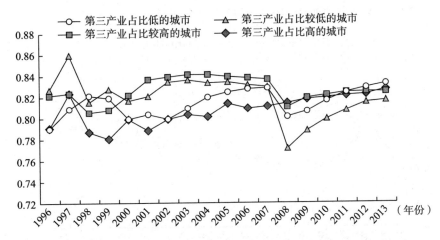

图 3-19　1996~2013 年第三产业占比不同城市效率的均值分布

注：除了剔除上述盐城市等 21 个城市和蚌埠市、郑州市 2 个城市的数据外，鉴于数据的可得性，仍需剔除巢湖市、绥化市这 2 个第三产业占比数据空白的城市数据；另外，由于 1996~2013 年各年份部分城市也存在城市效率数据缺失情况，剔除庆阳市、驻马店市、来宾市、呼伦贝尔市、晋中市、南宁市和廊坊市等 7 个城市数据。综上，剔除后剩余总样本数为 255 个。

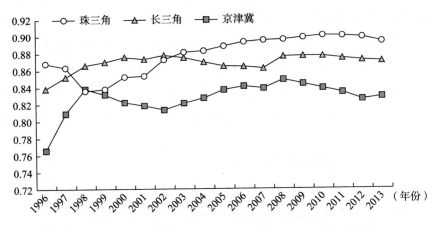

图 3-20　1996~2013 年不同城市群城市效率的均值分布

注：由于 1998 年京津冀城市群中廊坊市的效率数据缺失，因此剔除该市样本。

（三）中国城市效率分布特征

从现状分布来看，人口规模更大的城市，往往具备更高的城市效率；自东向西中国各地级及以上城市的效率呈现下降的总体趋势，中部城市和西部城市的效率分布整体比东部城市更加分散；随城市行政级别的提高，城市效率总体呈现提高的趋势；靠近铁路干线城市的效率往往高于不靠近铁路干线城市的效率；城市效率随与港口距离的增加而降低；第三产业占比不同的城市效率大致随第三产业占比的增大呈现先降后升，即"正 U 形"的分布趋势；从珠三角到长三角再到京津冀城市群的城市效率呈现下降的总体趋势，珠三角城市群的城市效率均值比长三角城市群高，而长三角城市群的城市效率均值比京津冀城市群高。

从时间趋势来看，1996～2013 年，特大及以上城市的效率均值呈现波动幅度较大的上行趋势，而其他不同人口规模城市的效率均值则长期维持在一个相对固定的水平。2008 年，中等城市和小城市的效率均值出现较大幅度的下降，特大及以上城市和大城市的效率均值出现较大幅度的上升。2008 年以后，特大及以上城市和大城市的效率均值均呈现逐年下降的趋势，中等城市和小城市的效率均值均呈现逐年上升的趋势。从地区来看，西部城市的效率均值呈现波动幅度较大的上行趋势，而中部城市的效率均值则呈现波动幅度较大的下行趋势，东部城市的效率均值则长期维持在一个相对固定的水平。2008 年，东部城市的效率均值出现小幅度的下降，而中部城市的效率均值几乎呈现断崖式下降。2008 年以后，东部城市和西部城市的效率均值变化幅度较小，而中部城市的效率均值以较快的速度逐年上升。从行政级别来看，省级城市的效率均值呈现震荡上行趋势，而其他行政级别城市的效率均值则长期维持在一个相对固定的水平。2008 年，省级城市、副省级城市和省会城市（非副省级城市）的效率均值均表现为较小幅度的上升，而一般地级市的效率均值表现为较小幅度的下降。2008 年以后，省级城市、副省级城市和省会城市（非副省级城市）的效率均值由原来的上升趋势转变为小幅度的下降趋势，而一般地级市的效率均值由原来的下降趋势转变为小幅度的逐年上升趋势。从通达性来看，靠近铁路干线城市的效率均值呈现震荡上行趋势，而不靠近铁路干线城市的效率均值则长期维持在一个相对固定的水平；与港口距离不同城市的效率均值大致维持在一个相对固定的水平。第三产业占比的高低并不会显著影响城市效率。从城市群来看，除了 1996～1998 年京津冀和珠三角城市群的城市效率均值分别呈现较为明显的上升和下降外，1999～2013 年京津冀和长三角城市群的城市效率均值均呈现平稳不变的总体趋势，而珠三角城市群的城市效率均值呈现稳定上升的总体趋势。2008 年，三个城市群的城市效率均值均呈现小幅上升的趋势。2008 年以后，除了京津冀城市群的城市效率均值转为小幅下降外，其他两个城市群的城市效率均值均保持平稳不变的总体趋势。

三　中国城市产业结构的变化

（一）2013 年中国城市产业结构的现状

首先运用 2013 年的数据来分析中国城市产业结构的分布现状。为此，我们以第一、第二、第三产业的产值占 GDP 比重来表示城市的产业结构，从城市规模、行政级别、所属地区、通达性等方面来分析城市产业结构及其变化趋势。

1. 按城市规模划分的产业结构分布情况

如图 3 – 21 所示，特大及以上城市第二产业产值占 GDP 的比重为42.36%，第三产业产值占 GDP 的比重为 56.31%。大城市第二产业产值占 GDP 的比重为 50.98%，第三产业产值占 GDP 的比重为 45.09%。中等城市第二产业产值占 GDP 的比重为 53.02%，第三产业产值占 GDP 的比重为41.13%。小城市第二产业产值占 GDP 的比重为 50.66%，第三产业产值占 GDP 的比重为 39.99%。相比之下，小城市第一产业占比远高于其他城市，但仍然没有超过 10%；中等城市第二产业占比最高；特大及以上城市第二产业占比远低于其他类型城市，第三产业占比远高于其他类型城市。

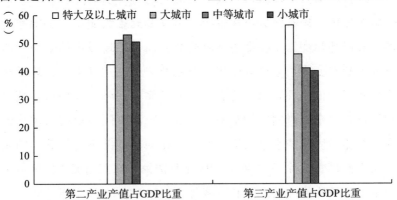

图 3 – 21　2013 年中国不同规模城市产业结构分布情况

　　进一步来看，如图 3-22 所示，特大及以上城市的第二产业占比随人口规模的增加而呈现下降趋势，从 50% 左右下降到 40% 以下；第三产业占比随人口规模的增加而呈现上升趋势，从 50% 左右上升到 60% 以上。大城市第二、第三产业随人口规模增加的变化趋势与特大及以上城市相同。第二产业占比随人口规模增加而呈现下降趋势，从 60% 左右下降到 40% 左右；第三产业占比随人口规模增加而呈现上升趋势，从 40% 左右上升到 50% 左右。中等城市第二、第三产业占比随人口规模的增加而基本保持不变，分别维持在 50% 和 40% 左右。小城市第二产业占比随人口规模增加而呈现上升趋势，从 40% 左右上升到接近 60%；第三产业占比随人口规模增加而呈现下降趋势，从超过 40% 下降到 40% 以下。

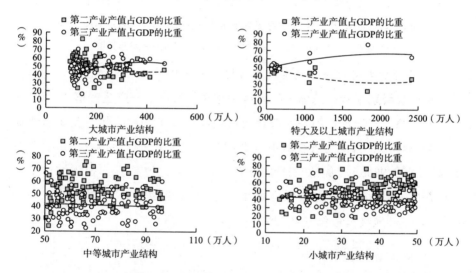

图 3-22　2013 年中国不同规模城市第二、第三产业占比随人口分布情况

　　注：图中虚线为第二产业产值占 GDP 比重的拟合线，实线为第三产业产值占 GDP 比重的拟合线。剔除巢湖市和绥化市这 2 个 2013 年产业结构数据缺失的城市样本，根据附表一，剔除小城市的样本数占小城市总样本数的 0.9%，剔除后剩余总样本数为 285 个。

　　2. 按东中西部地区划分的城市产业结构分布情况

　　从地区来看，如图 3-23 所示，在东中西部城市中第二产业产值占 GDP 的比重非常接近，都在 51% 左右；东部城市第三产业产值占 GDP 的比重最高，为 44.85%，中西部城市则非常接近，都在 41% 左右。这表明，第二产业产值占 GDP 的比重自东向西呈现先上升后下降的变化趋势，即呈现"东西低，中间高"的特征；第三产业产值占 GDP 的比重自东向西以不断放慢的速度下降，呈现"东高西低"的特征。

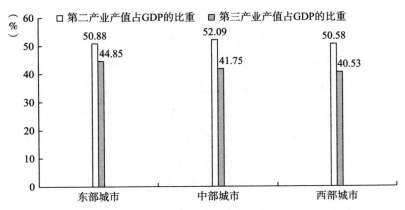

图 3 – 23　2013 年中国东中西部城市第二、第三产业产值占 GDP 比重

注：剔除巢湖市和绥化市这 2 个 2013 年产业结构数据缺失的城市样本。

3. 按行政级别划分的城市产业结构分布情况

从行政级别来看，总体上行政级别越高的城市第一产业产值占 GDP 比重越低，第二产业占比则是一般地级市最高（52.69%），然后是副省级城市（44.34%），再次为省会城市（非副省级城市）（42.84%），最后为省级城市（39.98%）。从第三产业产值占 GDP 的比重来看，省级城市最高（58.16%），副省级城市和省会城市（非副省级城市）非常接近（约为54%），一般地级市最低（40.26%）（见图 3 – 24）。

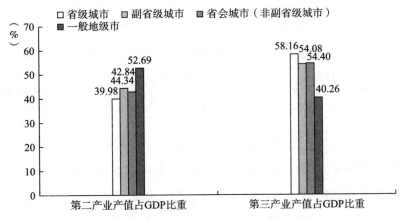

图 3 – 24　2013 年中国不同行政级别城市第二、第三产业产值占 GDP 比值

注：剔除巢湖市和绥化市这 2 个 2013 年产业结构数据缺失的城市样本。

结果说明，总体上，行政级别越高的城市第二产业产值占 GDP 比重就越低，行政级别越高的城市第三产业产值占 GDP 比重越高，行政级别越高的城市第一产业产值占 GDP 比重越低。

4. 按通达性划分的城市产业结构分布情况

从图 3 - 25 可知，靠近铁路干线城市的第二产业产值占 GDP 比重为 49.33%，不靠近铁路干线城市的这一比重为 53.06%，不靠近铁路干线城市的这一比重要高于靠近铁路干线城市。对于第三产业产值占 GDP 比重来说，靠近铁路干线的城市为 45.49%，不靠近铁路干线的城市为 39.53%，靠近铁路干线城市的这一比重要高于不靠近铁路干线城市。

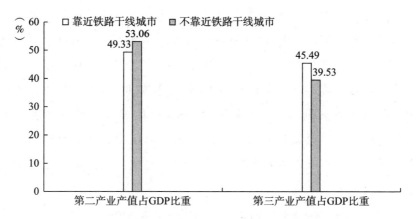

图 3 - 25　2013 年中国是否靠近铁路干线城市第二、
第三产业产值占 GDP 比重

注：剔除巢湖市和绥化市这 2 个 2013 年产业结构数据缺失的城市样本。

我们也根据与港口距离的远近，把城市平均分为四组，分别标记为与港口距离最近的城市、与港口距离较近的城市、与港口距离较远的城市和与港口距离最远的城市，每组分别有 70 个、70 个、71 个、71 个城市样本。结果如表 3 - 1 所示，随着与港口距离的增加，城市第一产业产值占 GDP 比重总体在上升。就第二产业产值占 GDP 比重来说，与港口距离不同的城市该项比重并无太大变化，在 50% 左右。就第三产业产值占 GDP 比重来说，与港口距离较远的城市组别的比重最高，为 44.74%；其次为与港口距离最近的城市组别，为 44.37%；再次为与港口距离较近的城市组别，为 41.46%；最低为与港口距离最远的城市组别，为 38.62%。

表 3 – 1   2013 年与港口距离不同城市的产业结构

单位：%

	与港口距离最近	与港口距离较近	与港口距离较远	与港口距离最远
第二产业产值占 GDP 比重	50.85	52.40	49.93	52.63
第三产业产值占 GDP 比重	44.37	41.46	44.74	38.62

注：剔除了巢湖市、绥化市、拉萨市、陇南市、中卫市 5 个城市样本。

资料来源：根据《2014 中国城市统计年鉴》整理而得。

5. 按不同城市群划分的城市产业结构分布情况

从图 3 – 26 可知，珠三角城市群的第二产业产值占 GDP 比重为 54.56%，长三角和京津冀城市群的这一比重分别为 49.00% 和 48.86%，因此第二产业产值占 GDP 比重最高的为珠三角城市群，其次是长三角城市群，最后是京津冀城市群。对于第三产业占比来说，这一结果正好相反。珠三角城市群第三产业产值占 GDP 比重为 41.91%，长三角和京津冀城市群该比重分别为 47.15% 和 48.78%，因此第三产业产值占 GDP 比重最高的为京津冀城市群，其次是长三角城市群，最后是珠三角城市群。这说明珠三角城市群与其他两个城市群相比，其更侧重于发展第二产业。

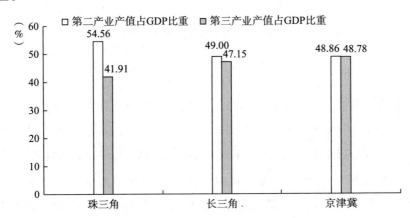

图 3 – 26   2013 年中国不同城市群城市第二、第三产业产值占 GDP 比重

注：由于长三角城市群中丽水市 2013 年第二产业和第三产业产值占 GDP 比重数据缺失，因此剔除该市数据。将长三角其他城市第二、第三产业占比数据的均值作为长三角城市群第二、第三产业占比数据。

(二) 中国城市产业结构的演进

1. 大中小城市的产业结构分布情况①

根据前文的划分标准,我们将城市划分为大中小城市,结果如图 3 - 27 和图 3 - 28 所示。特大及以上城市第二产业产值占 GDP 比重总体呈下降趋势,从 1996 年的 48% 左右下降到 2013 年的 42% 左右;大城市和中等城

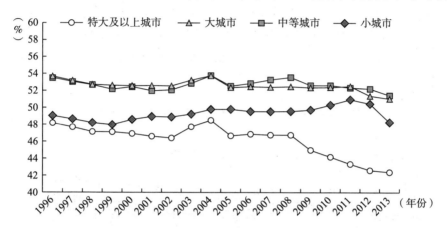

图 3 - 27　1996 ~ 2013 年大中小城市第二产业产值占 GDP 比重

注:除了剔除巢湖市和绥化市 2 个样本数据以外,由于在 1996 ~ 2013 年存在部分城市产业结构数据缺失情况,因此再剔除石家庄市、青岛市、温州市、佛山市、东莞市、丽水市、咸宁市、宣城市、萍乡市、资阳市、忻州市、鸡西市、梧州市、通辽市、娄底市、鄂尔多斯市、宁德市、佳木斯市、亳州市、蚌埠市、四平市、莆田市、吕梁市、晋中市、抚州市、宝鸡市、榆林市、衡水市、宿州市、滨州市、呼伦贝尔市、临汾市、达州市、呼和浩特市、吉安市、梅州市、桂林市、宜春市、运城市、六安市、安阳市、信阳市、驻马店市、聊城市、荆州市、淮安市、岳阳市、上饶市、周口市、中山市、襄阳市、菏泽市、赣州市、太原市、徐州市、大连市、雅安市、庆阳市、崇左市、酒泉市、保山市、临沧市、平凉市、池州市、定西市、商洛市、普洱市、贺州市、安顺市、来宾市、攀枝花市、巴彦淖尔市、随州市、云浮市、百色市、河池市、双鸭山市、乌兰察布市、安康市、广安市、巴中市、玉溪市、昭通市、眉山市、拉萨市、固原市、金昌市、中卫市、丽江市、张掖市、防城港市、吴忠市、陇南市、武威市共 94 个样本数据。综上,共剔除 96 个样本,分别剔除特大及以上城市、大城市、中等城市和小城市 1 个、9 个、25 个和 60 个样本(另外,剔除 1 个无法归类的城市),约占各组样本数的 9.1%、13.0%、26.0%、54.5%,剔除后剩余总样本数为 191 个。

①　1997 年和 2010 年大部分地级及以上城市可能存在三次产业统计口径与之前和之后多年都不一样的情况,从而导致 1997 年和 2010 年大部分城市第一产业产值异常地比上一年和之后每一年高出两倍到数十倍不等。因此在分析中国城市产业结构演进时,利用 1997 年和 2010 年前后两年的产业结构数据求平均值以替代这两年的产业结构数据。

市的比重则保持平稳，基本保持在52%左右；小城市的比重总体呈先上升后下降的趋势，从1996年的49%左右上升到2011年的51%左右，然后下降到2013年的48%左右。

就第三产业产值占GDP比重而言，四类城市在1996~2013年都总体呈上升趋势。特大及以上城市的比重最高，且从1996年的48%左右上升到2013年的55%左右。大城市次之，从1996年的40%左右上升到2013年的45%左右。中等城市和小城市的比重非常接近，从1996年的35%左右上升到2013年的40%左右，且2008年后两类城市第三产业产值占GDP比重的差距拉大。

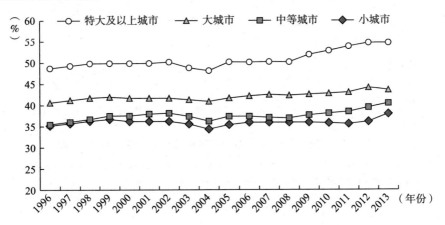

图3-28　1996~2013年大中小城市第三产业产值占GDP比重

注：同图3-27。

2. 东中西部城市的产业结构分布情况

如图3-29和图3-30所示，划分不同区域的城市，用以观察产业结构的变化情况。1996~2013年，东部城市第二产业产值占GDP比重总体呈现先上升后下降的趋势，从1996年的53%左右上升到2008年的55%左右，然后下降到2013年的51%左右。相比之下，中部和西部城市的这一比重总体呈现上升的趋势，中部城市从1996年的53%左右上升到2011年的56%左右，西部城市则从1996年高于48%上升到2011年的55%左右。在2008年及以前，东部城市第二产业占比最高，而2008年后中西部城市的第二产业占比逐步超过东部城市。这说明，2008年后，第二产业的空间分布发生了变化，中西部地区的第二产业占比上升速度很快。

从第三产业占比来看，在 2008 年及以前，东中西部三个区域城市大致呈上升趋势，从 1996 年的 38% 左右上升到 2008 年的 40% 左右。2008 年后，东部城市这一比重稳步上升，从 2008 年的 40% 左右上升到 2013 年的 45% 左右，中西部城市则总体呈现先下降后上升的趋势，从 2008 年的 40% 左右下降到 2011 年的 38% 左右，然后上升到 2013 年的 40% 左右。

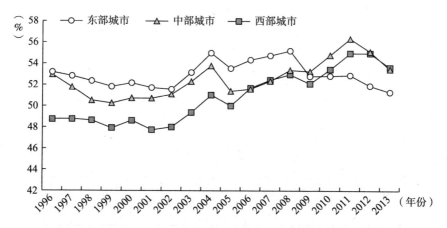

图 3 - 29　1996 ~ 2013 年东中西部城市第二产业产值占 GDP 比重

注：剔除数据情况同图 3 - 27，分别剔除东部城市、中部城市和西部城市 18 个、34 个和 44 个样本，约占各组样本数的 17.8%、33.7% 和 51.8%，剔除后剩余总样本数为 191 个。

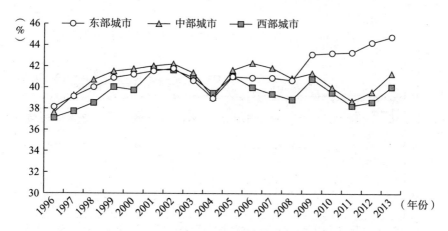

图 3 - 30　1996 ~ 2013 年东中西部城市第三产业产值占 GDP 比重

注：同图 3 - 29。

3. 不同行政级别城市的产业结构分布情况

不同行政级别城市的产业结构变化情况如图 3 - 31 和图 3 - 32 所示。相对而言,一般地级市的第二产业占比要远远高于其他类型的城市,且在 1996~2013 年总体上呈现上升趋势,从 1996 年的 53% 左右上升到 2013 年的 55% 左右。省级城市、副省级城市和省会城市(非副省级城市)的占比

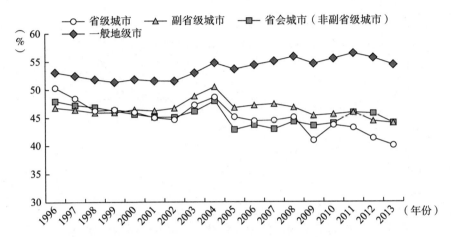

图 3 - 31 1996~2013 年不同行政级别城市第二产业产值占 GDP 比重

注:剔除数据情况同图 3 - 27,分别剔除省级城市、副省级城市、省会城市(非副省级城市)和一般地级市 0 个、2 个、9 个和 85 个样本,约占各组样本数的 0%、13.3%、36.0% 和 35.0%,剔除后剩余总样本数为 191 个。

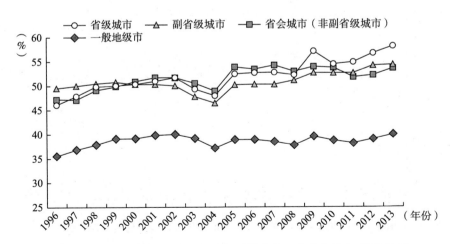

图 3 - 32 1996~2013 年不同行政级别城市第三产业产值占 GDP 比重

注:同图 3 - 31。

非常接近，且总体呈缓慢下降趋势，从1996年的47%左右下降到2013年的43%左右，其中省级城市的比重下降得最快，2013年仅为40%左右，在各类城市中比重最低。

一般地级市的第三产业产值占GDP比重最低，从1996年的35%左右上升到2002年的40%左右，之后大致保持平稳。其他三类城市的这一比重非常接近，且总体呈缓慢上升趋势，从1996年的46%左右上升到2013年的55%左右，其中省级城市的比重上升速度最快，2013年上升到58%左右。

4. 不同通达性城市的产业结构分布情况

如图3-33和图3-34所示，1996~2013年，靠近铁路干线和不靠近铁路干线的城市的第二产业产值占GDP比重变化幅度相似，均在1996~2002年呈现小幅下降趋势，随后呈现波动上升趋势，其中靠近铁路干线城市的这一比重从1996年的51%左右下降到2002年的49%左右，然后上升到2013年的50%左右；不靠近铁路干线城市的这一比重则从1996年的54%左右，下降到2002年的53%左右，然后上升到2013年的56%左右。相对而言，不靠近铁路干线城市的第二产业产值占GDP比重远远高于靠近铁路干线城市。

图3-33 1996~2013年是否靠近铁路干线城市第二产业产值占GDP比重

注：剔除数据情况同图3-27，分别剔除靠近铁路干线城市和不靠近铁路干线城市37个和59个样本，约占各组样本数的26.1%和40.7%，剔除后剩余总样本数为191个。

1996~2013年靠近铁路干线和不靠近铁路干线的城市的第三产业产值

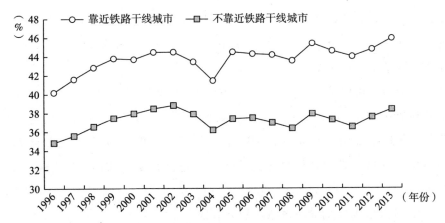

图 3 - 34　1996 ～ 2013 年是否靠近铁路干线城市第三产业产值占 GDP 比重

注：同图 3 - 33。

占 GDP 比重变化幅度也相似，均先经历快速上升，之后出现下降，然后呈现震荡上升趋势。靠近铁路干线城市从 1996 年的 40% 左右上升到 2002 年的 44% 左右，之后出现下降，然后上升到 2013 年的 46% 左右；不靠近铁路干线城市从 1996 年的 35% 左右上升到 2002 年的 39% 左右，之后出现下降，然后上升到 2013 年的 38% 左右。

根据图 3 - 35 和图 3 - 36，分析与港口距离不同城市的产业结构变化情况。1996 ～ 2004 年，与港口的距离并不会显著影响城市第二产业产值占 GDP 的比重，所有城市该比重都非常接近，总体呈现先下降后上升的趋势，从 1996 年的 52% 左右下降到 2002 年的 51% 左右，再上升到 2004 年的 53% 左右。2004 年以后，各类城市的第二产业产值占 GDP 比重的差距开始拉大。其中，与港口距离较远的城市该比重从 2005 年的 51% 左右上升到 2011 年的 54% 左右，然后下降到 2013 年的 51% 左右。与港口距离较近的城市该比重在 2005 ～ 2011 年总体呈现上升趋势，从 53% 左右上升到 56% 左右，然后下降到 2013 年的 53% 左右。与港口距离最远的城市该比重上升最快，从 2005 年的 52% 左右上升到 2011 年的 57% 左右，然后下降到 2013 年的 55% 左右。与港口距离最近的城市该比重在 2005 ～ 2008 年保持在 53% 左右，然后开始下降，2013 年该比重为 51% 左右，在四类城市中最低。从中可知 2008 年及之后，随着与港口距离的增加，城市第二产业占 GDP 的比重总体先下降后上升再下降。

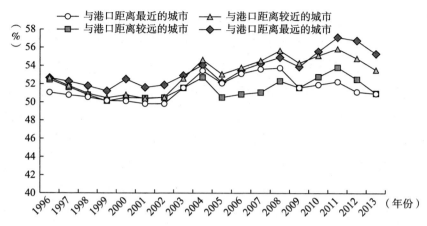

图 3 – 35　1996 ~ 2013 年与港口距离不同城市第二产业产值占 GDP 比重

注：剔除数据情况同图 3 – 27。

与港口距离不同城市第三产业产值占 GDP 比重如图 3 – 36 所示。我们发现，四组城市的第三产业占比变化的趋势大致相同，都在 1996 ~ 2002 年总体呈现快速上升趋势，然后在 2003 ~ 2009 年基本保持平稳（除 2004 年外），在 2009 ~ 2013 年则经历了先下降后上升。但是，四组城市中，与港口距离最远的城市第三产业占比最低，没超过 40%；其次为与港口距离较近的城市，这类城市的比重在 2010 年前基本在 40% 左右，2011 年后快速上升到 42% 左右。与港口距离较远的城市的比重基本维持在 43% 左右，而与港口距离最近的城市的比重上升较快，2009 年后超过 44%。

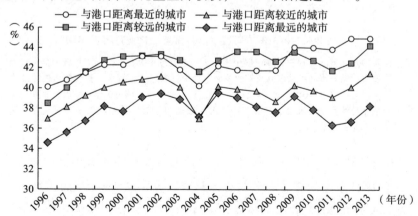

图 3 – 36　1996 ~ 2013 年与港口距离不同城市第三产业产值占 GDP 比重

注：剔除数据情况同图 3 – 27。

5. 不同城市群城市的产业结构分布情况

如图 3-37 所示, 长三角和京津冀城市群的第二产业产值占 GDP 比重呈现震荡下降的总体趋势, 分别从 1996 年的 54% 左右和 56% 左右均下降到 2013 年的 49% 左右。这两个城市群在 1999 年以后的变化趋势大致相同, 均在 2000 年和 2004 年前后经历了先升后降的过程, 并均在 2007 年后总体呈现稳步下降趋势。其中, 1996~1997 年, 长三角城市群第二产业占比从 54% 左右下降到 50% 左右, 变化幅度超过 4 个百分点。除了在 2010 年前后经历了非常显著的先降后升的变化外, 珠三角城市群的第二产业占比几乎保持不变。其中, 2009~2010 年和 2010~2011 年, 珠三角城市群的第二产业占比分别从 54% 左右下降到 44% 左右和从 44% 左右上升到 55% 左右, 变化幅度均超过 10 个百分点。

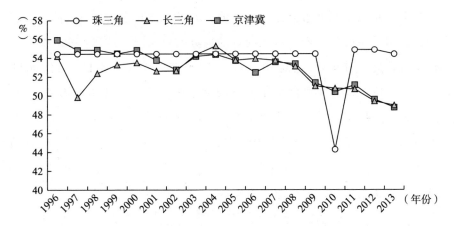

图 3-37 1996~2013 年不同城市群城市第二产业产值占 GDP 比重

注: 1996~2013 年珠三角城市群中佛山市、东莞市和中山市, 长三角城市群中徐州市、淮安市、温州市和丽水市以及京津冀城市群中石家庄市、衡水市和安阳市的第二产业和第三产业产值占 GDP 比重数据缺失, 因此剔除这些城市的对应年份数据。将相应城市群对应年份的其他城市第二、第三产业占比数据的均值作为相应城市群对应年份第二、第三产业占比数据。

如图 3-38 所示, 1996~2013 年, 长三角和京津冀城市群的第三产业产值占 GDP 比重呈现震荡上升的总体趋势, 分别从 1996 年的 38% 左右和 40% 左右上升到 2013 年的 47% 左右和 49% 左右。这两个城市群总体变化趋势大致相同, 均在 2002 年及之前总体呈现上升趋势, 均在 2002~2003

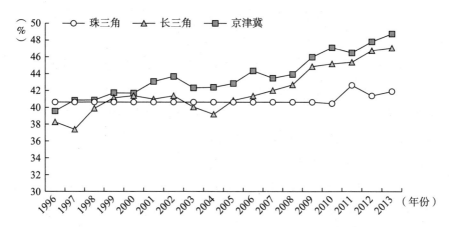

图 3-38　1996~2013 年不同城市群城市第三产业产值占 GDP 比重

注：同图 3-37。

年呈现较快的下降趋势，并均在 2004 年之后总体呈现稳步上升趋势。除了在 2011 年前后呈现较明显的先升后降趋势外，珠三角城市群的第三产业占比呈现平稳不变的总体趋势。

（三）中国产业结构分布特征分析

1. 中国城市产业结构分布的现状

从规模的角度来看，2013 年，特大及以上城市和大城市的第三产业产值占 GDP 比重随人口的增加而呈现上升的趋势，而第二产业产值占 GDP 比重随人口的增加而呈现下降的趋势；中等城市第二、第三产业占比随人口规模的增加而基本保持不变；小城市的第三产业产值占 GDP 比重随人口的增加而呈现下降的趋势。

从地区来看，2013 年，中国各地级及以上城市的第二产业产值占 GDP 比重自东向西呈现先上升后下降的趋势，第三产业产值占 GDP 比重自东向西以不断放慢的速度下降。

从行政级别来看，2013 年，中国各地级及以上城市的行政级别越高，总体上其第一产业和第二产业的产值占 GDP 比重越低，而第三产业的产值占 GDP 比重越高。

从通达性来看，2013 年，比起不靠近铁路干线的城市，靠近铁路干线的城市往往第二产业产值占 GDP 比重更低，而第三产业产值占 GDP 比重更高。中国地级及以上城市与港口距离越近，总体上其第二产业产值占GDP 比重越低，而第三产业产值占 GDP 比重越高。

从城市群来看，2013 年，第二产业产值占 GDP 比重最高为珠三角城市群，其次是长三角城市群，最后是京津冀城市群。对于第三产业产值占GDP 比重来说，这一结果正好相反。第三产业产值占 GDP 比重最高为京津冀城市群，其次是长三角城市群，最后是珠三角城市群。

2. 城市产业结构分布特征的时间演进分析

从规模来看，1996～2013 年，特大及以上城市第二产业产值占 GDP比重总体呈下降趋势，大城市和中等城市的比重则保持平稳，小城市的比重总体呈先上升后下降的趋势。就第三产业产值占 GDP 比重而言，四类城市在 1996～2013 年都总体呈上升趋势。特大及以上城市的比重最高，大城市次之，中等城市和小城市的比重非常接近，且 2008 年后两类城市第三产业产值占 GDP 比重的差距拉大。

从区域来看，1996～2013 年，东部城市第二产业产值占 GDP 比重总体呈现先上升后下降的趋势，中部和西部城市的这一比重总体呈现上升的趋势。在 2008 年及以前，东部城市第二产业占比最高，而 2008 年以后中西部城市的第二产业占比逐步超过东部城市。这说明，2008 年后，第二产业的空间分布发生了变化，中西部城市的第二产业占比上升速度很快。从第三产业占比来看，在 2008 年及以前，东中西部三个区域城市大致呈上升趋势；2008 年后，东部城市这一比重稳步上升，中西部城市则呈现先下降后上升的趋势。

从行政级别来看，1996～2013 年，一般地级市的第二产业产值占 GDP比重要远远高于其他类型的城市，且总体呈现上升趋势，省级城市、副省级城市和省会城市（非副省级城市）的占比非常接近，且总体呈缓慢下降趋势，其中省级城市的比重下降得最快。一般地级市第三产业产值占 GDP比重最低，其他三类城市的这一比重非常接近，且都总体呈缓慢上升趋势。

从通达性来看，1996～2013 年，靠近铁路干线和不靠近铁路干线的城市的第二产业产值占 GDP 比重变化幅度相似，均在 1996～2002 年呈现小幅下降，随后呈现波动上升趋势，相对而言，不靠近铁路干线的城市的第二产业产值占 GDP 比重远远高于靠近铁路干线的城市。靠近铁路干线和不靠近铁路干线的城市的第三产业产值占 GDP 比重均先经历快速上升,之后出现下降,然后呈现震荡上升趋势。1996~2004 年,与港口的距离并不会显著影响城市第二产业产值占 GDP 的比重,所有城市该比重都非常接近,总体呈现先下降后上升的趋势,之后保持平稳,在 2009 年前后呈现先下降后上升的趋势。与港口距离不同的城市第三产业占比变化的趋势大致相同,四组城市中,与港口距离最远的城市第三产业占比最低,其次为与港口距离较近的城市,最后为与港口距离较远、与港口距离最近的城市。

从城市群来看,1996~2013 年,长三角和京津冀城市群的第二产业产值占 GDP 比重呈现震荡下降的总体趋势,这两个城市群在 1999 年以后的变化趋势大致相同,均在 2000 年和 2004 年前后经历了先升后降的过程,并均在 2007 年后总体呈现稳步下降趋势。除了在 2010 年前后经历了非常显著的先降后升的变化外,珠三角城市群的第二产业占比几乎保持不变。长三角和京津冀城市群的第三产业产值占 GDP 比重呈现震荡上升的总体趋势,这两个城市群总体变化趋势大致相同,均在 2002 年及之前总体呈现上升趋势,均在 2002~2003 年呈现较快的下降趋势,并均在 2004 年之后总体呈现稳步上升趋势。除了在 2011 年前后呈现较明显的先升后降趋势外,珠三角城市群的第三产业占比呈现平稳不变的总体趋势。2008 年前后珠三角城市群的第二、第三产业占比均无明显变化,而长三角和京津冀城市群的第二、第三产业占比均在 2008 年后分别呈现较明显的下降和上升趋势。

第四章

产业结构与城市效率：资源配置的视角

一 研究背景与问题

（一）研究背景

由于行业之间技术创新的活跃程度以及资源禀赋不同，城市中总会存在产业之间的生产率差异，在此情况下，资源要素由低生产率行业向高生产率行业的持续流动是促进总体生产率提升的重要途径，这也就是城市配置效率实现的过程。改革开放以来，我国城市化和工业化加速推进，城市化成为我国经济发展的重要推动力，城市也成为经济活动最重要的空间载体，城市配置效率的高低对我国总体的经济发展效率的提升有着关键性影响。

目前，我国城市化的深入推进已经为城市配置效率的进一步提升创造了良好的条件。一是城市基础设施和公共服务体系的不断完善大大提升了城市集聚资源要素的能力，为产业结构的优化打下了基础。以城市基础设施的重要标志——轨道交通发展为例，根据国际公共交通协会（UITP）的信息，2012 年，我国地铁线路长度已经位居全球第一；2017 年底，在全球十大地铁城市中，中国占 4 个，第一名和第二名都在我国，全球 100 公里以上地铁网络运营城市共有 37 个，其中我国内地城市有 12 个，加上香港和台北共 14 个；2017 年，我国城市轨道交通完成客运量 185 亿人次，居全球第一，在建线路超过 6200 公里，占全球"十三五"期间建设规模的75%左右，遥遥领先于世界其他国家（中国城市轨道交通协会，2018）。城市轨道交通是提升城市集聚能力并减小拥挤效应的重要基础设施，因此城市轨道交通的发展说明我国城市发展的质量有了明显的提升。随着城市集聚资源的能力进一步上升，城市愈加成为经济增长和产业升级的主要动力，产业结构的不断优化也将成为常态。二是新的城市体系格局正在形成，以往城市间分割比较严重的情况正在向城市深度互动、要素自由流动的局面转变，尤其是分布在各地的城市群不断走向经济的一体化发展，这也为城市配置效率的提升创造了更大的市场空间。进入 21 世纪以后，我国城市群发展速度加快，广东在 2003 年就编制了《珠江三角洲城镇群协调发展规划》；2005 年开始，全国进入一个城市群规划编制的高潮期，此后城市群逐步成为国家推进城镇化的重要政策举措，同年，国家"十一五"规划纲要中就明确指出要把城市群作为推进城镇化的主体形态；此后在"十二五""十三五"的发展规划中均对城市群的发展进行了具体的战略布局。2014 年，《国家新型城镇化规划（2014—2020 年）》在京津冀、长三角、珠三角 3 个城市群外，专门提出了 4 个中西部城市群的发展目标，包括成渝城市群、中原城市群、长江中游城市群、哈长城市群。截至 2018 年4 月，国家发展和改革委员会先后批复京津冀、长江中游、哈长、成渝等13 个城市群发展规划，在交通、通信等基础设施上对城市群进行统一规划，提升城市群的功能，加强城市群之间的联系（李恒，2019）。随着城市群的形成和发展，城市之间资源流动日益频繁，城市内部以及城市群总体的配置效率也有了明显提升。

但同时也应看到，在我国经济转轨过程中，市场经济体制正逐步完善，资源市场化配置的机制还没有完全建立起来，要素在行业和地区之间的流动仍然不够顺畅，城市配置效率的实现仍存在较大的挑战。为深入考察我国城市产业结构优化和配置效率的实现，本部分利用劳动生产率的相关分解方法测算我国城市配置效率的实现情况，并考察城市规模等特征以及城市群对于城市配置效率的影响。

（二）城市配置效率的影响因素

配置效率即资源是否被配置到最有效率的领域，包括资源在企业之间、产业之间以及空间上的配置等。城市产业结构层面的配置效率是指城市中资源是否向更有效率的行业流动，如果答案是肯定的，那么这样的产业结构的变化就是有利于城市效率提升的，否则就相反。根据已有的经济理论，城市中产业结构层面的配置效率主要受到以下几个方面的因素影响。

首先，城市配置效率受到要素在产业之间流动壁垒的影响。城市中的配置效率与一般的配置效率问题一样，首要的影响因素是市场化的程度。在一个市场化程度较高的环境中，要素可以在行业之间自由流动，由于高效率的行业具有更高的回报率，要素就会更多地流向这个行业，从而导致该行业规模增大，产业结构得到优化，配置效率得以实现。因此，资源配置的市场化程度主要体现在三个方面：一是资源的配置方式，市场配置还是政府配置，如果是政府配置资源，则资源的配置往往遵循政府或战略性的目的，不一定符合效率的原则，或者政府难以获得市场的准确信息，导致资源的错配；二是一些就业制度的影响，比如失业保险和职业保护会在一定程度上阻碍劳动力的流动（Lagos，2006）；三是文化、传统、习俗等因素，劳动力受到这些因素的影响不一定基于效率原则来做出行为决策，从而可能限制了配置效率的实现。

其次，城市的规模也会影响配置效率的实现。根据现有的城市经济理论，大城市往往更有利于配置效率的实现。第一，大城市具有更大的市场规模。在城市中产业结构的变化需要考虑城市中的需求规模。要素向效率较高的行业持续流动会导致该行业规模不断增大，如果假设城市是一个相对封闭的市场，则可能会出现这个行业供过于求的情况，从而导致行业盈利水平下降，阻碍要素的进一步流入。而大城市的市场需求更大，当效率更高的行业规模增大时有足够的市场支撑，因此就更有利于配置效率的实现。大城市具有更大规模的市场需求，一方面体现在大城市人口数量多引致的大规模需求，另一方面体现在大城市更高的产业多样化程度引致的更大规模的产业之间的需求（Duranton and Puga，2001）。第二，大城市具有更大规模的劳动力供给。一般的配置效率分析是建立在劳动力同质假设的基础上的，低效率行业的劳动力与高效率行业的劳动力知识能力相同，因此劳动力可以自由地在行业之间流动。但现实中，劳动力的技能存在较大差异，不同行业对劳动力技能的需求是不同的，这一方面是因为有劳动力素质高低的区分，另一方面是因为存在知识能力专用性的差异，所以在低效率行业劳动力向高效率行业流动过程中就存在一定的困难。但是在大城市中，劳动力市场很大，而且形成了劳动力的蓄水池（Duranton and Puga，2004），这样就为各类行业提供了比较充足的、符合其需求的劳动力，从而为配置效率的实现奠定基础。

最后，城市群也是影响城市配置效率的重要因素。城市群是指形成紧密经济联系的、相互靠近的多个城市形成的城市体系。城市群的一个重要特征即其中的城市虽然都是行政上相互独立的，但城市之间的要素和产品流动壁垒相当小，它们的流动很顺畅，这样，城市群就相当于一个更大的城市，也具有配置效率较高的特征。虽然城市群较高的配置效率也是由市场需求和劳动力供给较大两方面原因导致的，但它由于存在城市间的互动而呈现新的特点。第一，城市群扩大了每个城市面对的市场，高效率的产业可以向其他城市输出产品，来为其规模的扩展提供条件，这样不论是城市群中的大城市还是小城市都扩展了市场需求。第二，城市群中各城市相类似行业或相关行业也形成了更大的具有相近劳动技能的劳动力市场，这样，城市群中各类技能的劳动力都分别向与其劳动技能相匹配的生产率更高的行业和城市流动，使得城市群总体上的产业结构得到优化，配置效率得到实现。第三，城市群中由于存在发展水平的梯度，会形成产业由发达城市向欠发达城市梯度扩散的过程，从而促进城市群总体产业结构的优化，这是配置效率动态提升的过程。比如在城市群中发达城市或大城市不断创新或承接国外的先进技术和产业，大量的要素向这些技术和行业集中，这样，部分传统产业在大城市中就不再具有优势，回报率下降，这类产业的相关要素就会向第二层级的城市转移，而这类产业在第二层级城市中又是具有优势的产业，从而吸引了大量的要素流入，同时，第二层级城市的传统产业又会向第三层级城市流动，不断梯度扩散下去。因此以大城市创新和产业升级为驱动力的产业梯度转移过程为各城市不断地创造出产业之间的效率差距，也为配置效率的不断提升创造了条件。

基于以上城市配置效率的影响因素，本章我们将考察我国城市配置效率的特征事实，并试图验证城市规模等特征以及城市群对城市配置效率的影响。

二 研究方法与数据

(一) 研究方法

目前，测度配置效率的一个比较简便的方法是，从劳动生产率的变动中分离出产业结构变化对劳动生产率增长的贡献，这个贡献就是配置效率。这种方法虽然只能计算劳动生产率的配置效率，但其对数据的要求不高，只要能得到各行业的就业人数和增加值即可，可操作性较强。因此，考虑到全国城市数据的可获得性，我们在本部分主要基于此方法来计算城市的配置效率。首先我们总体考察一下此类方法的不同计算公式。McMillan 等（2014）采用公式（4-1）对亚洲、非洲、拉丁美洲等共 38 个国家和地区的劳动生产率进行了分解，并进行了分析。

$$\Delta Y_t = \sum_{i=n} \theta_{i,t-k} \Delta y_{i,t} + \sum_{i=n} y_{i,t} \Delta \theta_{i,t} \qquad (4-1)$$

公式（4-1）中 Y_t 和 $y_{i,t}$ 是指全部经济和第 i 个行业在 t 时点的劳动生产率，$\theta_{i,t}$ 是第 i 个行业在 t 时点的就业份额。Δ 是 $t-k$ 时点到 t 时点的劳动生产率或就业份额的增量。在公式（4-1）中右边第一项是各行业劳动生产率增量的加权平均值，权数是每个行业初始时点的就业份额，这一项可称为劳动生产率增长的内部效应，即这一项是基于每个行业劳动生产率的变化计算得到的；右边第二项是每个行业当期劳动生产率与就业份额变化的乘积，这一项可以看作劳动力在行业之间流动对劳动生产率增长产生的影响，可称为结构效应，即行业结构发生变化导致的劳动生产率增长，假设只有两个行业，具有较高劳动生产率的行业就业份额上升，那么这一项就为正。

Haltiwanger（2000）采用了略微变形的公式，即在公式（4-1）右边第一项中采用当期的就业份额，而右边第二项用基期的劳动生产率，这样就得到了公式（4-2）。

$$\Delta Y_t = \sum_{i=n} \theta_{i,t} \Delta y_{i,t} + \sum_{i=n} y_{i,t-k} \Delta \theta_{i,t} \qquad (4-2)$$

Timmer 和 Vries（2009）对公式（4-1）右边第一项的就业份额和第二项的劳动生产率都采用了一头一尾的平均值，得到了公式（4-3）。

$$\Delta Y_t = \sum_{i=n} \bar{\theta}_i \Delta y_{i,t} + \sum_{i=n} \bar{y}_i \Delta \theta_{i,t} \tag{4-3}$$

Vries 等（2013）将公式（4-1）右边第二项进一步拆分得到公式（4-4）。在公式（4-4）中，右边第一项是内部效应，第二项是结构效应，也被称为静态结构效应，第三项既包含部分内部效应，也包含部分结构效应，被称为动态结构效应。

$$\Delta Y_t = \sum_{i=n} \theta_{i,t-k} \Delta y_{i,t} + \sum_{i=n} y_{i,t-k} \Delta \theta_{i,t} + \sum_{i=n} \Delta y_{i,t} \Delta \theta_{i,t} \tag{4-4}$$

Vries 等（2013）利用以上不同的公式对相同的样本数据进行了计算，发现由公式（4-1）得到的内部效应偏高，而结构效应偏低，公式（4-2）正好相反，公式（4-3）得到的结果介于前两个公式之间，而由公式（4-4）得到了更细的分解。由于目前还没有方法可以判断以上哪一种分解公式更精确，而现有文献中应用公式（4-1）更多一些，所以在本章中我们也采用公式（4-1）对城市的劳动生产率进行分解。

公式（4-1）是对基期和当期的劳动生产率的增量进行分解，为得到简明可比的计算结果，我们将公式（4-1）转换为基期和当期的劳动生产率的增长率，并进一步计算年均增长率，年均增长率的内部效应和结构效应根据累计增长率分解后两项的份额来计算得到。

（二）数据情况

本部分数据来源于相应年份的《中国城市统计年鉴》，主要利用 2002年和 2013 年两年的数据，通过一头一尾两个时点的数据来考察城市产业结构变化的配置效率。选取这两个时点的原因：一是这两个时点的数据相对完整，2002 年以前许多城市的产业增加值和就业数据缺失，另外，2013 年也是目前可获得的比较新的数据；二是考虑到产业结构变化是一个相对缓慢的过程，只有在一个较长的时期才能观察到产业结构变化的配置效率情况，2002~2013 年一共是 12 年，我们认为这样一个时间范围可以满足这个条件。

本部分仅考察市辖区的配置效率情况，原因是城市的基本特征主要体现在市区之中，城市所辖的农村地区并不具备这些特征，所以，在计算过程中，除香港和澳门是全境数据之外，其他各城市各行业的增加值和就业数量仅指市辖区的行业增加值和就业数量。由于市辖区第一产业规模普遍比较小，并且生产效率往往比非市辖区的第一产业更高，不能代表第一产业效率的总体情况，因此这里仅考察第二产业和第三产业的情况。对于生产效率，本部分主要考察劳动生产率，即用产业增加值除以各产业的单位从业人员数。对于增加值，我们利用 2002~2013 年各省区市三次产业不变价增加值指数剔除通货膨胀的因素，不变价增加值指数来源于国家统计局网站，最终，所有增加值数据都统一为 2002 年不变价的增加值。这里剔除了部分存在数据缺失的城市，仅考察 275 个城市，共涉及 29 个省区市，其中包括北京、上海和天津 3 个直辖市，不在考察范围的城市有吕梁市、乌兰察布市、巴彦淖尔市、三沙市、重庆市、铜仁市、毕节市、丽江市、临沧市、普洱市、拉萨市、陇南市、定西市、海东市和中卫市，共 15 个城市。

三 城市劳动生产率和产业结构的基本情况

下面首先对 2002~2013 年全国 275 个城市的劳动生产率、产业结构以及配置效率的变化情况做总体考察。

（一）城市劳动生产率变化

对 275 个城市各年份劳动生产率进行简单平均，发现 2002~2013 年第二、第三产业总体的劳动生产率由 86526 元上升至 211343 元，上升了 1.44 倍；第二产业劳动生产率由 104294 元上升至 270099 元，上升了 1.59 倍；第三产业劳动生产率由 78963 元上升至 180141 元，上升了 1.28 倍（见表 4 - 1）。从各年份的增长情况来看，2009 年及之前劳动生产率增长较快，2003~2009 年第二、第三产业总体的劳动生产率的增长率都在 10% 以上，但自 2010 年开始，增长率都在 10% 以下，2013 年还出现了负值；第二产业和第三产业也出现了类似的变化趋势，2013 年第二产业劳动生产率的增长率下降幅度更大，下降了 15.06%，第三产业劳动生产率的增长率也下降了 7.10%。

从第二产业和第三产业劳动生产率的差异来看，第二产业的劳动生产率明显高于第三产业，并且 2002～2013 年总体差距在扩大，2002 年第二产业的劳动生产率是第三产业的 1.32 倍，2013 年达到了 1.50 倍，2012 年高达 1.64 倍，在 12 年间，只有 2005 年和 2013 年两个年份这一比值有所下降，其他年份都在上升（见图 4-1）。两个产业间劳动生产率差异扩大的可能原因是，这段时间我国工业化的速度相对较快，第二产业技术进步加速，产业内部结构升级成效比较明显，等等。

表 4-1　2002～2013 年城市平均劳动生产率及其同比增长率

年份	劳动生产率（元）			劳动生产率的增长率（%）		
	第二、第三产业	第二产业	第三产业	第二、第三产业	第二产业	第三产业
2002	86526	104294	78963			
2003	99305	121970	88772	14.77	16.95	12.42
2004	112068	140703	96942	12.85	15.36	9.20
2005	123967	147584	113509	10.62	4.89	17.09
2006	138743	169336	124761	11.92	14.74	9.91
2007	156829	193269	138555	13.04	14.13	11.06
2008	174089	218471	150670	11.01	13.04	8.74
2009	195332	252860	168207	12.20	15.74	11.64
2010	213377	282447	179439	9.24	11.70	6.68
2011	221865	298172	184771	3.98	5.57	2.97
2012	235187	317985	193903	6.00	6.64	4.94
2013	211343	270099	180141	-10.14	-15.06	-7.10

　　注：如未特别说明，本章所有图表数据都是根据相应年份《中国城市统计年鉴》中的数据计算而得。

城市第二产业和第三产业总体劳动生产率的变化有两方面原因，一方面可能是高生产率行业具有更大的优势，生产率提升较快；另一方面也可能是高生产率行业的生产率提升并不明显，而且产业结构的优化并不顺利，城市配置效率并没有得到充分实现，因为如果劳动力可以自由流入高生产率行业，则随着劳动力要素投入报酬的递减，行业之间的劳动生产率有趋同的现象。前一种情况有利于总体劳动生产率的提升，后一种情况不

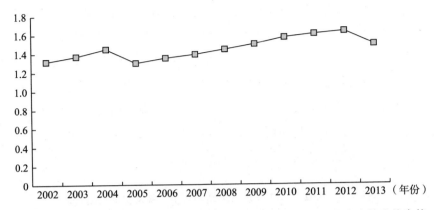

图 4 - 1 2002 ~ 2013 年第二产业劳动生产率与第三产业劳动生产率的比值走势

利于总体劳动生产率的提升，所以，如果前者的影响更大，则产业劳动生产率差异大的城市其总体劳动生产率也更高，而如果后者的影响更大，则情况相反。我们利用 2002 年和 2013 年 275 个城市的数据来具体考察城市产业劳动生产率差异与城市总体劳动生产率的关系（见图 4 - 2、图 4 - 3）。通过 2002 年和 2013 年的散点图我们发现，第二与第三产业劳动生产率的比值和第二、第三产业总体劳动生产率呈现正相关关系，虽然散点图趋势线的拟合优度较低，但总体上正相关关系还是存在的。这一结果说明在这两个年份，第二产业劳动生产率增长对于总体劳动生产率增长的贡献较大，但配置效率总体上并不高。

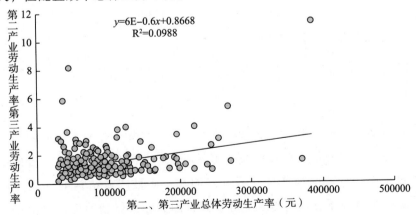

图 4 - 2 2002 年第二、第三产业总体劳动生产率和第二
与第三产业劳动生产率比值的散点图

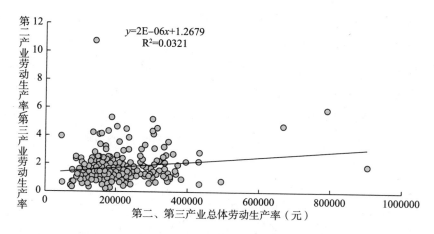

图4-3 2013年第二、第三产业总体劳动生产率和第二
与第三产业劳动生产率比值的散点图

（二）城市产业结构变化

我们对第二产业和第三产业在第二、第三产业总体中的就业比重分别
进行平均，可以对275个城市平均的产业结构变化进行考察。从总体的产
业结构变化来看，2002～2009年城市平均的第三产业就业比重呈上升趋
势，但自2010年开始，第三产业就业比重下降，到2013年，第三产业的
就业比重已经小于第二产业（见图4-4）。

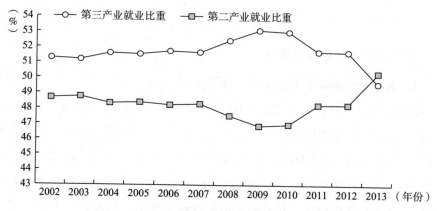

图4-4 城市平均第二产业和第三产业就业比重

注：此比重为第二产业或第三产业就业占第二、第三产业总体就业的比重。

如果产业间劳动生产率存在的差异会导致高生产率行业的就业比重上

升，则说明资源配置得到优化，可以将产业间劳动生产率差异以及产业就业比重增长率结合起来考察是否存在这一趋势。我们将 2002 年 275 个城市第二产业劳动生产率与第三产业劳动生产率的比值作为自变量，将 2002 ~ 2013 年第二产业就业比重增长率作为因变量，画出散点图，发现两个变量具有比较显著的正相关关系（见图 4 - 5），说明 2002 ~ 2013 年第二产业由于具有较高的生产率，吸引了劳动力的流入，总体上，这段时间存在资源配置优化的趋势。

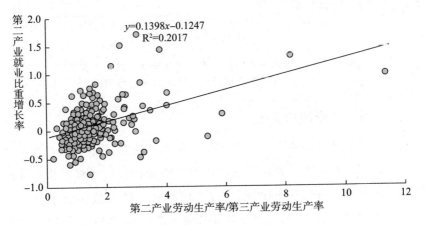

图 4 - 5　2002 年第二与第三产业劳动生产率比值
和第二产业就业比重增长率的散点图

注：为作图方便，纵轴数据未转化成百分比。

（三）城市配置效率情况

1. 全国 275 个城市平均及三大区域情况

2002 ~ 2013 年，全国 275 个城市劳动生产率的增长率的平均值为 8.96%，最大值为 27.53%，最小值为 - 6.83%；内部效应的平均值为 9.47%，最大值为 39.56%，最小值为 - 4.58%；结构效应的平均值为 - 0.51%，最大值为 4.35%，最小值为 - 21.13%。内部效应的离散程度较大，标准差为 5.31%；结构效应的离散程度较小，标准差为 2.23%（见表 4 - 2）。根据以上数据，2002 ~ 2013 年全国 275 个城市总体的结构效应为负，即产业结构的变化降低了劳动生产率的增长率。在全部 275 个城市中，结构效应为正的城市共有 114 个，为负的城市共有 161 个。

从三大区域来看，中部地区劳动生产率的增长率最高，达到 10.04%，其次是西部地区，东部地区排第三（见表 4-3）。从内部效应来看，也是中部地区最高，之后依次是西部地区、东部地区。从结构效应来看，三大区域的结构效应都是负的，但绝对值由大到小依次是西部地区、中部地区、东部地区，即西部地区结构变化的负效应最大，而东部地区结构变化的负效应最小。从结构效应正负的城市数量来看，东部地区的 115 个城市中，结构效应为正的城市有 50 个，占比为 43.48%；结构效应为负的城市有 65 个，占比为 56.52%。中部地区的 106 个城市中，结构效应为正的城市有 42 个，占比为 39.62%；结构效应为负的城市有 64 个，占比为 60.38%。西部地区的 54 个城市中，结构效应为正的城市有 22 个，占比为 40.74%；结构效应为负的城市有 32 个，占比为 59.26%。中西部地区要追赶东部地区，非常重要的方面就是产业结构的转型升级，但目前来看，中西部地区的产业结构变化方向并不理想，还落后于东部地区。

表 4-2　2002~2013 年全国 275 个城市平均劳动生产率的增长率分解结果的描述性统计

单位：%

	平均值	标准差	最小值	最大值
劳动生产率的增长率	8.96	4.46	-6.83	27.53
内部效应	9.47	5.31	-4.58	39.56
结构效应	-0.51	2.23	-21.13	4.35

注：如未特别说明，本章中劳动生产率的增长率以及结构效应和内部效应都是 2002~2013 年的年均增长率（复合增长率）。

表 4-3　东部、中部、西部三大区域城市平均劳动生产率的增长率分解情况

地区	劳动生产率的增长率（%）	内部效应（%）	结构效应（%）	城市总数（个）	结构效应正负城市数量（个）		结构效应正负城市数量占比（%）	
					正	负	正	负
东部	7.65	7.95	-0.29	115	50	65	43.48	56.52
中部	10.04	10.65	-0.61	106	42	64	39.62	60.38
西部	9.61	10.39	-0.78	54	22	32	40.74	59.26

2. 各省区市情况

在纳入考察的 29 个省区市中，有 8 个地区的结构效应为正，21 个地

区的结构效应为负（见表4-4）。结构效应最高的地区是广西，达到0.57%，其次是甘肃，为0.51%，其他结构效应为正的地区是云南、青海、湖南、湖北、山东和天津。结构效应最小的地区是宁夏，为-7.36%，宁夏的4个城市的结构效应都为负。黑龙江、浙江、山西和安徽的结构效应都在-1%和-2%之间。从城市数量上来看，除直辖市以及只有1个城市纳入考察的青海之外，云南、甘肃、湖北、广西、山东、内蒙古、江西、辽宁都有一半及以上的城市结构效应为正（需要注意的是云南和甘肃有部分城市不在考察范围），总体来看，中西部的省区居多。宁夏、浙江、山西、海南、新疆几个地区全部的城市结构效应都为负，而黑龙江结构效应为正的城市占比仅为16.67%，12个城市中有10个城市的结构效应为负，贵州、河北、陕西、湖南、四川、吉林、江苏几个地区的结构效应为正的城市数量占比也仅在30%左右。从省区市的情况来看，东部、中部、西部地区在结构效应上差异不大。

表4-4 2002~2013年各省区市劳动生产率的增长率分解情况

省区市	劳动生产率的增长率（%）	内部效应（%）	结构效应（%）	城市总数（个）	结构效应为正的城市数量（个）	结构效应为负的城市数量（个）	结构效应为正的城市数量占比（%）
广西	9.03	8.46	0.57	14	9	5	64.29
甘肃	9.78	9.27	0.51	10	7	3	70.00
云南	4.60	4.37	0.22	5	4	1	80.00
青海	10.64	10.54	0.10	1	1	0	100.00
湖南	8.86	8.76	0.10	13	4	9	30.77
湖北	6.34	6.26	0.09	12	8	4	66.67
山东	8.49	8.42	0.07	17	11	6	64.71
天津	11.73	11.66	0.07	1	1	0	100.00
上海	5.52	5.54	-0.02	1	0	1	0.00
辽宁	10.84	10.98	-0.14	14	7	7	50.00
贵州	8.18	8.35	-0.18	4	1	3	25.00
新疆	8.43	8.60	-0.18	2	0	2	0.00
广东	6.31	6.55	-0.24	21	10	11	47.62

续表

省区市	劳动生产率的增长率（％）	内部效应（％）	结构效应（％）	城市总数（个）	结构效应为正的城市数量（个）	结构效应为负的城市数量（个）	结构效应为正的城市数量占比（％）
吉林	12.26	12.55	-0.30	8	3	5	37.50
陕西	10.65	11.02	-0.37	10	3	7	30.00
河南	8.10	8.47	-0.37	17	8	9	47.06
河北	8.37	8.85	-0.48	11	3	8	27.27
内蒙古	17.21	17.75	-0.54	7	4	3	57.14
福建	7.31	7.90	-0.59	9	4	5	44.44
江西	9.97	10.58	-0.61	11	6	5	54.55
江苏	6.29	7.04	-0.75	13	5	8	38.46
海南	9.40	10.15	-0.75	2	0	2	0.00
北京	9.44	10.24	-0.80	1	0	1	0.00
四川	9.97	10.78	-0.80	18	6	12	33.33
安徽	10.62	11.72	-1.10	16	7	9	43.75
山西	9.67	10.78	-1.11	10	0	10	0.00
浙江	3.65	4.86	-1.21	11	0	11	0.00
黑龙江	11.69	13.32	-1.63	12	2	10	16.67
宁夏	12.98	20.34	-7.36	4	0	4	0.00

3. 部分城市情况

我们对结构效应较大和较小的城市做专门考察。由表4-5可知，2002~2013年，结构效应最大的城市是广西的防城港市，结构效应达到4.35%，劳动生产率的增长率也达到了10.46%，其产业结构变化较大；2002年第三产业比重为83.56%，2013年降至59.94%，即第二产业比重大幅度上升；同时，2013年第二产业的劳动生产率达到569908元，是第三产业的3倍多，因此具有更高劳动生产率的第二产业的比重大幅度上升是防城港市结构效应较大的原因。在结构效应排名前30位的城市中，绝大部分是第二产业具有更高的劳动生产率，而且2002~2013年第二产业比重又出现较大幅度上升，仅有吉林省的白城市第三产业比重由2002年的50.86%上升至2013年的71.92%，同时该市在2013年第三产业的劳动生产率为124749

元，比 2002 年高出 30000 多元。在排名前 30 位的城市中，中西部地区的城市偏多，东部地区广东省的城市较多，包括揭阳、梅州、汕尾、阳江，这几个粤东西北地区的欠发达城市在 2002 ~ 2013 年工业化进程加快，因此结构效应较大。另外，山东省的菏泽市、日照市的结构效应也较大。

表 4 – 5　结构效应排名前 30 位的城市情况

省区	城市	劳动生产率的增长率（%）	内部效应（%）	结构效应（%）	2002 年第三产业比重（%）	2013 年第三产业比重（%）	2013 年第二产业劳动生产率（元）	2013 年第三产业劳动生产率（元）
广西	防城港	10.46	6.11	4.35	83.56	59.94	569908	177905
甘肃	庆阳	14.17	10.90	3.27	79.10	43.36	170448	100973
广西	北海	10.54	7.78	2.75	73.42	55.50	553134	203487
云南	玉溪	- 2.11	- 4.58	2.47	73.49	47.18	473154	114976
陕西	榆林	20.55	18.32	2.23	76.20	69.28	548415	163422
山东	日照	11.07	9.26	1.81	61.38	45.42	520975	243951
广东	揭阳	3.93	2.18	1.75	65.91	42.81	432699	208671
湖南	益阳	13.61	11.93	1.69	67.35	51.86	220164	118980
四川	资阳	8.95	7.40	1.55	53.73	35.73	230080	118229
陕西	商洛	12.01	10.70	1.31	78.31	68.74	160815	77121
山东	菏泽	14.42	13.18	1.24	70.62	58.45	215910	126453
广东	梅州	10.40	9.18	1.22	67.85	58.49	284670	125270
江西	吉安	10.65	9.49	1.16	71.25	63.32	242697	101173
甘肃	武威	8.78	7.67	1.11	69.12	54.37	190653	113679
河南	商丘	6.09	4.99	1.10	66.77	48.82	117723	71837
内蒙古	呼伦贝尔	14.04	13.03	1.01	68.10	58.56	319080	181959
江西	鹰潭	9.12	8.13	0.99	72.25	62.79	316542	161479
内蒙古	通辽	18.72	17.75	0.98	58.10	53.59	659110	235296
广西	钦州	10.06	9.10	0.96	73.12	52.76	269995	198829
湖南	常德	6.06	5.10	0.96	68.61	57.18	512689	266985
安徽	黄山	8.63	7.67	0.95	76.31	64.68	257375	150571
河南	许昌	7.60	6.67	0.93	50.24	38.81	186647	97151

续表

省区	城市	劳动生产率的增长率（%）	内部效应（%）	结构效应（%）	2002年第三产业比重（%）	2013年第三产业比重（%）	2013年第二产业劳动生产率（元）	2013年第三产业劳动生产率（元）
甘肃	酒泉	14.56	13.65	0.91	75.73	72.97	690646	159081
吉林	白城	10.04	9.13	0.91	50.86	71.92	92379	124749
湖北	襄阳	12.03	11.16	0.87	51.69	42.96	345320	182474
广东	汕尾	10.12	9.25	0.87	60.44	34.63	210840	168177
广东	阳江	16.65	15.83	0.82	60.94	54.81	414930	215109
四川	南充	7.20	6.39	0.81	60.27	52.22	216004	99938
甘肃	平凉	1.93	1.13	0.79	84.81	77.96	287880	114407
安徽	池州	11.24	10.47	0.77	64.89	58.70	349019	165300

注：本章中所提到的产业比重都是就业比重（就业份额），第二产业比重和第三产业比重分别指第二产业和第三产业就业占第二、第三产业总体就业的比重。

由表4-6可知，结构效应排名后30位的城市都是结构效应为负的城市，其中宁夏的固原市结构效应的绝对值最大，其结构效应为-21.13%，内部效应也较高，达到了35.92%，劳动生产率的增长率达到了14.79%。固原市2002年第三产业的比重为77.19%，2013年上升至94.62%；同时期，第二产业的劳动生产率也由39714元上升至984346元，2013年第二产业的劳动生产率是第三产业的10倍多。其次是安徽的马鞍山市，该市的结构效应为-18.49%，其突出特点是第三产业比重上升幅度非常大，2002~2013年马鞍山的第三产业比重由26.28%上升至70.02%，同时2013年第二产业劳动生产率是第三产业的4倍多。排名后30位的城市绝大部分是由于第三产业比重上升导致结构效应为负。2013年第三产业比重下降，同时第三产业劳动生产率高于第二产业的城市有宿迁、绍兴、新余、东莞、延安、中山，其中宿迁第三产业比重下降幅度最大，由67.08%下降至16.98%。这6个城市中部分城市的特点是第二产业多为劳动密集型产业，因此，劳动生产率不高，而在城市工业化加速推进过程中，这些劳动密集型产业不断扩张，同时第三产业发展没有及时跟上，导致产业结构的转换对于总体劳动生产率的提升起到了负向的作用。

表 4 - 6   结构效应排名后 30 位的城市情况

省区	城市	劳动生产率的增长率（%）	内部效应（%）	结构效应（%）	2002 年第三产业比重（%）	2013 年第三产业比重（%）	2013 年第二产业劳动生产率（元）	2013 年第三产业劳动生产率（元）
宁夏	固原	14.79	35.92	-21.13	77.19	94.62	984346	91504
安徽	马鞍山	21.06	39.56	-18.49	26.28	70.02	1488269	314390
河南	三门峡	11.05	19.38	-8.33	46.88	75.92	359536	87682
四川	雅安	13.31	21.47	-8.15	51.44	75.25	491468	105399
江苏	宿迁	2.26	9.03	-6.77	67.08	16.98	95868	256394
黑龙江	伊春	16.67	22.90	-6.23	15.63	56.06	230478	108244
浙江	绍兴	1.45	7.43	-5.98	48.78	16.63	126706	472199
黑龙江	牡丹江	14.61	20.25	-5.65	43.58	67.62	566767	183005
宁夏	石嘴山	19.14	24.35	-5.21	27.07	50.39	330665	111131
江西	新余	27.53	32.58	-5.05	47.88	22.27	367663	655351
广东	东莞	-6.83	-1.85	-4.98	54.44	16.68	105617	492654
内蒙古	鄂尔多斯	21.27	25.18	-3.91	48.42	71.48	1355774	722370
江西	宜春	10.59	14.35	-3.76	67.65	79.84	341586	81171
陕西	延安	4.24	7.73	-3.49	72.37	36.13	49195	107879
浙江	丽水	9.98	13.41	-3.44	73.37	83.37	901747	197818
四川	广安	12.72	15.83	-3.12	64.53	73.56	744012	143131
宁夏	吴忠	8.49	11.48	-2.99	55.87	68.75	284516	66444
山西	运城	9.05	11.99	-2.94	70.03	84.16	305748	108446
福建	龙岩	11.73	14.61	-2.88	47.98	61.40	620426	174051
山东	聊城	11.82	14.17	-2.35	61.86	70.24	388030	89097
云南	昭通	7.46	9.54	-2.08	67.29	74.72	476222	90002
广东	中山	-1.84	0.23	-2.07	46.59	21.04	174581	395354
黑龙江	齐齐哈尔	15.04	17.08	-2.05	41.39	58.17	308634	165189
山西	忻州	9.54	11.56	-2.02	63.30	76.09	164521	68565
吉林	四平	13.25	15.23	-1.98	56.55	64.38	451152	116253
四川	广元	11.48	13.36	-1.88	55.90	64.93	312061	95328
陕西	铜川	13.70	15.54	-1.83	32.65	47.32	191456	91913
山西	朔州	13.38	15.21	-1.83	45.02	57.54	462682	205309
内蒙古	赤峰	14.70	16.46	-1.75	44.41	56.66	386755	181504
河北	张家口	8.75	10.39	-1.64	43.18	61.38	241888	132935

四　城市特征与配置效率

城市的配置效率与城市规模等特征有着紧密的联系，比如在城市规模方面，根据已有的理论，大城市往往具有较高的配置效率，但在我国的经济体制以及城市发展格局下，不同规模城市的配置效率的差异如何还需要从数据上进行详细考察。本部分将从人口规模、经济规模、行政级别以及人口密度四个方面的城市特征考察其与配置效率的关系。

（一）城市人口规模与配置效率

根据国务院印发的《关于调整城市规模划分标准的通知》，本部分基于 2013 年市辖区常住人口规模，将城市划分为五类，即超大城市、特大城市、大城市、中等城市和小城市。根据本章所考察城市的数据，2013 年超大城市有 4 个，为北京、上海、广州、深圳；特大城市有 3 个，为天津、沈阳、南京；大城市有 61 个；中等城市有 89 个；小城市有 118 个。据表 4 - 7，虽然超大城市的结构效应小于特大城市和大城市，但从小城市到特大城市，即随着人口规模的增大，结构效应持续递增。这说明总体上来看，随着城市人口规模的增大，城市资源配置逐步得到改善。从各种规模城市的结构效应正负情况来看，在 4 个超大城市中，结构效应为负的有 3 个，仅有广州的结构效应为正；3 个特大城市的结构效应都为正；在 61 个大城市中，21 个城市的结构效应为正；在 89 个中等城市中，结构效应为正的城市有 39 个；在 118 个小城市中，结构效应为正的城市有 50 个（见表 4 - 7）。因此总体上来看，城市人口规模与城市结构效应基本呈现正相关关系。

表 4 - 7　基于人口的各规模等级城市劳动生产率的增长率分解情况

人口规模	劳动生产率的增长率（%）	内部效应（%）	结构效应（%）	结构效应为正的城市数量（个）	结构效应为负的城市数量（个）	城市总数（个）
超大城市	5.65	6.01	-0.36	1	3	4
特大城市	8.94	8.87	0.07	3	0	3
大城市	7.90	8.15	-0.25	21	40	61

人口规模	劳动生产率的增长率（%）	内部效应（%）	结构效应（%）	结构效应为正的城市数量（个）	结构效应为负的城市数量（个）	城市总数（个）
中等城市	9.37	9.94	-0.57	39	50	89
小城市	9.31	9.94	-0.63	50	68	118

（二）城市经济规模与配置效率

除人口规模以外，我们也可以从经济总量的角度来考察城市规模与配置效率的关系。根据地区生产总值的规模将全国 275 个城市分为大城市和中小城市两类，具体方法是根据 2013 年地区生产总值进行划分，超过平均值的为大城市，否则为中小城市。根据此方法划分之后，大城市有 58 个，中小城市有 217 个（见表 4-8）。大城市的结构效应为 -0.40%，中小城市的结构效应为 -0.54%，因此，总体来看，大城市相对于中小城市，结构效应更大。从城市数量来看，大城市中结构效应为正的城市共有 20 个，占比为 34%；中小城市中结构效应为正的城市为 94 个，占比为 43%。这说明，与中小城市相比，大城市中结构效应为负的城市，其结构效应的绝对值比较小，因此即使结构效应为负的城市占比较高，但总体的结构效应的绝对值相对较小。因此，从经济规模的角度看，大城市的配置效率也比较高。

表 4-8　两类经济规模城市劳动生产率的增长率分解情况

经济规模	劳动生产率的增长率（%）	内部效应（%）	结构效应（%）	结构效应为正的城市数量（个）	结构效应为负的城市数量（个）	城市总数（个）
大城市	6.94	7.34	-0.40	20	38	58
中小城市	9.50	10.04	-0.54	94	123	217

（三）城市行政级别与配置效率

我们还可以考察城市行政级别与配置效率的关系。本章行政级别由高到低有四类，即直辖市、副省级城市、其他省会城市、其他城市，直辖市共 3 个，副省级城市共 15 个，其他省会城市共 15 个，其他城市共

242 个，我们计算这四类城市劳动生产率的增长率以及内部效应和结构效应。根据计算结果，劳动生产率的增长率随着城市行政级别的上升呈现"正 U 形"走势，其他城市和直辖市劳动生产率的增长率较高，而副省级城市和其他省会城市劳动生产率的增长率较低，内部效应和结构效应的绝对值也呈"正 U 形"走势，但与城市规模等级不同的是，不同行政级别的城市结构效应差异较小，在－0.6% 和－0.1% 之间波动（见表 4 - 9），而城市规模等级的结构效应在－0.7% 和 0% 之间波动。从结构效应正负在城市数量上的情况来看，结构效应为正的城市占比差异比较小，说明较高的城市行政级别对于配置效率的提升并没有明显的影响，这主要是因为较高行政级别的城市具有获取上级资源能力的优势，以及历史上形成的资源优势，而这些因素与市场化程度关系不大，所以对资源的市场化配置影响也不大，在一定程度上影响了资源配置效率的提升，而行政级别比较低的城市往往城市规模也比较小，资源配置效率也难以提升。

表 4 - 9　各行政级别城市劳动生产率的增长率分解情况

行政级别	劳动生产率的增长率（%）	内部效应（%）	结构效应（%）	结构效应为正的城市数量（个）	结构效应为负的城市数量（个）	城市总数（个）
直辖市	8.90	9.15	－0.25	1	2	3
副省级城市	6.19	6.42	－0.22	7	8	15
其他省会城市	8.05	8.19	－0.14	4	11	15
其他城市	9.19	9.74	－0.56	102	140	242

（四）城市人口密度与配置效率

除以上三种城市特征外，我们也可以考察城市人口密度与配置效率的关系。我们利用各城市市辖区的常住人口数量和面积计算出城市人口密度，依据人口密度数值将全国城市分为高密度城市和低密度城市，高于平均密度的城市为高密度城市，否则为低密度城市，人口密度根据 2013 年市辖区常住人口以及市辖区面积计算。高密度城市共有 85 个，低密度城市共有 190 个。高密度城市的结构效应为－0.50%，低密度城市的结构效应为

-0.52%（见表 4-10）。从城市数量上来看，高密度城市中结构效应为正的城市共有 31 个，占比为 36.5%；低密度城市中结构效应为正的城市共有 83 个，占比为 43.7%，与高密度城市的情况差别不大。总体来看，高密度城市在资源配置效率上略微优于低密度城市。如果城市的人口密度较高，一方面可能是城市空间面积较小，另一方面可能是城市人口数量较大。在空间面积较小的城市中劳动力在行业之间流动的成本相对较低，所以配置效率较高；而在人口数量较大的城市中存在需求规模大和劳动力供给规模大两个优势，也有利于资源配置效率的提升。

表 4-10　两类人口密度城市劳动生产率的增长率分解情况

密度类型	劳动生产率的增长率（%）	内部效应（%）	结构效应（%）	结构效应为正的城市数量（个）	结构效应为负的城市数量（个）	城市总数（个）
高密度城市	8.24	8.75	-0.50	31	54	85
低密度城市	9.28	9.79	-0.52	83	107	190

五　城市群中的配置效率

城市群的一体化是城市化以及区域经济发展的重要路径，城市互动成为地区产业结构升级和总体效率提升的重要影响因素。改革开放以来，我国在沿海地区形成了多个以城市群为主要平台的经济增长极，如 20 世纪 90 年代开始形成的长江三角洲城市群、粤港澳大湾区城市群①以及近年来

---

① 粤港澳大湾区城市群一般是指珠三角的 9 个城市再加香港和澳门两个特别行政区，在本章中，粤港澳大湾区城市群是指广东城市群加香港和澳门，广东城市群指广东省的 21 个城市，珠三角城市群包括广州、深圳、珠海、佛山、东莞、中山、江门、惠州、肇庆 9 个城市。自 20 世纪 90 年代以来，珠三角地区城市之间逐步形成了紧密的经济联系和比较稳定的圈层结构，使珠三角地区形成了一个典型的城市群。同时，珠三角地区逐步拉开了与粤东西北地区的发展差距，成为广东发展的中心地带，粤东西北地区成为广东城市体系的最外围圈层，因此，为更全面地反映广东城市体系中的圈层结构，本章将广东的 21 个城市共同看作一个城市群。建设粤港澳大湾区是 2017 年以后我国的一个重要发展战略，为了对广东及港澳范围内的城市体系进行总体考察，本章中粤港澳大湾区城市群的范围有所扩大，即广东城市群加香港和澳门。

作为国家重要区域发展战略的京津冀城市群等。本部分将重点考察这三大城市群及其内部各圈层的城市配置效率。

（一）京津冀城市群

1. 京津冀城市群概况

京津冀城市群是我国东部地区重要的发展区域，本章中的京津冀城市群包括北京和天津 2 个直辖市和河北的 11 个城市。近年来，京津冀一体化作为国家的一项重要区域发展战略，2014 年 2 月 26 日，习近平总书记在听取京津冀协同发展工作汇报时强调，实现京津冀协同发展是一个重大国家战略，要坚持优势互补、互利共赢、扎实推进，加快走出一条科学持续的协同发展路子。可见，京津冀城市群是目前我国城市群发展战略的重点之一，因此有必要对其资源配置效率情况进行深入考察。在京津冀城市群中，北京和天津是两个中心城市，2013 年末，北京市辖区户籍人口在 1200 万人以上，是我国的超大城市，天津市辖区户籍人口也达到 822 万人（见表 4－11）。从地区生产总值来看，2013 年，北京地区生产总值接近 2 万亿元，天津也达到了 1.3 万亿元，两个中心城市之后是石家庄和唐山，唐山地区生产总值达到 2489 亿元，石家庄为 1704 亿元。从人均 GDP 来看，2013 年，北京和天津的人均 GDP 都在 15 万元以上，其次是河北的沧州，为 115849 元。综合来看，京津冀城市群有三个圈层，第一圈层是北京和天津两个中心城市，第二圈层是石家庄和唐山，第三圈层是河北的其他城市。

表 4－11　2002 年、2013 年京津冀城市群人口和经济总量情况

圈层	城市	2002 年			2013 年		
		年末户籍人口（万人）	地区生产总值（亿元）	人均 GDP（元）	年末户籍人口（万人）	地区生产总值（亿元）	人均 GDP（元）
第一圈层	北京	1067	3125	29288	1245	19213	154321
	天津	752	1819	24189	822	13147	159939
第二圈层	石家庄	205	510	24878	252	1704	67619
	唐山	293	545	18601	303	2489	82145

续表

圈层	城市	2002 年			2013 年		
		年末户籍人口（万人）	地区生产总值（亿元）	人均 GDP（元）	年末户籍人口（万人）	地区生产总值（亿元）	人均 GDP（元）
第三圈层	秦皇岛	72	212	29444	88	625	71023
	邯郸	137	201	14672	139	815	58633
	邢台	55	67	12182	87	263	30230
	保定	92	164	17826	107	768	71776
	张家口	85	139	16353	85	445	52353
	承德	45	68	15111	59	268	45424
	沧州	48	68	14167	53	614	115849
	廊坊	73	93	12740	82	488	59512
	衡水	43	62	14419	41	241	58780

注：人均 GDP 根据年末户籍人口计算，年末户籍人口指市辖区年末户籍人口，下同。

2. 京津冀城市群配置效率分析

由表 4 - 12 和表 4 - 13 可看出，在京津冀城市群中，两个中心城市的结构效应存在明显差异，北京为负，而天津为正，北京主要是 2013 年劳动生产率第二产业就业比重有了明显下降，第二产业的结构效应为负，且负效应的规模较大，导致总体的结构效应为负。北京虽然结构效应为负，但由于具有全国中心城市的功能，其集聚了大量的包括公共服务和商务服务的第三产业，这部分产业虽然劳动生产率相对较低，但具有重要的政治效益和社会效益，所以不能绝对地说北京资源配置效率较低。天津是第二产业就业比重有一定上升，而且 2013 年第二产业的劳动生产率比第三产业高出很多，说明天津在这段时间第二产业升级较快，但作为一个中心城市，天津第三产业发展相对缓慢也值得引起注意。在第二圈层的城市中，石家庄的结构效应为正，达到 0.55%，其主要原因是劳动生产率更高的第三产业就业比重上升明显；唐山存在微弱的负结构效应，原因是第三产业就业比重上升，但第三产业劳动生产率相对较低。对于第三圈层，9 个城市中有 2 个城市的结构效应为正，即邯郸和保定，邯郸是因为第三产业就业比重上升，同时 2013 年第三产业劳动生产率更高；保定是因为 2013 年劳动生产率更高的第二产业就业比重上

升。第三圈层 7 个结构效应为负的城市中 5 个城市是因为 2013 年劳动生产率
更低的第三产业就业比重上升。因此总体来看，京津冀城市群的中心城市以
及第二圈层的大城市资源配置效率较高，而第三圈层的中小城市资源配置效
率较低，在大城市服务业发展迅速、形成较强辐射和服务功能的同时，中小
城市在没有充分完成工业化的情况下，服务业便出现了快速发展，这说明京
津冀城市群的中心城市与中小城市的功能分工推进并不顺利。

表 4 - 12　京津冀城市群劳动生产率的增长率分解情况

单位：%

圈层	城市	劳动生产率的增长率	内部效应	结构效应	第二产业内部效应	第三产业内部效应	第二产业结构效应	第三产业结构效应
第一圈层	北京	9.44	10.24	-0.80	5.21	5.03	-3.09	2.29
	天津	11.73	11.66	0.07	7.31	4.35	0.26	-0.19
第二圈层	石家庄	8.22	7.67	0.55	3.15	4.52	-2.00	2.55
	唐山	9.29	9.31	-0.02	6.46	2.85	-0.09	0.07
第三圈层	秦皇岛	5.85	5.94	-0.08	2.38	3.56	0.31	-0.39
	邯郸	10.38	10.36	0.02	6.54	3.82	-1.91	1.93
	邢台	7.83	8.17	-0.34	5.17	3.00	-1.33	1.00
	保定	7.24	7.01	0.22	5.35	1.67	0.62	-0.40
	张家口	8.75	10.39	-1.64	8.45	1.94	-3.65	2.01
	承德	7.22	8.10	-0.89	5.81	2.29	-1.76	0.87
	沧州	14.29	14.68	-0.39	8.83	5.86	-1.28	0.89
	廊坊	5.10	6.70	-1.60	-0.29	6.99	1.50	-3.10
	衡水	7.88	8.95	-1.07	7.38	1.57	-1.41	0.34

表 4 - 13　2002 年、2013 年京津冀城市群产业就业比重和劳动生产率

圈层	城市	就业比重（%）				劳动生产率（元）			
		2002 年		2013 年		2002 年		2013 年	
		第二产业	第三产业	第二产业	第三产业	第二产业	第三产业	第二产业	第三产业
第一圈层	北京	38.14	61.86	21.73	78.27	60886	68448	221735	164318
	天津	51.31	48.69	52.69	47.31	99560	104237	395085	289494

续表

圈层	城市	就业比重（%）				劳动生产率（元）			
		2002 年		2013 年		2002 年		2013 年	
		第二产业	第三产业	第二产业	第三产业	第二产业	第三产业	第二产业	第三产业
第二圈层	石家庄	49.43	50.57	32.66	67.34	85454	96309	183057	233367
	唐山	61.53	38.47	60.97	39.03	105446	94996	295461	229088
第三圈层	秦皇岛	44.06	55.94	46.85	53.15	84909	115436	166792	211727
	邯郸	68.13	31.87	55.89	44.11	60939	38256	158485	159880
	邢台	57.75	42.25	49.38	50.62	53225	36593	121450	90746
	保定	52.83	47.17	56.70	43.30	70764	80610	192750	123155
	张家口	56.82	43.18	38.62	61.38	62540	78832	241888	132935
	承德	50.81	49.19	41.61	58.39	76729	48151	191159	94820
	沧州	49.59	50.41	43.89	56.11	64204	55380	313211	217932
	廊坊	37.84	62.16	56.07	43.93	119832	76634	109579	226015
	衡水	37.94	62.06	32.98	67.02	101828	48749	323525	77647

（二）长三角城市群

1. 长三角城市群概况

根据国务院 2010 年批准的《长江三角洲地区区域规划》，可知长三角城市群是由上海、江苏、浙江组成，在全国经济发展中占有重要地位，该地区的城镇化进展较快并形成了比较明显的城市发展层级。长三角城市群共有 25 个城市，除上海之外，江苏有 13 个城市，浙江有 11 个城市（见表 4-14）。上海是长三角城市群的中心城市，也是全国的中心城市之一。苏南地区和浙东北地区城市经济规模较大，人均收入水平较高，属于长三角城市群的第二圈层，共有 11 个城市，包括江苏的南京、无锡、常州、苏州、镇江以及浙江的杭州、宁波、嘉兴、湖州、绍兴、舟山。苏北地区和浙西南地区的城市人均收入水平相对较低，属于长三角城市群的第三圈层，共有 13 个城市，包括江苏的徐州、南通、连云港、淮安、盐城、扬州、泰州、宿迁以及浙江的温州、金华、衢州、台州和丽水。长三角地区早在 20 世纪 80 年代就开始推进市群的一体化，目前，城市之间形成了比较紧密的经济联系。

表 4－14　2002 年、2013 年长三角城市群人口和经济总量情况

圈层	城市	2002 年			2013 年		
		年末户籍人口（万人）	地区生产总值（亿元）	人均 GDP（元）	年末户籍人口（万人）	地区生产总值（亿元）	人均 GDP（元）
第一圈层	上海	1270	5346	42094	1364	21339	156444
第二圈层	南京	480	1197	24938	643	8012	124603
	无锡	216	929	43009	243	4174	171770
	常州	215	560	26047	232	3350	144397
	苏州	212	727	34292	333	6621	198829
	镇江	100	246	24600	103	1266	122913
	杭州	387	1367	35323	451	6640	147228
	宁波	203	666	32808	228	4309	188991
	嘉兴	79	166	21013	86	780	90698
	湖州	108	200	18519	110	806	73273
	绍兴	61	149	24426	217	2361	108802
	舟山	69	101	14638	71	680	95775
第三圈层	徐州	165	355	21515	326	2642	81043
	南通	81	208	25679	212	1909	90047
	连云港	65	128	19692	98	603	61531
	淮安	267	213	7978	287	1291	44983
	盐城	65	84	12923	168	953	56726
	扬州	111	257	23153	231	2182	94459
	泰州	61	141	23115	163	1291	79202
	宿迁	26	25	9615	169	621	36746
	温州	132	460	34848	151	1578	104503
	金华	92	121	13152	95	572	60211
	衢州	40	57	14250	84	438	52143
	台州	145	325	22414	158	1138	72025
	丽水	37	44	11892	40	249	62250

2. 长三角城市群配置效率分析

在长三角城市群中，上海的结构效应为负，为 - 0.02%（见表 4 -

15），主要原因是 2013 年劳动生产率略高的第二产业就业比重下降（见表 4 - 16），但由于第二产业与第三产业劳动生产率差异不大，两个产业的就业比重也变化不大，所以，结构效应的绝对值比较小。与北京类似，上海也是全国重要的中心城市，也是国际性的大都市，发达的服务业是其重要的特征，同时所保留下来的制造业也具有比较高的技术含量，比如汽车制造、电子信息以及医药行业等，其第二产业劳动生产率也还是略高于第三产业的。所以，上海在第三产业快速发展过程中表现出的结构效应为负也不能说明其配置效率不高。对于第二圈层，除南京和镇江的结构效应为正之外，其他 9 个城市的结构效应都为负。南京和镇江的结构效应为正的原因是 2013 年劳动生产率更高的第二产业就业比重上升，其他 9 个城市中，舟山是由于 2013 年劳动生产率更低的第三产业就业比重上升，所以结构效应为负，而其他 8 个城市都是因为 2013 年劳动生产率更高的第三产业就业比重出现了下降。在第三圈层中，江苏的徐州、连云港和盐城的结构效应为正，其他 10 个城市的结构效应都为负，尤其是浙江所有城市的结构效应都为负。在第三圈层中，3 个结构效应为正的城市都是因为 2013 年劳动生产率更高的第二产业就业比重出现了上升，而其他结构效应为负的城市大部分是因为 2013 年劳动生产率更高的第三产业就业比重出现了下降，只有丽水、衢州和温州是因为 2013 年劳动生产率更高的第二产业就业比重出现了下降。因此长三角地区配置效率存在的问题是第二圈层的城市本来应起到重要的服务功能，但大多数城市 2013 年劳动生产率更高的第三产业就业比重在下降，工业仍然在向这几个城市集聚，而第三圈层的城市存在的问题是第二产业劳动生产率从 2002 年至 2013 年普遍出现了上升，第三产业劳动生产率明显提升，并且普遍超过了第二产业，而第二产业的就业比重普遍上升，第三产业的就业比重普遍下降。这一方面说明第三圈层城市制造业转型升级进展不明显，另一方面说明长三角地区在工业化达到一定水平后，城市化并没有跟上，同时，服务业比重下降，也表明了长三角地区第三圈层城市的城市化质量不高。

表 4 - 15 长三角城市群劳动生产率的增长率分解情况

单位：%

圈层	城市	劳动生产率的增长率	内部效应	结构效应	第二产业内部效应	第三产业内部效应	第二产业结构效应	第三产业结构效应
第一圈层	上海	5.52	5.54	-0.02	2.32	3.22	-0.31	0.29
第二圈层	南京	5.79	5.71	0.08	2.70	3.01	0.73	-0.65
	无锡	3.13	3.51	-0.39	1.12	2.40	1.16	-1.55
	常州	6.20	6.32	-0.12	2.74	3.58	1.07	-1.20
	苏州	3.38	4.39	-1.02	0.47	3.92	1.68	-2.70
	镇江	10.04	9.83	0.21	5.68	4.15	0.67	-0.46
	杭州	-0.51	0.03	-0.54	-1.97	2.00	1.14	-1.68
	宁波	3.93	4.07	-0.14	1.51	2.56	0.86	-1.00
	嘉兴	2.95	3.11	-0.16	0.28	2.83	0.88	-1.04
	湖州	-1.05	-0.68	-0.38	-3.17	2.49	2.31	-2.69
	绍兴	1.45	7.43	-5.98	-0.47	7.90	2.19	-8.17
	舟山	10.75	10.89	-0.14	5.89	5.00	-0.35	0.21
第三圈层	徐州	10.49	10.43	0.06	6.56	3.88	0.81	-0.75
	南通	6.96	7.68	-0.73	2.89	4.79	1.61	-2.34
	连云港	6.30	5.93	0.37	3.15	2.79	0.95	-0.58
	淮安	7.94	8.15	-0.21	1.83	6.32	3.17	-3.38
	盐城	10.19	9.87	0.32	6.22	3.65	1.91	-1.59
	扬州	5.17	6.07	-0.90	2.42	3.65	1.52	-2.43
	泰州	3.96	4.59	-0.64	0.57	4.02	2.03	-2.67
	宿迁	2.26	9.03	-6.77	-1.78	10.81	4.04	-10.82
	温州	3.96	4.04	-0.08	2.41	1.62	-0.89	0.82
	金华	2.59	2.65	-0.06	-1.02	3.67	2.03	-2.09
	衢州	9.30	10.10	-0.80	7.89	2.21	-2.46	1.66
	台州	-3.21	-1.58	-1.63	-4.66	3.09	1.49	-3.13
	丽水	9.98	13.41	-3.44	8.80	4.61	-4.40	0.97

表 4 – 16　2002 年、2013 年长三角城市群产业就业比重和劳动生产率

圈层	城市	就业比重（%）				劳动生产率（元）			
		2002 年		2013 年		2002 年		2013 年	
		第二产业	第三产业	第二产业	第三产业	第二产业	第三产业	第二产业	第三产业
第一圈层	上海	43.29	56.71	40.90	59.10	172197	141359	293185	269762
第二圈层	南京	45.46	54.54	50.97	49.03	139728	120700	253378	226470
	无锡	54.20	45.80	66.09	33.91	244531	247167	309789	412905
	常州	55.82	44.18	64.54	35.46	220411	167656	367023	409124
	苏州	54.22	45.78	72.07	27.93	232028	177501	255302	409337
	镇江	48.53	51.47	52.21	47.79	152604	104219	430303	295633
	杭州	38.41	61.59	54.19	45.81	258914	155284	151692	223278
	宁波	50.09	49.91	58.13	41.87	203646	194331	284454	3312204
第二圈层	嘉兴	48.33	51.67	57.16	42.84	180826	121744	192088	226774
	湖州	33.29	66.71	62.07	37.93	465084	148650	212909	247489
	绍兴	51.22	48.78	83.37	16.63	143835	171027	126706	472199
	舟山	39.81	60.19	38.16	61.84	118876	82272	395321	237635
第三圈层	徐州	57.86	42.14	62.86	37.14	92153	109990	307074	284456
	南通	58.20	41.80	71.85	28.15	108280	89567	186798	270904
	连云港	44.64	55.36	50.57	49.43	119118	62723	213327	129986
	淮安	41.03	58.97	64.25	35.75	126942	52921	188496	200991
	盐城	53.43	46.57	64.99	35.01	60951	73746	206800	171909
	扬州	59.71	40.29	74.18	25.82	121855	145210	198184	315540
	泰州	53.85	46.15	73.19	26.81	180230	97097	200584	263283
	宿迁	32.92	67.08	83.02	16.98	159941	65053	95868	256394
	温州	56.37	43.63	48.88	51.12	189418	177832	295638	270066
	金华	30.09	69.91	49.61	50.39	276496	109292	208455	214520
	衢州	60.37	39.63	46.70	53.30	86534	115041	314665	212498
	台州	41.66	58.34	68.62	31.38	383765	144580	126900	265988
	丽水	26.63	73.37	16.63	83.37	224915	69135	901747	197818

（三）粤港澳大湾区城市群

1. 粤港澳大湾区城市群概况

粤港澳大湾区城市群包括香港、澳门以及广东的 21 个城市，形成了三个圈层（见表 4-17）。第一圈层包括香港、澳门以及广州和深圳，是 4 个中心城市，其中 2013 年香港的人口达到 719 万人；广州和深圳市辖区户籍人口分别为 687 万人和 311 万人，两个城市市辖区的常住人口都在 1000 万人以上；虽然澳门人口比较少，为 57 万人，但其在粤港澳大湾区城市群中具有独特的作用，因此也可以作为一个中心城市。在经济总量方面，2013 年香港的地区生产总值为 1.7 万亿元，在粤港澳大湾区城市群中排名第一；广州和深圳的地区生产总值都在 1.4 万亿元以上，远超粤港澳大湾区城市群其他城市；澳门的地区生产总值也达到了 3193 亿元。第二圈层包括珠三角地区的其他 7 个城市，即东莞、佛山、珠海、中山、江门、肇庆和惠州，这几个城市总体上经济规模大、人口多、人均 GDP 高，珠三角 9 个城市的 GDP 占到广东的 80% 左右。第三圈层包括粤东、粤西和粤北地区，共有 12 个城市，粤东地区包括汕头、潮州、揭阳和汕尾，粤西地区包括阳江、茂名和湛江，粤北地区包括韶关、清远、云浮、河源和梅州。粤东、粤西、粤北地区经济总量较小，占广东的 20% 左右，人均 GDP 也普遍不高，很多城市人均 GDP 低于全国平均水平，发展相对滞后。

表 4-17　2002 年、2013 年粤港澳大湾区城市群人口和经济总量情况

圈层	城市	2002 年			2013 年		
		年末户籍人口（万人）	地区生产总值（亿元）	人均 GDP（元）	年末户籍人口（万人）	地区生产总值（亿元）	人均 GDP（元）
第一圈层	香港	674	13769	204288	719	17072	237441
	澳门	44	606	137727	57	3193	560175
	广州	584	2731	46764	687	14147	205924
	深圳	139	2257	162374	311	14500	466238

续表

圈层	城市	2002 年			2013 年		
		年末户籍人口（万人）	地区生产总值（亿元）	人均 GDP（元）	年末户籍人口（万人）	地区生产总值（亿元）	人均 GDP（元）
第二圈层	珠海	79	406	51392	109	1662	152477
	佛山	339	1176	34690	382	7010	183508
	江门	132	307	23258	140	1076	76857
	肇庆	47	96	20426	55	585	106364
	惠州	40	184	46000	139	1791	128849
	东莞	156	673	43141	189	5490	290476
	中山	136	416	30588	154	2639	171364
第三圈层	韶关	53	101	19057	92	511	55543
	汕头	120	242	20167	533	1553	29137
	湛江	143	234	16364	159	1014	63774
	茂名	119	181	15210	136	722	53088
第三圈层	梅州	31	27	8710	97	330	34021
	汕尾	46	34	7391	52	197	37885
	河源	31	20	6452	30	231	77000
	阳江	55	51	9273	69	371	53768
	清远	54	42	7778	134	572	42687
	潮州	34	47	13824	163	590	36196
	揭阳	68	84	12353	205	720	35122
	云浮	28	32	11429	31	128	41290

注：广东省各市人均 GDP 根据年末户籍人口计算，香港和澳门数据来源于国家统计局网站，香港和澳门人口为年中户籍人口。

2. 广东城市群的配置效率分析

由于香港和澳门第二产业占比很小，2013 年香港的制造业、水电燃气及废弃物处理业、建造业的增加值占 GDP 的比重仅为 8.13%，澳门这三个产业的增加值占比为 6.43%，其中香港的制造业占比为 1.37%，澳门的制造业占比为 0.59%，因此，仅通过第二产业和第三产业的结构变化来分析香港、澳门的配置效率不太合适。所以我们将广东城市群和香港、澳门的产业结构变化与配置效率分开来研究，对于广东城市群仍然考察其第二产业和第三产业的结构变化与配置效率，而对于香港和澳门将考察更细分的产业结构变化与配置效率。

对于第一圈层来说，在两个中心城市中，广州由于2013年劳动生产率更高的第三产业就业比重上升，结构效应为正，为0.02%，深圳由于2013年劳动生产率更低的第二产业就业比重上升，结构效应为负，为 -0.64%（见表4-18、表4-19）。这说明深圳服务业发展仍然不足，没有充分承担起中心城市的辐射和服务功能，同时工业对外的溢出效应也没有充分发挥出来。对于第二圈层来说，珠三角的其他7个城市中江门和肇庆2个城市的结构效应为正，都是由于2013年劳动生产率更高的第二产业就业比重上升；其他5个城市的结构效应为负，都是由于2013年劳动生产率更低的第二产业就业比重上升。这说明在珠三角地区工业化加速推进过程中，第三产业逐步发展并已经具有较高的劳动生产率，但此时城市化相对滞后，第三产业的规模和比例没有同步上升。对于第三圈层来说，12个城市中，2002~2013年只有云浮市第三产业就业比重出现上升，其他11个城市都是第二产业就业比重上升，说明粤东、粤西、粤北地区总体上工业化进一步推进，但结构效应存在差异，韶关、河源、清远、云浮4个粤北城市和汕头1个粤东城市的结构效应为负，其中云浮是由于2013年劳动生产率更低的第三产业就业比重上升，而其他4个城市都是由于劳动生产率更高的第三产业就业比重下降。其他7个城市的结构效应为正，其中粤西3个城市、粤东3个城市和粤北1个城市，这些城市都是由于2013年劳动生产率更高的第二产业就业比重上升。由于粤东的汕头结构效应虽然为负，但绝对值较低，因此总体上看，粤东和粤西地区工业发展具有明显优势，发展工业符合当地的条件，同时增长也比较快；但粤北地区工业的劳动生产率仍然较低，产业转型升级进程较慢，虽然工业的比重上升，但这样的结构变化对总体的劳动生产率增长起到了负向的作用。

表4-18 广东城市群劳动生产率的增长率分解情况

单位：%

圈层	城市	劳动生产率的增长率	内部效应	结构效应	第二产业内部效应	第三产业内部效应	第二产业结构效应	第三产业结构效应
第一圈层	广州	6.84	6.82	0.02	2.72	4.10	-0.34	0.36
	深圳	0.81	1.45	-0.64	-0.82	2.27	0.69	-1.32

圈层	城市	劳动生产率的增长率	内部效应	结构效应	第二产业内部效应	第三产业内部效应	第二产业结构效应	第三产业结构效应
第二圈层	珠海	2.41	2.48	-0.07	1.28	1.20	0.17	-0.24
	佛山	2.49	3.54	-1.06	0.26	3.29	2.37	-3.43
	江门	4.40	4.16	0.24	3.57	0.59	0.77	-0.53
	肇庆	9.12	9.05	0.07	5.79	3.26	1.20	-1.13
	惠州	6.98	6.99	-0.01	4.57	2.42	0.18	-0.20
	东莞	-6.83	-1.85	-4.98	-5.63	3.78	1.36	-6.34
	中山	-1.84	0.23	-2.07	-2.87	3.10	1.64	-3.71
第三圈层	韶关	6.84	7.14	-0.31	2.23	4.91	0.58	-0.89
	汕头	5.05	5.07	-0.02	2.15	2.92	2.06	-2.08
	湛江	7.48	6.75	0.73	2.94	3.82	1.36	-0.63
	茂名	5.70	5.58	0.13	4.13	1.45	0.21	-0.09
	梅州	10.40	9.18	1.22	4.78	4.40	2.18	-0.96
	汕尾	10.12	9.25	0.87	4.20	5.05	4.30	-3.43
	河源	11.46	12.10	-0.64	4.40	7.71	2.68	-3.32
	阳江	16.65	15.83	0.82	8.80	7.04	1.70	-0.88
	清远	12.34	12.88	-0.53	3.47	9.41	3.70	-4.24
	潮州	9.84	9.59	0.25	5.26	4.32	2.41	-2.16
	揭阳	3.93	2.18	1.75	-0.05	2.23	3.37	-1.63
	云浮	8.23	9.06	-0.83	7.68	1.38	-1.55	0.72

表 4-19 2002 年、2013 年广东城市群产业就业比重和劳动生产率

圈层	城市	就业比重（%）				劳动生产率（元）			
		2002 年		2013 年		2002 年		2013 年	
		第二产业	第三产业	第二产业	第三产业	第二产业	第三产业	第二产业	第三产业
第一圈层	广州	41.22	58.78	38.56	61.44	158839	168071	328554	347191
	深圳	55.55	44.45	65.07	34.93	218045	221372	181033	349831
第二圈层	珠海	64.55	35.45	66.38	33.62	115996	156437	148130	211438
	佛山	50.68	49.32	75.68	24.32	266465	209213	281659	407238
	江门	54.65	45.35	60.46	39.54	151667	177546	298644	206638

续表

圈层	城市	就业比重（%）				劳动生产率（元）			
		2002 年		2013 年		2002 年		2013 年	
		第二产业	第三产业	第二产业	第三产业	第二产业	第三产业	第二产业	第三产业
第二圈层	肇庆	55.07	44.93	63.01	36.99	72338	109034	237376	223094
	惠州	71.40	28.60	72.80	27.20	109154	92146	214302	231417
	东莞	45.56	54.44	83.32	16.68	467941	289066	105617	492654
	中山	53.41	46.59	78.96	21.04	321107	214051	174581	395354
第三圈层	韶关	56.45	43.55	61.75	38.25	94028	73792	146706	224250
	汕头	43.90	56.10	61.03	38.97	122560	119604	207049	209098
	湛江	31.81	68.19	38.44	61.56	262174	89544	478114	220465
	茂名	43.84	56.16	45.00	55.00	242159	131438	492021	199740
第三圈层	梅州	32.15	67.85	41.51	58.49	103354	46031	284670	125270
	汕尾	39.56	60.44	65.37	34.63	76420	62291	210840	168177
	河源	47.51	52.49	65.16	34.84	49763	34880	127676	158385
	阳江	39.06	60.94	45.19	54.81	77757	42251	414930	215109
	清远	35.83	64.17	58.78	41.22	81013	47671	202478	231659
	潮州	49.01	50.99	64.18	35.82	86663	96435	267456	239218
	揭阳	34.09	65.91	57.19	42.81	437384	108322	432699	208671
	云浮	55.25	44.75	47.39	52.61	75993	78684	256846	118777

3. 香港和澳门的配置效率分析

（1）劳动生产率增长的分解方法的调整

为更细致地考察各具体行业的变化对于配置效率的影响，我们有必要对劳动生产率增长的分解方法进行调整。前面采用的公式（4-1）存在一个缺陷，即不能考察各行业对劳动生产率增长的贡献。在公式（4-1）中，所有份额上升的行业都对劳动生产率的增长有正向的贡献，即使这些行业的劳动生产率很低。假设制造业比重下降，政府服务业比重上升，再假设制造业劳动生产率高于平均水平，而政府服务业劳动生产率低于平均水平，由于这一变化，总体的劳动生产率有所下降，但如果用公式（4-1）进行计算，政府服务业对总体劳动生产率增长的贡献是正的。因此，为了能更好地测度各行业对于劳动生产率增长的贡献，

Timmer 和 Vries（2009）给出了新的结构分解方法，基本思路是根据相对劳动生产率来计算扩张行业的结构效应。他们将所有行业分为扩张行业和收缩行业两类，并计算收缩行业的劳动生产率的增量，得到以下公式：

$$\Delta Y_t = \sum_{i=K,J} \bar{\theta}_i \Delta y_{i,t} + \sum_{i=K} (\bar{y}_i - \bar{y}_J) \Delta \theta_{i,t} \qquad (4-5)$$

公式（4-5）中，K 是扩张的行业数量，J 是收缩的行业数量，收缩行业的平均劳动生产率由公式（4-6）得到：

$$\bar{y}_J = \frac{\sum_{i \in J} \bar{y}_i \Delta \theta_{i,t}}{\sum_{i \in J} \Delta \theta_{i,t}} \qquad (4-6)$$

根据公式（4-5），如果某个扩张行业的劳动生产率高于收缩行业的平均劳动生产率，则该行业的结构效应为正；如果某个扩张行业的劳动生产率低于收缩行业的平均劳动生产率，则该行业的结构效应为负。通过该公式计算得到的各行业的结构效应可以得到合理的解释。

（2）香港的配置效率情况

与前面城市内部效应和结构效应的表示方式不同，我们用总体劳动生产率增长的百分比来定义内部效应和结构效应，用前文中的内部效应和结构效应除以总体劳动生产率的增长率就可得到这里的百分比，即内部效应和结构效应的和是100%，这样一种方式更便于比较各行业的内部效应和结构效应。对香港2002~2013年劳动生产率的增长率进行分解，发现总体的内部效应达到93.47%，结构效应为6.53%（见表4-20）。这说明香港的内部效应占主导，总体劳动生产率的增长主要来源于各行业的劳动生产率增长，而行业结构变化对劳动生产率增长的影响虽然为正，但数值较小。内部效应为负的行业是地产业和公共行政、社会及个人服务业，而进出口贸易业和金融及保险业的内部效应比较大，分别为42.31%和31.07%，占了内部效应的70%以上，资讯及通信业，批发及零售业，运输、仓库、邮政及速递服务业，住宿及膳食服务业的内部效应也较大。在结构效应方面，金融及保险业的结构效应较大，地产业的结构效应也明显为正，批发及零售业和专业及商用服务业的结构效应为负；另外，第二产业的 3 个行业以及第三产业的 4 个行业在此期间就业份额下降，所以结构效应都为 0；进出口贸易业由于平均劳动生产率相对较高，所以其就业份额下降对结构效应的影响较大，主要原因是其拉高了收缩行业的平均劳动生产率。

Kuusk 等（2017）发现劳动生产率增长的结构效应与经济周期有一定关系。因此，我们将 2002～2013 年分为两个阶段来考察，即 2002～2008年国际金融危机爆发之前的阶段以及 2008～2013 年国际金融危机爆发之后的阶段。通过计算发现，2002～2008 年，香港总体的内部效应为 91.00%，结构效应为 9.00%；而 2008～2013 年，香港总体的内部效应为 102.07%，结构效应为 -2.07%（见表 4-21 和表 4-22）。可以看出，在经济下行阶段，结构效应较低。

表 4-20 2002～2013 年香港劳动生产率的增长率分解情况

行业	劳动生产率变动 Δy_i（万港元）	就业份额变动 $\Delta\theta$（个百分点）	平均就业份额（%）	平均劳动生产率（万港元）	内部效应（%）	结构效应（%）
制造业	6.47	-2.53	4.16	22.27	1.89	0
电力、燃气和自来水供应及废弃物管理业	43.29	-0.11	0.45	217.16	1.38	0
建造业	0.71	-0.52	8.58	31.91	0.43	0
进出口贸易业	41.23	-1.61	14.65	60.21	42.31	0
批发及零售业	13.33	0.18	10.30	20.57	9.62	-0.24
住宿及膳食服务业	7.88	-0.23	7.45	25.01	4.11	0
运输、仓库、邮政及速递服务业	13.02	-0.55	8.96	35.86	8.18	0
资讯及通信业	16.78	-0.05	2.90	61.60	3.41	0
金融及保险业	75.76	0.75	5.86	121.02	31.07	4.29
地产业	-28.47	0.53	3.18	108.05	-6.34	2.53
专业及商用服务业	1.03	1.95	8.87	35.61	0.64	-0.57
公共行政、社会及个人服务业	-1.86	2.20	24.63	43.11	-3.21	0.51
总体	14.28			46.62	93.47	6.53

资料来源：根据香港特别行政区政府统计处网站数据计算而得。

表 4 - 21   2002 ~ 2008 年香港劳动生产率的增长率分解情况

行业	劳动生产率变动 Δy_i（万港元）	就业份额变动 $\Delta\theta$（个百分点）	平均就业份额（%）	平均劳动生产率（万港元）	内部效应（%）	结构效应（%）
制造业	1.45	- 1.39	4.73	19.76	0.73	0
电力、燃气和自来水供应及废弃物管理业	37.52	- 0.08	0.47	214.28	1.87	0
建造业	- 5.28	- 1.25	8.21	28.91	- 4.60	0
进出口贸易业	27.62	0.26	15.59	53.40	45.67	0.61
批发及零售业	3.43	0.04	10.23	15.62	3.73	- 0.07
住宿及膳食服务业	6.00	- 0.06	7.54	24.07	4.80	0
运输、仓库、邮政及速递服务业	7.85	0.06	9.27	33.28	7.72	0.01
资讯及通信业	14.64	- 0.14	2.85	60.53	4.43	0
金融及保险业	56.58	0.41	5.68	111.43	34.09	3.46
地产业	- 12.59	0.40	3.12	115.99	- 4.16	3.61
专业及商用服务业	0.62	1.08	8.43	35.40	0.55	0.51
公共行政、社会及个人服务业	- 1.51	0.66	23.86	43.29	- 3.83	0.86
总体	9.43			44.19	91.00	9.00

资料来源：根据香港特别行政区政府统计处网站数据计算而得。

表 4 - 22   2008 ~ 2013 年香港劳动生产率的增长率分解情况

行业	劳动生产率变动 Δy_i（万港元）	就业份额变动 $\Delta\theta$（个百分点）	平均就业份额（%）	平均劳动生产率（万港元）	内部效应（%）	结构效应（%）
制造业	5.02	- 1.14	3.47	22.99	3.59	0
电力、燃气和自来水供应及废弃物管理业	5.77	- 0.03	0.41	235.93	0.49	0
建造业	5.99	0.73	7.95	29.27	9.82	- 3.50
进出口贸易业	13.61	- 1.87	14.78	74.02	41.47	0
批发及零售业	9.90	0.14	10.33	22.29	21.07	- 0.85
住宿及膳食服务业	1.88	- 0.18	7.43	28.01	2.88	0
运输、仓库、邮政及速递服务业	5.17	- 0.61	8.99	39.79	9.58	0
资讯及通信业	2.14	0.09	2.83	68.92	1.25	0.29

续表

行业	劳动生产率变动 Δy_i（万港元）	就业份额变动 $\Delta\theta$（个百分点）	平均就业份额（%）	平均劳动生产率（万港元）	内部效应（%）	结构效应（%）
金融及保险业	19.19	0.35	6.06	149.31	23.96	6.96
地产业	-15.88	0.13	3.38	101.76	-11.07	1.30
专业及商用服务业	0.42	0.86	9.41	35.92	0.81	-2.99
公共行政、社会及个人服务业	-.35	1.54	24.96	42.36	-1.78	-3.28
总体	4.85			51.33	102.07	-2.07

资料来源：根据香港特别行政区政府统计处网站数据计算而得。

　　香港经济的高度国际化、服务业占比过高的产业结构特征以及劳动力对于产业结构变动的适应性不强三个方面的因素共同导致了香港在国际金融危机爆发之后结构效应偏低。作为全球重要的贸易中心，香港在国际金融危机爆发之后，进出口贸易业受到较大冲击，而其平均劳动生产率较高，所以该行业就业份额的下降对结构效应产生比较大的影响。从进出口贸易业流出的劳动力进入了劳动生产率相对较低的公共行政、社会及个人服务业，专业及商用服务业，建造业和批发及零售业，这4个行业的就业份额出现了上升，但结构效应为负。这说明在国际金融危机冲击下，劳动力由部分劳动生产率较高的行业流向劳动生产率较低的行业，所以产业结构的变化并没有对劳动生产率的增长产生较大贡献。这一方面说明服务业占比较高，且国际化程度较高的产业结构较容易受到国际经济周期的冲击；另一方面说明香港的劳动力结构对产业结构的适应性仍然不够高，在进出口贸易业受到冲击的情况下，转移出来的劳动力不能充分地流入金融及保险业、资讯及通信业等其他较高劳动生产率的行业以进一步提升资源配置效率。出现这样的情况，说明香港与内地之间，尤其是与珠三角地区的市场一体化程度还有待提高。粤港澳大湾区的市场一体化，有助于促进要素、产品和服务的充分流动，这一方面可以拓展香港金融及保险业、进出口贸易业、地产业、资讯及通信业的发展空间，从而提高其吸收劳动力的能力；另一方面香港与内地之间劳动力的相互流动可以为不同技能的劳动力提供更匹配的就业机会，从而提升资源配置效率。

（3）澳门的配置效率情况

由于澳门特别行政区政府统计暨普查局仅提供了 2008 年及以后各行业不变价增加值，所以这里仅考察 2008～2013 年澳门产业结构变化的配置效率情况。我们可以获得澳门涉及第二产业和第三产业的共 14 个行业，其中第三产业有 11 个，此处采用 2016 年环比物量（即 2016 年不变价）计算各年份行业增加值。由于涉及行业比较多，为考察各行业的具体情况，我们仍然采用公式（4-5）来计算澳门的配置效率。通过计算发现，2008～2013 年澳门总体的内部效应为 84.12%，结构效应为 15.88%（见表 4-23），配置效率明显高于香港。这说明在国际金融危机爆发之后，澳门的产业结构得到了优化，主要体现在制造业，建筑业，饮食业，运输、仓储及通信业几个低劳动生产率行业的就业份额下降，而博彩及博彩中介业、公共行政及社保事务、酒店业、金融业、不动产及工商服务业等劳动生产率较高行业的就业份额上升。尤其博彩及博彩中介业的就业份额上升较为明显，由 2008 年的 20.59% 上升至 2013 年的 23.07%，其平均劳动生产率达到 117.80 万澳门元，博彩及博彩中介业劳动生产率由 2008 年的 73.87 万澳门元上升至 2013 年的 161.73 万澳门元，其内部效应达到了 79.80%，远超出其他行业，所以博彩及博彩中介业对劳动生产率增长的贡献最大，这既体现在内部效应上，也体现在结构效应上。金融业、不动产及工商服务业虽然平均劳动生产率很高，对结构效应的贡献也较大，但平均就业份额比较小，上升幅度也不大，金融业就业份额由 2008 年的 2.30% 上升至 2013 年的 2.58%，不动产及工商服务业由 2008 年的 7.38% 上升至 2013 年的 7.65%。博彩及博彩中介业作为澳门的主导产业，目前在澳门经济中占比过大，2013 年其增加值比重已经达到 44.31%，近年来虽然有一定下降，2017 年降至 32.00%，但仍然占比偏高，导致澳门经济结构面临比较大的风险。如果博彩及博彩中介业受到国际市场和国际环境的影响，则可能会引起澳门经济的快速下滑，所以，近年来澳门经济多元化发展是其重要的方向，其重要的途径就是进一步融入粤港澳大湾区，通过与广东地区的要素充分流动，促进金融业、不动产及工商服务业等高端服务业的发展。

表 4 - 23　2008 ~ 2013 年澳门劳动生产率的增长率分解情况

行业	劳动生产率变动 Δy_i（万澳门元）	就业份额变动 $\Delta\theta$（个百分点）	平均就业份额（%）	平均劳动生产率（万澳门元）	内部效应（%）	结构效应（%）
制造业	0.52	- 5.17	5.08	19.65	0.11	0
水电及气体生产供应业	- 26.18	0.16	0.33	129.16	- 0.36	0.67
建筑业	- 26.18	- 2.08	10.82	58.50	- 11.78	0
批发及零售业	26.37	0.11	12.32	27.36	13.52	- 0.02
酒店业	- 9.23	2.79	6.25	42.50	- 2.40	1.32
饮食业	5.92	- 0.61	7.70	28.63	1.90	0
运输、仓储及通信业	18.10	- 0.52	4.66	38.54	3.51	0
金融业	27.10	0.28	2.44	169.21	2.75	1.57
不动产及工商服务业	- 9.75	0.27	7.51	197.50	- 3.05	1.84
公共行政及社保事务	- 3.51	1.00	6.62	58.23	- 0.97	1.13
教育	11.90	0.40	3.76	31.20	1.86	0.00
医疗卫生及社会福利业	4.13	0.50	2.27	46.69	0.39	0.33
博彩及博彩中介业	87.86	2.48	21.83	117.80	79.80	8.95
其他团体、社会及个人服务和雇用佣人的家庭	- 3.32	0.39	8.39	36.39	- 1.16	0.09
总体	24.04			72.20	84.12	15.88

资料来源：根据澳门特别行政区政府统计暨普查局网站数据计算而得。

（四）三大城市群的总体分析

下面我们根据以上三大城市群的数据计算结果，进一步对三大城市群的总体情况进行比较分析，考虑到数据统计口径和计算方法的可比性，对于粤港澳大湾区城市群，我们主要考察其中的广东城市群情况，香港和澳门不纳入比较分析。通过数据分析大致上可以得到以下几方面的结论。

1. 三大城市群总体的配置效率不理想

我们将三大城市群各城市的劳动生产率的增长率、内部效应和结构效应进行平均可以得出总体的情况，发现三大城市群总体的结构效应都为负，长三角城市群的结构效应为 - 0.92%，京津冀城市群为 - 0.46%，广东城市群为 - 0.24%（见表 4 - 24）。从城市分布来看，长三角城市群 25

个城市中有 5 个城市的结构效应为正，占比仅为 20.00%；京津冀城市群 13 个城市中有 4 个城市的结构效应为正，占比为 30.77%；广东城市群有 10 个城市的结构效应为正，占比为 47.62%。因此，从三大城市群总体的 情况来看，配置效率都不理想，产业结构变化的方向并不符合效率的原 则，但广东城市群情况稍好，其次是京津冀城市群，长三角城市群排第 三。广东城市群配置效率略高在一定程度上与城市群局限于一个省内有 关，广东城市群共处于一个省内，要素和产品在城市间的流动受到的限制 相对较小。京津冀城市群与长三角城市群都涉及三个省级行政区，资源要 素在省级行政区之间的流动比在省内城市间的流动面临更大的困难，比如 户口迁移、医疗、社会保障和教育等公共服务的对接等方面的问题都会影 响劳动力的自由流动；另外，在市场机制并没有完全建立起来的情况下， 省级行政区之间仍然存在一定的产品流动壁垒，形成一定的市场分割。

表 4 - 24　三大城市群劳动生产率的增长率分解情况

城市群	劳动 生产率的 增长率 （%）	内部 效应 （%）	结构 效应 （%）	结构效应为 正的城市数量 （个）	结构效应为 负的城市数量 （个）	城市 总数 （个）	结构效应为正的 城市数量占比 （%）
京津冀	8.71	9.17	-0.46	4	9	13	30.77
长三角	5.10	6.02	-0.92	5	20	25	20.00
广东	6.31	6.55	-0.24	10	11	21	47.62

2. 中心城市配置效率还有待提升

根据前面的数据，在京津冀城市群中，北京的结构效应为负、天津为 正，在长三角城市群中，上海的结构效应为负，在广东城市群中，广州的 结构效应为正、深圳为负，即 5 个中心城市中有 3 个城市的结构效应为负。 虽然北京、上海都承担着国家中心城市的作用，服务业集聚能力比较强， 但也有必要关注两个城市第三产业劳动生产率偏低的问题。对于深圳，一 方面需注意配置效率不高的问题，另一方面需注意城市功能发挥不足的问 题。广州和天津的结构效应为正，总体来说它们既起到了中心城市的辐射 和服务作用，也实现了较高的配置效率。中心城市往往是城市群中产业结 构升级的源头和发动机，如果中心城市配置效率不高、产业升级速度缓慢，则会影响城市群整体的可持续发展，因此，目前三大城市群的中心城市配置效率仍不理想的状态需要给予高度重视。

3. 第二圈层城市配置效率总体不高

在第二圈层中，京津冀城市群的2个城市中结构效应1正1负，长三角城市群的11个城市中9负2正，广东城市群的7个城市中5负2正，所以第二圈层城市总体上的配置效率不高。在城市群中，资源在大中小城市间的梯度流动是实现配置效率的重要途径，如果城市规模差距过大，则资源的流动就可能会受到阻碍，如大城市在产业升级过程中溢出的产业很难进入规模很小、发展水平很低的城市，因为这类产业的发展还需要一定的城市基础设施和公共服务来支撑，小城市不具备这样的条件。这会导致两种情况，一是大城市的资源和要素过度集聚，即使是负的外部性超过了正的外部性，资源要素仍不会向周边中小城市流动，导致城市群整体的配置效率不高；二是大城市中溢出的产业会转移到城市群以外的中等城市，城市群的资源出现了流失，城市群可能会衰落。三大城市群中第二圈层的城市就是起到承上启下的作用，这部分城市配置效率的高低决定了城市群要素流动的通畅性，因此，三大城市群中第二圈层城市配置效率不高的情况也应引起重视。

4. 第三圈层城市配置效率有差异

在第三圈层城市的配置效率上，三大城市群有一定差异，京津冀城市群和长三角城市群第三圈层结构效应为负的城市较多，而广东城市群结构效应为正的城市较多。京津冀城市群第三圈层的9个城市中有7个城市的结构效应为负，长三角城市群第三圈层的13个城市中有10个城市的结构效应为负，广东城市群第三圈层的12个城市中有7个城市的结构效应为正。第三圈层的城市往往是规模较小、人均收入较低的城市，而这些发展相对落后的城市追赶发达城市的重要途径就是不断推进产业结构升级，而产业结构升级的推动力一是城市内部资源的市场化配置，二是外围城市与中心城市以及第二圈层城市的互动。因此，为进一步提高第三圈层城市的配置效率，有必要进一步推进市场化改革，强化资源配置的市场化导向，同时进一步完善不同规模城市间的交通基础设施，消除城市间产品和要素的流动壁垒，实现产品和要素在空间上的优化配置。

　　除配置效率本身的差异之外，三大城市群外围城市产业结构变化方向的差异也值得关注。根据前面的分析，京津冀城市群的第三圈层城市总体出现了第三产业就业比重上升而第二产业就业比重下降的现象；长三角城市群的第三圈层城市第二产业就业比重普遍上升，但2013年第二产业的劳动生产率普遍不高；广东城市群的第三圈层多数城市第二产业就业比重上升，同时2013年第二产业劳动生产率也普遍高于第三产业。从京津冀和长三角的情况来看，目前城市群中的外围城市产业结构变化存在两种情况，一是在工业化未达到一定水平的情况下，服务业发展相对超前，与自身的优势和禀赋并不匹配；二是工业化虽然持续推进，第二产业就业比重明显上升，但第二产业劳动生产率偏低，第二产业本身的产业升级并不顺利。

　　根据以上对我国三大城市群配置效率的考察，总体上可以看出，我国城市群配置效率仍没有得到充分实现，对于跨省级行政区的京津冀城市群和长三角城市群，这一点尤为明显。这表明，城市内部资源配置的市场化程度仍有待提高，城市群一体化还需进一步推进，为配置效率的提高创造空间条件。

六　小结

　　城市配置效率的高低对我国总体经济发展效率的提升有着关键性的影响，目前我国城市化深入推进已经为城市配置效率的进一步提升创造了良好的条件，但也存在较大挑战。本章主要从产业结构变化角度考察了我国城市的配置效率。在方法上，采用了劳动生产率增长的分解公式，根据该公式，地区的劳动生产率的增长率可以分解为两个部分，一是地区各产业自身劳动生产率的上升，二是劳动生产率较高行业所占比重的上升，后者可称为结构效应，而这个结构效应可用来度量地区的配置效率。在劳动生产率的增长率分解方法基础上，本部分利用全国275个城市市辖区第二产业和第三产业的数据考察了城市配置效率的变化，城市规模对城市配置效率的影响以及三大城市群配置效率的差异，主要有以下三方面的发现。

　　一是2002~2013年，我国城市的配置效率偏低，从三大区域来看，东部地区城市配置效率稍高，中部次之，西部最低。东部地区较高的市场化程度、城镇化水平以及对外开放水平可能是导致其配置效率较高的主要原因。

二是在城市规模与配置效率的关系上，城市人口规模、经济规模和人口密度与配置效率大致呈现正相关关系，但城市的行政级别与配置效率呈"正U形"变化。这说明，总体上，规模较大、人口密度较高的城市配置效率相对较高。

三是通过考察京津冀、长三角和广东三大城市群的配置效率，得到以下发现：首先，三大城市群的配置效率总体上不高，城市群中第二圈层的城市配置效率尤其低；其次，第三圈层城市配置效率在三个城市群中存在差异，京津冀城市群和长三角城市群的第三圈层城市配置效率较低，而广东城市群较高；最后，第一圈层城市配置效率也不尽理想，其主要原因是三个城市群的中心城市都属于国家中心城市，承担着全国政治中心、经济中心、文化中心以及创新中心等方面的功能，服务业的集聚水平较高，而服务业相对来说劳动生产率较低，并且在这些城市中生存下来的第二产业又具有比较高的劳动生产率。

| 第五章 |

产业结构与城市效率：规模经济的视角

一　研究背景与问题

在城市经济学中，规模经济主要可以分为地方化经济、城市化经济和城市群规模经济三种（奥莎利文，2008）。其中，地方化经济是指同一产业内的企业，由于集聚在一个特定的地区，通过产业功能联系所获得的外部经济。其来源主要是三种外部性：投入品市场的外部性、劳动力市场的外部性和知识外部性（Marshall，1890；Glaeser et al.，1992；Duranton and Puga，2004；奥莎利文，2008）。城市化经济主要是指不同产业在城市某一空间集聚产生的外部性和收益，包括城市产业的多样性以及产业间的知识溢出、专业化服务、城市的基础设施和公共服务的共享等（Jacobs，1969）。城市群规模经济是指城市本身的集聚产生的规模经济。其形成机制来源于两个方面：一是城市群内部经济（产业或人口）规模和密度扩大而产生的外部经济性，包括更大的市场规模、投入和产出的较低运费率、专业化服务的获得等方面，也称之为"城市集中经济"；二是城市之间的产业分工和协作、城市功能互补带来的外部性，包括城市群内部劳动力市场与基础设施等公用资产的共享、企业在城市群内部的灵活空间布局带来的成本下降等（李学鑫、苗长虹，2010）。

同时，城市的产业结构与规模经济有着非常直接的联系，主要体现在产业结构的专业化和多样化水平对城市规模经济的影响。首先，城市产业结构的专业化水平对地方化经济有着直接的影响。城市产业结构的专业化水平越高，则表明同一产业在城市的集聚程度越高，因而城市的地方化经济越强。其次，城市产业结构的多样化水平对城市化经济也有着直接的影响。城市产业结构的多样化水平越高，表明不同产业在城市的集聚程度越高，因而城市的城市化经济越强。最后，城市群内部各个城市产业结构的分工和联系水平对城市群规模经济有着直接的影响。城市群内部城市产业结构的分工和联系水平越高，城市群规模经济水平就越高（奥莎利文，2008；李金滟、宋德勇，2008；李学鑫、苗长虹，2010）。

综上所述，规模经济对城市效率的影响，以及产业结构与规模经济之间的关系在城市经济学界已经有了一定的进展和共识。然而，城市的产业结构、规模经济与城市效率三者之间存在什么样的关系和规律？Au 和 Henderson（2006b）提出的城市净集聚经济一般均衡模型认为，城市单位劳动者产出（与城市效率紧密相关）与城市规模之间呈"倒 U 形"关系，由于存在集聚经济效应，城市单位劳动者产出随着城市规模的增加首先不断增大，到达最佳城市规模后，随着集聚不经济效应超过集聚经济效应，城市单位劳动者产出开始减少。与此同时，每个城市由于其产业结构不同，最佳城市规模也不尽相同。产业结构以服务业为主的城市比以制造业为主的城市拥有更大的最佳城市规模。在现有的研究中，"中小城市专业化，大城市多样化"的理论假设已经通过众多现实观察和研究得到了大多数学者的验证。基于此，理论上，我们可以得出如下两个推论。

第一，大城市产业结构越多样化，城市化经济效应越突出，城市效率越高。

第二，中小城市产业结构越专业化，地方化经济效应越突出，城市效率越高。

除此之外，鉴于城市群规模经济对于城市效率的正面影响，我们可以得出第三个推论。

第三，城市群内部的城市比城市群外部的城市有着更高的城市效率。

然而，从我国的现实情况来看，这三个推论的正确性可能还有待验证。一方面，改革开放以来，我国"县市竞争"机制带来的城市产业结构趋同，导致大多数中小城市专业化水平不高，地方化经济效应不突出；另一方面，一些大城市的政府为了尽可能地增加地区生产总值，在不断引入各种新产业的同时，仍抓着一些落后的旧产业不放，产业转型升级进程缓慢。由于一些落后的旧产业占据了城市中的大量资源，加上城市诸多产业之间的联系不足、溢出有限，产业结构多样化并没有带来城市效率的提升。真实的情况到底如何，本章将通过中国城市产业结构与城市效率的实证研究，对上述推论予以验证，并探讨其背后的原因和机制。

二　研究思路与方法

本章主要从规模经济的视角来考察产业结构对城市效率的影响，主要思路可以分为三个部分：第一，本章将计算全国 200 多个地级及以上规模城市的产业结构的专业化水平和多样化水平；第二，从城市规模（横向）和发展时序（纵向）两个层次来考察城市产业结构的专业化水平和多样化水平与城市效率之间的关系；第三，从城市群规模经济的视角来考察产业结构与城市效率之间的关系。

首先，本章将计算全国 200 多个地级及以上规模城市的产业结构的专业化水平和多样化水平。测量产业结构专业化水平的指标可以分为份额类、规模类和其他类。在现有的研究中，比较常用的指标有区位熵（Location Quotient，LQ）、RCA 指数（Revealed Comparative Advantage Index）和 KSI 指数（Krugman Specialization Index）等。产业结构多样化水平的测量指标总体来说可以分为两种：一种是多样化类指标，用于衡量产业多样化；另一种是市场规模类指标，主要包括就业人数和人口指标等。其中，赫芬达尔－赫希曼指数（Herfindahl－Hirschman Index，HHI）是现有研究中被广泛使用的指标，主要采用城市所有行业的市场份额来测算城市化经济水平。本章主要通过 KSI 指数（程大中、黄雯，2005）和 HHI 指数的计算来得到全国 262 个城市的产业结构专业化和多样化水平。其中，KSI 指数的计算公式如下：

$$KSI_r = \sum_{i=1}^{N} \left| \frac{L_{i,r}}{L_r} - \frac{L_i}{L} \right| \qquad (5-1)$$

公式中 r 表示城市，i 表示行业，L 表示就业人数，KSI_r 的取值范围为 0～2。KSI_r 指数越高，表明城市 r 的专业化程度越突出；$KSI_r = 0$ 表示城市 r 的产业结构与全国的产业结构完全一致。

多样化指数 div 一般为 HHI 指数（孙祥栋等，2016）的倒数，计算公式如下：

$$div_r = \frac{1}{HHI_r} = 1 / \sum_{i=1}^{N} (L_{i,r}/L_r)^2 \qquad (5-2)$$

公式中各字母的含义与 KSI_r 中一致，HHI 指数越低，表明该城市的产业发展越分散，多样化特征越显著。

其次，本章将主要考察我国大中小城市产业结构专业化和多样化水平与城市效率之间的关系。根据国务院印发的《关于调整城市规模划分标准的通知》（国发〔2014〕51 号），可将中国城市划分为五类：城区常住人口在 50 万人以下的城市为小城市，城区常住人口在 50 万～100 万人的城市为中等城市，城区常住人口在 100 万～500 万人的城市为大城市，城区常住人口在 500 万～1000 万人的城市为特大城市，城区常住人口在 1000 万人及以上的城市为超大城市。然后将我国 200 多个地级及以上规模城市按照该标准归类，分别考察我国大中小城市产业结构专业化和多样化水平与城市效率之间的关系。

再次，本章将考察城市产业结构与城市效率的动态变化关系，即城市规模随着时间变化之后，城市产业结构的专业化和多样化水平与城市效率的动态变化关系。本章主要选取 2003 年和 2013 年两个时间截面的城市规模数据，对产业结构的专业化和多样化水平与城市效率的动态变化进行对比考察。

最后，本章将考察城市群规模经济与城市效率之间的关系，主要分为两个部分：第一部分考察城市群规模经济对城市效率的影响，即城市是否位于城市群范围对城市效率的影响；第二部分将考察不同发展阶段的城市群规模经济对城市效率的影响，即城市处于不同发展阶段获得的城市群规模经济对城市效率的影响。在具体的计算中，本书选择分散度作为表征城市群集聚－扩散维度的主要指标，其计算公式如下：

$$D_i = 1 - \frac{\sum S_i}{S} \qquad (5-3)$$

其中，D_i 为分散度；S 为城市群的总人口规模；S_i 为该城市群内各城市市辖区的人口规模。分散度数值的大小反映了人口分布的分散程度，即数值越大，说明人口在城市群内城市中的分布越趋于分散，无明显的中心城市；数值越小，说明人口更趋于在城市群内的一个或多个中心城市集中分布。本指标侧重于单个城市的视角，测度人口是集中分布于城市市辖区还是在市辖区均衡分布，以判别整个城市群中人口在中心城区（市辖区）的分布状态，从而说明城市群的发展阶段。

同时，借鉴国内外相关研究，本书从形态学角度来测度城市群的中心度空间结构。考虑到空间结构与城市规模分布就像是一枚硬币的两面，并根据 Melitz（2003）的研究思路，本书通过城市的位序 - 规模分布特征来反映城市群的中心度空间结构。对位序 - 规模公式取对数可得（程开明、庄燕杰，2012）：

$$\ln P_i = \ln P_1 - q \ln R_i \qquad (5-4)$$

其中，P_1 为首位城市的人口规模，R_i 为城市 i 的位序，P_i 为按照人口规模从大到小排序后位序为 R_i 的城市人口规模，q 为城市群中心度，本书以此判断城市群空间结构究竟是单中心分布，还是多中心分布。若中心度大于 1，说明核心城市突出，城市群空间结构趋于单中心分布；若中心度小于1，说明城市群内部城市之间规模差异较小，空间结构服从多中心分布。

三 不同等级城市的规模经济与城市效率

不同等级的城市，由于经济总量、人口规模和产业门类的差异，其产业结构的专业化和多样化水平存在很大的差异。从已有文献来看，一般研究认为城市等级越高，产业结构越趋于多样化；城市等级越低，产业结构越趋于专业化（金相郁，2006）。但也有部分研究认为，城市产业结构的专业化和多样化水平与城市等级之间的关系分别呈"倒 U 形"和"正 U 形"。本书将采用学术界已经比较成熟的 KSI 指数和 HHI 指数来分别计算不同等级的中国城市 2013 年产业结构的专业化和多样化水平。

按照国务院印发的《关于调整城市规模划分标准的通知》，2013 年本章数据齐全的城市共计 262 个①，其中超大城市有 4 个，分别是北京、上海、广州、深圳，正好是我国的一线城市；特大城市有 5 个，分别是天津、沈阳、南京、武汉和东莞，主要是直辖市和省会城市；大城市有 69 个；中等城市有 91 个；小城市有 93 个。五个组别的城市数量比例分别为 1.53%、1.91%、26.34%、34.73% 和 35.50%（按城市规模等级由大到小排），中小城市数量比例超过 70%，呈现一个较为明显的金字塔形结构。

通过计算我国大中小城市产业结构的规模经济特征与城市效率之间的关系，得出以下结论。

（一）大城市规模经济与城市效率

本章特定语境下所指的大城市包括超大、特大和大城市三类，共计 78 个。其中，超大城市分别为北京、上海、广州和深圳，这 4 个城市的城区常住人口规模均已超过 1000 万人。从城市效率来看，最高的是深圳市（0.927），最低的是北京市（0.840）；从专业化水平来看，最高的是深圳市（0.273），最低的是上海市（0.217）；从多样化水平来看，最高的是北京市（12.19），最低的是深圳市（2.75）。

特大城市组别包括天津、沈阳、南京、武汉和东莞，这 5 个城市的城区常住人口规模均已超过 500 万人。从城市效率来看，最高的是东莞市和天津市，均为 0.905，最低的是沈阳市（0.829）；从专业化水平来看，最高的是东莞市（0.638），最低的是南京市（0.017）；从多样化水平来看，最高的是沈阳市（7.968），最低的是东莞市（1.451）。

大城市组别包括石家庄等 69 个城市，城区常住人口规模均超过 100 万人。从城市效率来看，最高的是呼和浩特市（0.921），最低的是大同市（0.669）；从专业化水平来看，最高的是绍兴市（0.639），最低的是大连市（0.005）；从多样化水平来看，最高的是银川市（11.87），最低的是佛山市（1.91）。

---

① 部分城市因城区常住人口数据无法获取，或者专业化和多样化水平无法计算和出现异常值，未被纳入样本范围，其中包括重庆和郑州两个特大及以上城市。

　　通过大城市产业结构专业化及多样化水平与城市效率之间的回归分析，我们发现，大城市的效率与专业化水平呈弱正相关性，与多样化水平的相关性则不明显（见图 5 - 1）。计算结果未能支持本章之前提出的推论——大城市产业结构越多样化，城市化经济效应越突出，城市效率越高。主要原因可能是：我国城市规模相对全球其他国家整体偏大。在美国和欧洲，100 万人规模的城市已经是区域乃至整个国家的中心城市，且产业结构以服务业为主。比如德国的金融中心法兰克福，仅有 67 万人。而在我国，由于整体人口规模大，城市规模普遍偏大，其中半数以上的大城市产业结构仍然以工业为主，比如大同、衡阳、柳州、包头等都是典型的工业城市，城市的专业化水平较高但多样性不足，与北京、上海等以服务业为主的城市并不相同。2013 年我国大城市就业人口及其占比也可以说明这一点，69 个大城市中第二产业就业人口占就业总人口的比重高达 54.67%，而超大、特大城市第二产业就业人口比重则不到 50%，超大城市仅有39.15%（见表 5 - 1）。如果仅仅计算超大、特大城市，样本量相对不足，同样无法说明产业结构的多样化水平与城市效率之间的关系。

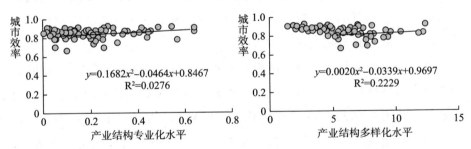

图 5 - 1　2013 年大城市产业结构专业化及多样化水平与城市效率的关系

表 5 - 1　2013 年我国大城市就业人口及其占比

单位：万人，%

	市辖区就业人口	城区常住人口	第一产业就业人口比重	第二产业就业人口比重	第三产业就业人口比重	市辖区就业人口占城区常住人口比重
超大城市	2096	6595.82	0.20	39.15	60.64	31.78
特大城市	703.5	3145.7	0.22	49.73	50.05	22.36
大城市	4504.2	11536.69	0.38	54.67	44.95	39.04

资料来源：根据《中国统计年鉴》《中国城市统计年鉴》计算得出。

（二）中等城市规模经济与城市效率

中等城市样本量共计 91 个。从该组别的城市效率来看，最高的是鄂尔多斯市（0.927），最低的是鹤岗市（0.568）；从专业化水平来看，最高的是伊春市（0.974），最低的是宜昌市（0.005）；从多样化水平来看，最高的是马鞍山市（10.306），最低的是抚州市（2.337）。

通过该组别 91 个城市产业结构专业化与多样化水平和城市效率之间的回归分析，我们发现，中等城市的效率与专业化水平呈弱正相关性，与多样化水平的相关性则不明显（见图 5 - 2）。计算结果基本证明了本章之前的推论，即中小城市产业结构越专业化，地方化经济效应越突出，城市效率越高。这一方面是因为绝大多数中等城市是以工业为主导产业的城市，91 个中等城市中第二产业就业人口占就业总人口的比重高达 57.62%；另一方面是因为这些城市大多数处于工业化的中期阶段，已经确立起自己的优势主导产业，比如本溪、攀枝花、湛江、中山等城市都有着明显的优势主导产业。因此，对于大多数以工业为主导产业的中等城市而言，提升城市效率的最优途径依然是提高城市产业结构的专业化水平。

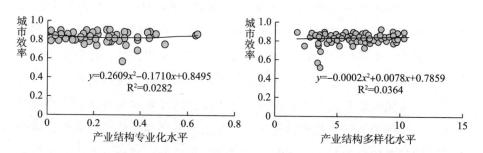

图 5 - 2　2013 年中等城市产业结构专业化及多样化水平与城市效率的关系

（三）小城市规模经济与城市效率

小城市样本共计 93 个。从该组别的城市效率来看，最高的是茂名市（0.924），最低的是黑河市（0.510）；从专业化水平来看，最高的是运城市（0.720），最低的是宁德市（0.029）；从多样化水平来看，最高的是榆林市（11.67），最低的是汕尾市（2.49）。

通过该组别 93 个城市产业结构的专业化与多样化水平和城市效率之间的回归分析，我们发现，小城市的效率与专业化水平呈弱负相关性，与多样化水平的相关性不明显（见图 5-3）。计算结果与本章之前的推论——中小城市产业结构越专业化，地方经济效应越突出，城市效率越高并不相符。究其原因，可能有二：第一，绝大多数小城市处于工业化发展的初级阶段，产业结构层次和水平较低，93 个小城市中第二产业就业人口占就业总人口的比重仅有 51.31%，低于中等城市（57.62%）和大城市（54.67%）；第二，大多数小城市的主导产业并不突出，通常有 6 个甚至更多的核心产业，产业结构的专业化水平不高。

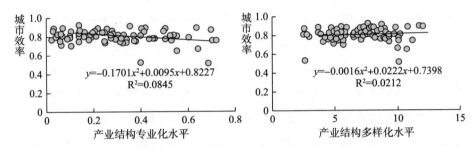

图 5-3 2013 年小城市产业结构专业化及多样化水平与城市效率的关系

总的来说，从我国大中小城市产业结构专业化水平与城市效率关系的对比来看，小城市的效率与专业化水平呈弱负相关性，与本章之前的推论——中小城市产业结构越专业化，地方化经济效应越突出，城市效率越高并不相符。中等城市的效率与专业化水平呈弱正相关性，符合中小城市产业结构越专业化，地方化经济效应越突出，城市效率越高的推论。这与大多数中等城市处于工业化发展的中期阶段，已经确立起自己的优势主导产业有直接的关系。大城市的效率与专业化水平之间呈弱正相关性，拟合线说明大城市的效率与专业化水平之间的正相关性在减弱。在产业结构多样化水平与城市效率关系的对比方面，无论是大城市、中等城市还是小城市，城市效率与多样化水平的相关性都不明显，无法支撑大城市产业结构越多样化，城市化经济效应越突出，城市效率越高的推论。这与大城市（包括超大、特大和大城市三类）内部工业主导城市与服务业主导城市混合存在有一定的关系，特别是城区常住人口为 100 万~500 万人的大城市，其中有相当大比例的城市是以工业为主导产业的。

四 城市等级动态变化下的规模经济与城市效率

（一）2006～2013 年我国城市规模等级动态变化情况

以 2006 年为起始年份（2006 年全国才有统一的常住人口统计口径），2013 年为终止年份，我们对五个组别的 200 多个城市的常住人口规模等级变化进行了统计（见表 5-2），得出以下结果。

第一，特大城市变成超大城市（2 个）：广州市、深圳市。

第二，大城市变成特大城市（4 个）：沈阳市、南京市、郑州市、武汉市。

第三，中等城市变成大城市（15 个）：营口市、淮安市、扬州市、绍兴市、泉州市、济宁市、株洲市、衡阳市、揭阳市、自贡市、海口市、泸州市、绵阳市、西宁市、银川市。

第四，小城市变成中等城市（26 个）：承德市、乌海市、鄂尔多斯市、辽源市、宿迁市、舟山市、马鞍山市、宿州市、六安市、赣州市、宜春市、抚州市、莱芜市、滨州市、漯河市、益阳市、永州市、怀化市、韶关市、玉林市、德阳市、乐山市、宜宾市、达州市、安顺市、曲靖市。

第五，小城市规模显著变大（增加 8 万人以上，23 个）：晋城市、朔州市、黄山市、亳州市、吉安市、上饶市、濮阳市、周口市、驻马店市、荆门市、孝感市、咸宁市、娄底市、梅州市、百色市、来宾市、广安市、玉溪市、保山市、渭南市、武威市、酒泉市、石嘴山市。

表 5-2 2006～2013 年我国城市规模等级变化情况

城市规模等级变化	名单
特大城市变成超大城市	广州市、深圳市
大城市变成特大城市	沈阳市、南京市、郑州市、武汉市
中等城市变成大城市	营口市、淮安市、扬州市、绍兴市、泉州市、济宁市、株洲市、衡阳市、揭阳市、自贡市、海口市、泸州市、绵阳市、西宁市、银川市

续表

城市规模等级变化	名单
小城市变成中等城市	承德市、乌海市、鄂尔多斯市、辽源市、宿迁市、舟山市、马鞍山市、宿州市、六安市、赣州市、宜春市、抚州市、莱芜市、滨州市、漯河市、益阳市、永州市、怀化市、韶关市、玉林市、德阳市、乐山市、宜宾市、达州市、安顺市、曲靖市
小城市规模显著变大	晋城市、朔州市、黄山市、亳州市、吉安市、上饶市、濮阳市、周口市、驻马店市、荆门市、孝感市、咸宁市、娄底市、梅州市、百色市、来宾市、广安市、玉溪市、保山市、渭南市、武威市、酒泉市、石嘴山市

（二）中等城市变成大城市后的规模经济与城市效率

选取中等城市变成大城市、大城市变成特大城市、特大城市变成超大城市共计21个城市，对其产业结构专业化、多样化水平和城市效率分别进行 Correl 相关系数分析，公式为：

$$\text{Correl}(x,y) = \frac{\sum (x - \bar{x})(y - \bar{y})}{\sqrt{\sum (x - \bar{x})^2}\sqrt{(y - \bar{y})^2}} \tag{5-5}$$

其中，x 为产业结构多样化水平或专业化水平，y 为城市效率。

在计算出相关系数以后进行相关系数的显著性分析，可以通过构建 T 统计量来实现：

$$T = \frac{r\sqrt{n-2}}{\sqrt{1-r}} \tag{5-6}$$

其中，r 是相关系数，n 是样本量。如果 T 值大于临界值 $|t_a|$（其计算采用函数 T. INV，置信水平为99%），表明在设定的置信水平下存在正相关；如果 T 值小于 $-|t_a|$，表明在设定的置信水平下存在负相关；如果 $-|t_a| < T < |t_a|$，则认为在设定的置信水平下不相关。

经过计算，我们可以得出城市产业结构的多样化水平与城市效率之间的相关系数达到0.50，同时 T 值（3.10）不在其临界值（-2.53，2.53）内，所以得出的结论是，在99%的置信水平下两列数据存在比较显著的正相关。也就是说，我国中等城市向大城市转变的过程中，城市效率随着产业结构多样化水平的提高而增加。这从侧面印证了本章第一节的推论，即大城市产业结构越多样化，城市化经济效应越突出，城市效率越高。同时，经过计算，城市产业结构的专业化水平与城市效率之间不存在明显的相关性，说明我国中等城市向大城市转变的过程中，城市效率的变化与产业结构的专业化水平变化关系不大。

以广州为例，我们可以清晰地看到城市产业结构多样化对于城市效率的影响。2006年，广州的第二产业比重仍然高达40%，其中重工业产值占工业总产值的比重超过50%（汽车制造业、电子产品制造业和石油化工制造业三大支柱产业的工业总产值占全市规模以上工业总产值的比重高达42.2%），它是一个不折不扣的重化工产业城市。此后，随着国家开始大力推进战略性新兴产业发展，广州也开始在先进制造业领域发力，确定了以新一代信息技术、生物医药、新能源、新材料、高端制造、节能环保等六大战略性新兴产业作为重点培育产业，近年来又专注于IAB（新一代信息技术、人工智能、生物医药）和NEM（新能源、新材料）产业。在第三产业领域，除了传统的批发及零售、会展等产业发展势头依旧强劲，广告、游戏、文化创意等产业也开始异军突起，广州的产业结构日益多样化。到了2013年，广州的第二产业比重已经下降到33.90%，第三产业比重已经上升到64.62%。六大战略性新兴产业在工业增加值中的比重得到了显著提升，已经超过10%，汽车和化工产业在工业增加值中的比重有所下降，工业结构也趋于多样化。随着广州城市产业结构的日益多样化，广州的城市效率得到了明显提升，从2003年的0.89上升到2013年的0.92，充分说明大城市的产业结构多样化对于城市效率的提升有着显著的影响。

（三）小城市变成中等城市：城市效率与产业结构的多样化和专业化水平均不相关

选取小城市变成中等城市、小城市规模显著变大的共计49个城市，同样对其产业结构的专业化、多样化水平和城市效率分别进行Correl相关系数分析，仍采用公式（5-5）和公式（5-6）进行计算。

经过计算，我们发现在小城市变成中等城市的过程中，无论是城市产业结构的多样化水平还是专业化水平，与城市效率之间均不存在明显的相关性，说明我国小城市向中等城市转变的过程中，城市效率的变化与专业化水平变化（多样化水平变化）关系不大。该计算结果未能印证本章第一节的推论，即中小城市产业结构越专业化，地方化经济效应越突出，城市效率越高。出现这种结果的原因可能有以下两方面。

第一，我国中小城市专业化水平变化不大。从实际数据来看，49 个中小城市专业化水平的平均变化几乎为零，49 个城市中有 28 个城市的专业化水平呈现负增长。这一方面与我国中小城市产业结构仍然较为低端有一定的关系，大部分中小企业以劳动密集型和初级加工产业为主，技术含量偏高的产业不足，各低端产业在产业结构中的比重较为均衡，大部分城市有 6 ~ 8 个所谓的"支柱产业"；另一方面我国中小城市的产业结构较为趋同，特别是东北和中西部地区，大部分城市产业与资源禀赋紧密相关，相邻城市之间的产业结构差异较小。此外，由于数据可得性问题，计算过程中也有数据误差，这些都对计算结果产生了一定程度的影响。

第二，中小城市的常住人口统计误差较大。由于我国开始对常住人口进行统计的时间较短，我国大城市一般为各省区市的省会或核心城市，城市常住人口的统计相对准确。与大城市相比，中小城市的常住人口由于技术和统计口径问题，统计误差可能相对较大，导致相关性分析的城市样本选取可能存在一定问题。

五　城市群规模经济与城市效率

相对于城镇和农村而言，城市本身代表着高端经济要素在空间上的集聚，其集聚的规模及演变过程反映了城市空间结构的演化（李郇等，2005），而城市群则代表了在区域城市化背景下更大空间尺度上的规模经济。城市群中的城市，在跨越独立发展和竞争阶段后，因为城市群一体化程度的日渐加深，它们之间的分工和协作效率得到提升，逐渐形成了一体化的区域市场体系。

改革开放以来，伴随快速的工业化和城市化进程，我国局部区域内城市之间的产业分工和协作现象开始出现，经济要素在空间上的集聚现象越来越明显，城市群开始出现并不断发展壮大，极大地提升了区域内的城市效率（余静文、王春超，2011）。在中国城市的标尺竞争（踪家峰等，

2009）背景下，城市群内部分城市可能更加趋向专业化，而一两个核心城市需要对接外部市场和资源，以及为城市群整体提供高端的生产服务，因而也存在多样化的趋势。城市群内部的分工及分工深度的空间投影则往往体现为不同的空间结构体系，基本表现为单中心、多中心和扁平化三种模式（张浩然、衣保中，2012），且从时间序列来看，三者之间存在相互转变的可能，要素的集聚和溢出带来了结构模式的切换，并提升了城市及城市群整体的效率。本部分主要从城市群的角度，讨论城市群的规模经济及城市群空间结构演变过程中效率的演化。基于上述分析，本章推演出以下两大假设。一是假设集聚带来效率的提升，那么城市群的效率高于非城市群的效率。本部分主要从统计学视角，利用平均值和标准差等分析城市群和非城市群效率之间的差异。二是城市群内要素的集聚和扩散过程会影响城市群效率的改善。本部分将从城市群空间结构演变角度，构建中心度和分散度指标，分析城市群空间结构演变对城市效率产生的影响。

（一）城市效率的空间演化过程

1. 空间均质性和异质性

为了验证城市群效率是否高于非城市群效率（即假设一），我们首先需要判断城市效率本身是否存在空间集聚性（方创琳等，2005），也就是空间的均质性和异质性。如果存在，则证明经济现象存在空间相关性，那么其背后的产业结构等因素也可能存在极大相关性（方创琳，2009）。本章利用各城市效率数据，以空间插值反距离加权法（该法假设单一空间内，任意城市之间是存在联系的，其联系的强度随距离增加而减小），在全国尺度上，对各城市效率进行空间插值分析，从而得到城市效率的等值面，以此来判断城市效率高低值之间存在的集聚现象。

从1996年城市效率空间插值分析结果来看，城市效率的高低值之间存在明显的空间连片集聚性，也就是空间分布上存在显著的均质性和异质性。高值地区主要分布于南方以及沿海地区，呈现明显的块状分布特征，例如，沿海地区主要分布于山东、浙南、闽南、岭南等地，内陆地区主要分布于江西、湖南、湖北东部和南部、河南东部和南部、成渝、东北的辽中南等地。低值地区大规模连片分布于中西部地区。东北地区、闽粤赣湘交界处、安徽中部、西南地区和西疆地区是最低值连片分布区。

从 2013 年城市效率空间插值分析结果来看，城市效率的高低值集中连片分布的特征更加明显。高值地区集中分布于沿海地区和内陆数个区块，如沿海地区主要分布于京津唐地区、山东半岛、长三角、海西以及珠三角地区，而内陆地区主要分布于长江中游的长株潭及湖北南部地区、成渝地区等。低值地区空间均质性也非常明显，最低值地区主要分布于东北的黑龙江地区、中原地区，次低值地区主要分布于西南地区。另外，江西东北部、安徽西南部和湖北东部也是较低值分布的区域。

总之，从 1996 年和 2013 年的比较来看，有几个显著的变化。其一，东部沿海地区形成连片的高值区域，并且呈现明显的集聚形态。其二，高值地区主要位于传统的大城市和相对发达地区。其三，低值地区主要位于西部边疆地区和东北部边疆地区，以及中西部的交界地区。总之，高值地区与城市群所在区域空间范围基本一致，从而侧面证明了城市群是高效率城市的主要载体，并且自 1996 年以来，城市效率的提升程度与城市空间集聚趋势的相关性越发明显。

2. 中国城市群的分类

城市群指一连串的城市区域通过集聚作用相互结合在一起，形成紧密的联系，每一个城市集聚区都会围绕着一个核心城市发展（Gotteman，1957）。"城市群"即在特定的地域范围内具有相当数量的不同性质、类型和等级规模的城市，依托一定的自然环境条件，以一个或两个超大或特大城市作为地区经济的核心，借助现代化的交通工具和综合运输网的通达性，以及高度发达的信息网络，发生与发展着城市个体之间的内在联系，共同构成一个相对完整的城市"综合体"（姚士谋，1992）。

城市群地区共同的结构特征是以一个或几个发展程度较高、整体实力较强的城市为核心，周边城市按照一定的梯次和等级配置，依托区域范围内的自然条件和交通设施，形成紧密的联系，共同构成一个密切相关的城市集合体（汪阳红、贾若祥，2014）。作为城市群核心的城市，一般是该地区经济发展水平较高，具有较强辐射能力的城市。中国城市群及其包含的城市如表 5-3 所示。

表 5 – 3　中国城市群及其所包含的城市

序号	城市群名称	包含城市
1	京津冀城市群（10）	北京、天津、石家庄、秦皇岛、唐山、保定、沧州、承德、张家口、廊坊
2	辽中南城市群（10）	沈阳、大连、抚顺、本溪、鞍山、盘锦、铁岭、丹东、辽阳、营口
3	长三角城市群（16）	上海、南京、苏州、无锡、常州、扬州、南通、镇江、杭州、泰州、宁波、湖州、嘉兴、绍兴、台州、舟山
4	海峡西岸城市群（6）	厦门、福州、漳州、泉州、莆田、宁德
5	山东半岛城市群（8）	济南、青岛、淄博、烟台、东营、日照、潍坊、威海
6	珠三角城市群（9）	广州、深圳、佛山、珠海、中山、江口、惠州、肇庆、东莞
7	中原城市群（9）	郑州、洛阳、开封、新乡、平顶山、焦作、漯河、许昌、济源
8	长江中游城市群（31）	武汉、黄石、宜昌、襄阳、鄂州、荆州、孝感、荆门、黄冈、咸宁、仙桃、潜江、天口、长沙、株洲、湘潭、衡阳、岳阳、常德、益阳、娄底、南昌、景德镇、萍乡、九江、新余、鹰潭、吉安、宜春、抚州、上饶
9	江淮城市群（11）	合肥、芜湖、蚌埠、淮南、马鞍山、铜陵、安庆、滁州、巢湖、六安、池州
10	哈长城市群（6）	长春、吉林、松原、哈尔滨、大庆、齐齐哈尔
11	太原城市群（5）	太原、阳泉、晋中、忻州、吕梁
12	成渝城市群（15）	成都、重庆、泸州、自贡、德阳、遂宁、绵阳、内江、南充、乐山、眉山、广安、宜宾、资阳、雅安
13	关中城市群（6）	西安、铜川、宝鸡、咸阳、渭南、商洛
14	呼包鄂榆城市群（4）	呼和浩特、包头、鄂尔多斯、榆林
15	宁夏沿黄城市群（4）	银川、石嘴山、吴忠、中卫
16	北部湾城市群（6）	南宁、北海、防城港、钦州、玉林、崇左
17	黔中城市群（5）	贵阳、遵义、安顺、凯里、都匀
18	滇中城市群（4）	昆明、曲靖、玉溪、楚雄
19	兰西城市群（5）	兰州、白银、定西、临夏、西宁
20	乌昌石城市群（5）	乌鲁木齐、昌吉、石河子、阜康、五家渠

资料来源：陈金英（2016）。

（二）城市群对城市效率的影响

1. 城市群与非城市群的城市效率差异

从城市群的平均城市效率的演变来看，从 1996 年至 2013 年分为五个时间断面进行统计，发现 1996 年、2000 年、2005 年、2010 年和 2013 年城市群的平均城市效率分别为 0.810、0.813 、0.818、0.825、0.830，发现其随时间的延长而不断增长。从非城市群的平均城市效率来看，1996 年、2000 年、2005 年、2010 年和 2013 年分别为 0.801、0.809、0.831、0.793、0.810，发现城市效率总体呈现先增长后下降再增长的趋势。除个别年份外，总体上，城市群的平均城市效率比非城市群要高（见图 5 - 4）。

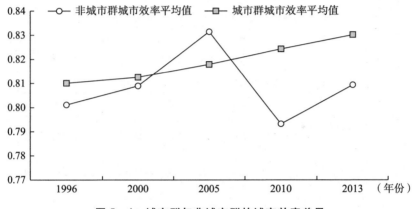

图 5 - 4 城市群与非城市群的城市效率差异

从标准差来判别，城市群城市效率在 1996 年、2000 年、2005 年、2010 年和 2013 年的平均标准差分别为 0.096、0.086、0.095、0.090 和 0.083，呈现总体平稳并有所下降的趋势。而非城市群城市效率的平均标准差相应年份分别为 0.100、0.097、0.047、0.100 和 0.076。除了 2005 年变动较大外，其他年份也呈现总体平稳并有所下降的趋势（见图 5 - 5）。这表明城市群的城市效率在整体提升的同时，其内部的差异也在缩小。

2. 东中西部城市群城市效率差异

受到发展基础、资本流动和基础设施投入水平等的影响，不同地区之间，城市群的城市效率也是存在差别的。城市群的发展过程就是区域一体化过程，但发展阶段不同，其区域一体化程度也有极大的差异，不同阶段的区域一体化必然伴随区域城市效率的差异。中国改革开放以来的区域发展过程就是区域经济一体化的梯度推进过程，因而在国土空间上表现出东中西部城市群城市效率的差异。因此，以下对东中西部不同地区城市群城市效率的差异进行比较。

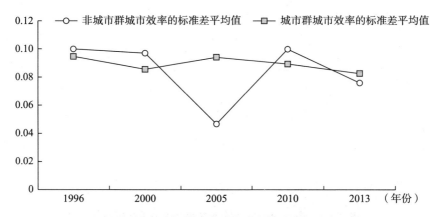

图 5-5　城市群与非城市群的城市效率的标准差比较

从数据来看，我们发现，城市群总体的城市效率在逐渐提升（见图5-6）。其标准差总体在缩小，表明城市群在城市效率提升的过程中，内部整体的差距也有所缩小。从东部地区城市群规模较大、发展程度较高来看，城市效率的提升在中西部地区可能有更大的贡献。

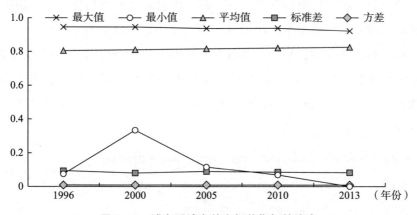

图 5-6　城市群城市效率相关指标的演变

由图5-7可直观发现，在中国城市群平均城市效率处于上升的同时，东中西部不同区域的城市群城市效率也表现出不一样的趋势。我们发现1996年东中西部地区城市群的城市效率差异不大，但进入2000年，东部地区城市群的城市效率处于波动增长的趋势之中，并且大于中西部地区及中国城市群平均城市效率。可见，中国城市群整体平均城市效率的增长主要是由东部地区城市群带动的。

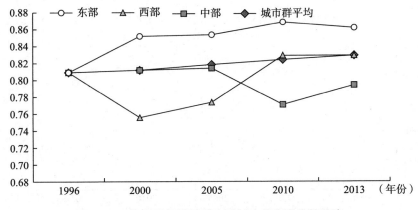

图 5 - 7　东中西部地区城市群城市效率平均值演变

　　1996 ~ 2005 年中部地区城市群城市效率的增长趋势与全国平均水平一致，但 2005 ~ 2010 年处于急剧下降的趋势之中，尽管 2010 ~ 2013 年又处于新一轮的增长趋势之中，但还是小于全国平均水平和东部地区城市群，甚至小于西部地区城市群。

　　西部地区城市群则处于先急剧下降、再急剧爬升的趋势之中，2010 年甚至略超过全国平均水平，2013 年，则与全国平均水平基本持平。

　　从标准差来判别，东中西部地区及全国平均水平也表现出极大的差异（见图 5 - 8）。1996 年以来，全国城市群平均城市效率的标准差处于波动下降的趋势之中，反映了不同的发展阶段，全国各城市群距离平均水平的离散程度。

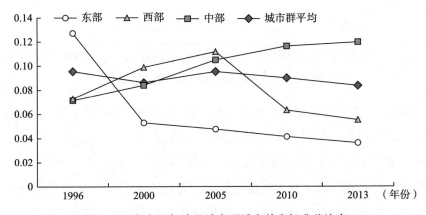

图 5 - 8　东中西部地区城市群城市效率标准差演变

但东部地区城市群城市效率的标准差则处于急剧下降后再平缓下降的趋势之中，可见，1996~2000年是东部地区城市群城市效率内部差距迅速缩小的时期，而2000~2013年也依然处于逐步缩小的过程之中，证明东部地区城市群在整体崛起的过程中城市效率内部的差距也逐渐缩小。相反，中部地区城市群城市效率的标准差正在逐年拉大，而西部地区城市群城市效率在经历了1996~2005年的差距拉大过程之后，迅速掉转向下，差距逐步缩小。这充分说明了在西部大开发的背景下，大量的投资和经济要素向西部地区流动，使得西部地区城市群的城市效率有了急剧的增长，而中部地区则长期低迷。

上述分析表明，一是中国城市群的城市效率整体处于上升的趋势，并且内部的差距总体在缩小；二是城市群的城市效率存在东中西部之间的差异性，总体上，东部地区城市群的城市效率高于西部地区，而西部地区高于中部地区，从而说明了城市群发育也存在一定的阶段性，东中西部分别代表不同的发展阶段。总之，随着区域专业化分工的不断深化，城市群内部城市的分工和联系也不断深化，从而使得城市群之间多样化程度加深，也就是单个城市群的专业化程度的加深，导致了区域多样化程度的深化，从而带来区域城市效率的不断提升。

城市效率提升是经济要素空间集聚的结果。经济要素的空间集聚，将产生空间极化现象，形成区域增长极。区域范围内的城市化，则将产生城市群，城市群是经济要素空间集聚的结果，对区域城市效率的提升作用将在以下几个方面得到体现。一是集聚和辐射，有利于提升城市效率。在产生经济要素集聚的区域内，中心城市具有较强的吸引功能，非中心城市也同样具有集聚和扩散的功能，但由于经济实力的差异，它们的作用力有大小之分。该区域内各城市以商品、物资、人员、技术、金融、信息等形式通过经济协作网络和运输通信体系发挥集聚和扩散作用，并实现集聚效益和扩散效益的有机统一，使城市群的整体功能得到更好的发挥。因此，经济要素的空间集聚是在工业化、城市化过程中，在城市集聚与城市扩散共同作用下形成的一种组团发展的高级形式，是基于区域经济发展和市场经济完善化、重要基础设施现代化，依靠现代交通运输与信息化的手段，不断形成的一种新的城市网络群体。二是形成完整的区域体系，有利于提升城市效率。产生经济空间集聚现象的地区将形成一定的规模等级；各规模等级城市之间保持合理的金字塔结构比例关系，中间不发生断层，上下不缺层；城市的职能作用能够通过城市网络依次有序地逐级扩散到整个体系。三是形成良好的区域分工与协作，有利于提升城市效率。区域城市集聚发展可使区域经济在生产要素的组织和创新方面具有较强的可更新性和自生性，促使地区产业结构不断优化并形成良好的产业布局，从而使得各城市优势互补，产生最大效益并实现资源的集约利用。各个城市都有自己的特殊功能，都有占优势的产业部门，城市之间形成紧密的分工和协作关系。

（三）城市群空间结构变动对城市效率的影响

城市群的形成是产业分工与产业链之间的协作网络趋于合理的过程。城市群内的各城市由于地理邻近性，对彼此的发展都具有较强的影响力，各城市之间的产业与市场联系非常紧密。特别是在要素流动和企业区位选择和再选择、企业总部和工厂组织结构的分离、各个城市在价值链分工和产业部门组织结构分离程度的不断深化等条件下，区域范围内的产业发生转移，制造、生产等传统业务流程大多分布于二级城市的产业，形成了特定的空间网络结构。因而，城市群的空间结构演化会对其城市效率产生影响，以下我们从演化经济学角度分析城市群空间结构演化对其城市效率产生的影响（即假设二）。

1. 城市群空间结构演化

根据上述分散度的公式、位序－规模法则及中心度的公式对 1999 年和 2013 年中国城市群样本进行计算，所得各城市群空间结构的中心度、分散度结果如表 5－4 所示。本章在计算中心度和分散度指标时，由于从业人口数据始于 1999 年，因此，统一以 1999 年作为测算的起始年份，以 2013 年作为结束年份。本章主要以中心度和分散度两大指标来衡量城市群内部经济要素的集聚和扩散过程，中心度越大，表明城市群的单中心程度越高，两个年份比较，数值增大越多，则其集聚越明显；分散度越大，证明城市群是多中心或者扁平化结构，两个年份比较，数值之差越大，其经济要素的扩散程度越大。

表 5 – 4　1999 年及 2013 年城市群空间集聚与分散程度测度结果

区域	城市群名称	分散度		中心度		城市效率	
		1999 年	2013 年	1999 年	2013 年	1999 年	2013 年
西部	北部湾城市群	0.872	0.834	1.678	1.824	0.774	0.795
西部	成渝城市群	0.822	0.499	1.207	2.009	0.813	0.848
西部	关中城市群	0.713	0.611	1.821	0.726	0.779	0.809
中部	哈长城市群	0.632	0.698	1.124	0.774	0.830	0.841
东部	海峡西岸城市群	0.710	0.544	0.768	1.108	0.853	0.829
中部	呼包鄂榆城市群	0.686	0.810	1.331	0.699	0.776	0.900
中部	江淮城市群	0.812	0.659	0.682	1.363	0.858	0.817
东部	京津冀城市群	0.584	0.623	1.571	1.814	0.823	0.839
西部	兰西城市群	0.668	0.708	1.426	1.241	0.709	0.806
东部	辽中南城市群	0.535	0.716	1.493	0.988	0.791	0.824
西部	宁夏沿黄城市群	0.572	0.757	1.577	1.813	0.700	0.810
西部	黔中城市群	0.720	0.632	1.331	1.080	0.820	0.796
东部	山东半岛城市群	0.768	0.615	0.546	0.647	0.872	0.878
中部	太原城市群	0.437	0.685	1.749	1.896	0.641	0.741
西部	乌昌石城市群	0.599	0.731	—	0.699	0.694	0.837
中部	长江中游城市群	0.758	0.678	1.182	1.124	0.846	0.832
东部	长三角城市群	0.561	0.583	1.702	1.124	0.874	0.874
中部	中原城市群	0.688	0.667	0.752	1.210	0.808	0.707
东部	珠三角城市群	0.446	0.518	0.826	0.952	0.838	0.894

注：滇中城市群基本数据缺失，因此不对其进行分析。

2. 城市群空间结构演化对城市效率的影响

一是 1999 年，城市群城市效率与中心度呈负相关，与分散度呈正相关（见图 5 – 9）。

从中心度来看，1999 年中心度最高的是关中城市群，达到了 1.821；其次是太原城市群，达到了 1.749；再次是长三角城市群，达到了 1.702。其中，有 14 个城市群（缺乌昌石城市群数据，相关研究证明该城市群中心度大于 1）的中心度超过了 1，表明这些城市群是以核心城市为主要引擎，呈现单中心结构，但单中心城市群主要集中在中西部地区。中心度小于 1 的城市群仅有 5 个，分别是珠三角城市群、海峡西岸城市群、中原城市群、江淮城市群和山东半岛城市群，中心度分别达到 0.826、0.768、0.752、0.682 和 0.546。中心度小于 1，表明该城市群是以两个及以上城市为中心，即多中心网络化的发展结构，数值越小，表明城市群内部的差异越小，因而，可知数值最小的山东半岛城市群，其内部发展比较均衡。

从分散度来看，1999 年分散度最大的是北部湾城市群，达到了 0.872；其次是成渝城市群，达到了 0.822；再次是江淮城市群，达到了 0.812。前三均是中西部地区城市群。排名后三位的城市群分别是辽中南城市群、珠三角城市群和太原城市群，数值分别为 0.535、0.446 和 0.437，数值越小，说明城市群人口更趋于在城市群内的一个城市集中分布。总体来看，这个时期的分散度并没有明显的区域差异，东中西部地区均有高分散度和低分散度的城市群分布。

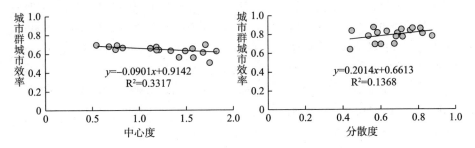

图 5 - 9 1999 年中国城市群的中心度与分散度

1999 年，城市效率最高的城市群前六名分别是长三角城市群 (0.874)、山东半岛城市群 (0.872)、江淮城市群 (0.858)、海峡西岸城市群 (0.853)、长江中游城市群 (0.846) 和珠三角城市群 (0.838)，大部分位于东部地区。而城市效率最低的城市群主要位于中西部地区，其中，大部分为西部地区，后四名分别为兰西城市群 (0.709)、宁夏沿黄城市群 (0.700)、乌昌石城市群 (0.694) 和太原城市群 (0.641)。

为了判断这个时期城市群的集中和分散与城市效率的关系，我们分别利用中心度和分散度与城市效率进行各类函数的拟合，求得相关性最高的函数 (见表 5 - 5)。研究发现除了多项式函数外，简单的线性函数拟合相关性较高，也较易于比较 (本节统一采用线性函数进行比较)，并发现该时期，中心度越低的城市群，其城市效率越高；而分散度越高的城市群，其城市效率也越高。这说明，该时期多中心的城市群城市效率比单中心的城市群城市效率高。

表 5 – 5　1999 年中国城市群中心度和分散度的函数拟合

函数类型	中心度 R^2	表达式	分散度 R^2	表达式
指数	0.2724	$y = 0.8981e^{0.491x}$	0.1475	$y = 0.6607e^{0.2737x}$
线性	0.3317	$y = 0.3721x + 0.89$	0.1371	$y = 0.2010x + 0.6616$
对数	0.1635	$y = -0.0760\ln(x) + 0.6866$	0.1436	$y = 0.1293\ln(x) + 0.8501$
多项式	0.4086	$y = -2.3575x^2 + 1.0332x + 0.7037$	0.1492	$y = 0.4492x^2 + 0.7839x + 0.4788$
幂	0.1636	$y = 0.6872x^{0.1}$	0.1553	$y = 0.8543x^{0.1765}$

　　二是 2013 年，城市群城市效率与中心度和分散度均呈负相关（见图 5 – 10）。

　　从中心度来看，2013 年中心度最高的城市群是成渝城市群，达到了 2.009；其次是太原城市群，达到了 1.896；再次是北部湾城市群，达到了 1.824。其中，有 12 个城市群的中心度超过了 1，说明这些城市群是以核心城市为引擎，呈现单中心结构，但单中心城市群主要集中在中西部地区，而且在这 12 个城市群中，2013 年中心度比 1999 年有所增长，数量达到了 8 个，其中 6 个位于中西部地区，东部地区的海峡西岸城市群、京津冀城市群有所增长。中心度小于 1 的城市群仅有 7 个，分别是辽中南城市群、珠三角城市群、哈长城市群、关中城市群、呼包鄂榆城市群、乌昌石城市群和山东半岛城市群，中心度分别达到 0.988、0.952、0.774、0.726、0.699、0.699 和 0.647。中心度小于 1，表明该城市群是以多个城市为中心均衡化发展，其中，有 3 个城市群位于东部地区。中心度数值越小，表明城市群内部的差异越小，因而，可知数值最小的山东半岛城市群的内部发展比较均衡。

　　从分散度来看，2013 年分散度最大的是北部湾城市群，达到了 0.834；其次是呼包鄂榆城市群，达到了 0.810；再次是宁夏沿黄城市群，达到了 0.757。前三均是中西部地区城市群。排名后四位的城市群分别是长三角城市群、海峡西岸城市群、珠三角城市群和成渝城市群，数值分别达到了 0.583、0.544、0.518 和 0.499，数值越小，说明城市群人口越趋于在城市群内的一个或多个中心城市集中分布。总体来看，数值较小的城市群主要位于东部地区，表明东部地区的城市群趋于分散化发展，城市发展的溢出效应也相应较强。

2013 年，城市效率最高的城市群前五名分别是呼包鄂榆城市群（0.900）、珠三角城市群（0.894）、山东半岛城市群（0.878）、长三角城市群（0.874）和成渝城市群（0.848），其中第一名和第五名位于中西部地区，其他位于东部地区。而城市效率最低的城市群主要位于中西部地区，排名后五位的城市群分别为兰西城市群（0.806）、黔中城市群（0.796）、北部湾城市群（0.795）、太原城市群（0.741）和中原城市群（0.707）。

为了判断这个时期城市群的集中和分散与城市效率的关系，我们分别利用中心度和分散度与城市效率进行各类函数的拟合，求得相关性最高的函数（见表 5－6）。研究发现除了多项式函数外，对数函数的相关性较高（为了直观比较，此处用简单的线性函数进行说明），并发现该时期，中心度和分散度均与城市群城市效率呈反比例关系，即中心度越高，其城市效率越低，而分散度越高，其城市效率也越低，但是，分散度与城市群城市效率之间的相关性更高。可以认为，总体上经过了前一轮的集聚发展，城市走向区域化，多中心分散化发展的城市群城市效率更高一些。

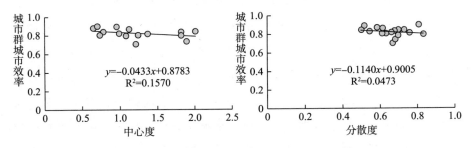

图 5－10　2013 年中国城市群的中心度与分散度

表 5－6　2013 年中国城市群中心度和分散度的函数拟合

函数类型	中心度 R^2	表达式	分散度 R^2	表达式
指数	0.1517	$y = 0.8757e^{-0.051x}$	0.0459	$y = 0.9036e^{-0.14x}$
线性	0.1583	$y = -0.0417x + 0.8755$	0.0474	$y = -0.1145x + 0.9008$

续表

函数 类型	中心度 R^2	表达式	分散度 R^2	表达式
对数	0.1901	$y = -0.0560\ln(x) + 0.8320$	0.0609	$y = -0.0840\ln(x) + 0.7895$
多项式	0.2475	$y = 0.0880x^2 - 0.2742x + 1.0109$	0.1847	$y = 1.8042x^2 - 2.5050x + 1.6788$
幂	0.1826	$y = 0.8307x^{-0.067}$	0.0589	$y = 0.7887x^{-0.103}$

3. 城市群城市效率改善程度与中心度呈"倒 U 形"关系，与分散度呈"正 U 形"关系

1999～2013 年，城市群城市效率的改善与中心度呈弱负相关，与分散度呈正相关，且分散度相关性更高，表明该时期多中心分散化发展模式有利于提升城市群城市效率。

为了判别从 1999 年至 2013 年城市群空间集聚和扩散过程对城市群城市效率的影响，我们分别构建中心度、分散度和城市效率 2013 年与 1999年的差值，并分别构建两者的数理关系，从而研究中心度的改善程度、分散度的改善程度和城市效率提升之间的关系。

从 1999 年至 2013 年城市群城市效率提升程度来看，18 个城市群中（仅计算 18 个，未计算滇中城市群、长三角城市群的数据），有 13 个城市群的城市效率有所提升，仅有 5 个城市群的城市效率有所下降。城市效率提升的前五名分别是乌昌石城市群（0.143）、呼包鄂榆城市群（0.124）、宁夏沿黄城市群（0.110）、太原城市群（0.100）、兰西城市群（0.097），提升程度最大的位于西部地区。城市群城市效率有所下降的分别是长江中游城市群、海峡西岸城市群、黔中城市群、江淮城市群和中原城市群，分别下降了 0.014、0.024、0.024、0.041 和 0.101，主要为中部地区的城市群，表明该时期中部地区的城市群分别受到东部地区和西部地区的虹吸作用，城市效率有所下降。

从中心度指标来看，从 1999 年至 2013 年，有 10 个城市群的中心度有所提升，也就是说这 10 个城市群处于中心极化发展之中，主要位于中西部地区，东部地区仅有 3 个。极化程度最大的是成渝城市群，中心度增长了0.802；其次为江淮城市群，增长了 0.681；再次为中原城市群，增长了0.458。这表明 1999～2013 年，相对而言，大量的人口流入这些城市群的

核心城市。中心度下降的城市群有 8 个，下降程度较大的分别是长三角城市群、呼包鄂榆城市群和关中城市群，分别下降了 0.578、0.632 和 1.095，表明这些城市群内部正走向扁平化发展。那么，中心度的变化是否会对城市群城市效率有影响呢？我们发现，总体上，中心度增长程度越高，其城市效率增长水平越低，从而说明城市群内部的分散化发展，可能会进一步提升城市群的城市效率。

从中心度提升程度与城市群城市效率提升程度之间的数量关系来看，以中心度变化幅度为自变量，以城市效率变化幅度为因变量，构建两者的函数关系，发现三次多项式的拟合程度（R^2）最高（见表 5 - 7）。拟合函数为 $y = -0.052x^3 - 0.018x^2 + 0.025x + 0.028$。中心度提升程度与城市效率提升程度的关系基本反映为"倒 U 形"关系，即从全国整体层面来看，随着中心度的提升，城市效率也逐渐改善，城市效率的改善程度达到阈值后，则随着中心度的进一步提升而下降（见图 5 - 11）。可能的原因是过度的集中产生"拥挤效应"，从而导致整体城市群的城市效率下降。拥挤效率往往体现在两个方面，一是经济要素过度集中于某个核心城市，城市群内无法形成良好的产业分工，核心城市的集聚发展剥夺了周边城市的发展机会，从而使得周边城市的效率下降，这往往体现在中西部地区发展阶段较低的城市群；二是城市群内，经济要素过度集中于城市的中心城区或者老城区，使得城市功能难以得到有效疏解，例如大面积的城市拥堵的存在等。

表 5 - 7 城市群中心度变化幅度与城市效率变化幅度

方程	R^2	参数估计			
		常数	b_1	b_2	b_3
线性函数	0.077	0.024	-0.033		
反函数	0.015	0.023	0.001		
二次项	0.096	0.030	-0.039	-0.028	
三次项	0.101	0.028	-0.052	-0.018	0.025

注：自变量为"中心度变化幅度"，包含负值，最小值是"-1.095"，小于"0"，所以对数和幂函数模型都被排除在外。因变量为"城市效率变化幅度"，包含非正值，最小值为"-0.101"，不能进行 Log 转换，不能通过复合模型、幂模型、S 型模型、增长模型、指数模型和逻辑模型计算该变量。

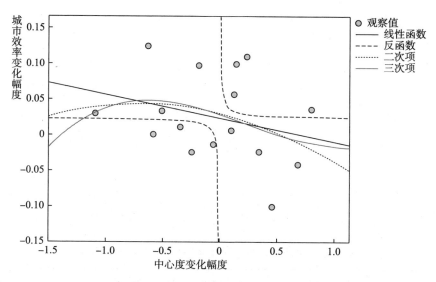

图 5-11　城市群中心度变化幅度与城市效率变化幅度之间的关系

从分散度指标来看，从 1999 年至 2013 年，有 10 个城市群的分散度有所提升，其中有 9 个城市群的城市效率也得到提升，也就是说这 9 个城市群处于多中心分散化发展的过程之中，其中，东部地区、中部地区和西部地区各占 3 个。分散化程度提升最大的是中部的太原城市群，增加了 0.248；其次为宁夏沿黄城市群，增加了 0.185；再次为辽中南城市群，增加了 0.181。这表明 1999～2013 年，这些城市群通过前一阶段大规模的集聚化发展之后，走到了区域一体化的阶段，内部的分工和协作水平得到提高，从而提升了其总体的效率。分散度下降的城市群有 9 个，分别是中原城市群（0.021）、北部湾城市群（0.038）、长江中游城市群（0.080）、黔中城市群（0.088）、关中城市群（0.102）、江淮城市群（0.153）、山东半岛城市群（0.153）、海峡西岸城市群（0.166）和成渝城市群（0.323），表明这些城市群还是处于极化发展的阶段，但这 9 个城市群中，有 5 个城市群的城市效率处于下降的状态之中，表明集聚化发展并未提升这些城市群的城市效率，而拥挤效应可能带来明显的负外部性。因此，可以判断，总体上分散度增长程度越高，其城市效率增长水平越高，从而说明城市群内部的分散化发展进一步提升了东部地区和西部地区主要城市群的城市效率。

从分散度提升程度与城市群城市效率提升程度之间的数量关系来看，以分散度变化幅度为自变量，以城市效率变化幅度为因变量，构建两者的函数关系，发现三次多项式的拟合程度（R^2）最高（见表 5 - 8）。拟合函数表达式为：$y = 0.387x^3 + 0.561x^2 - 2.777x + 0.013$。分散度提升程度与城市效率提升程度的关系基本反映为"正 U 形"关系，即随着城市群分散度的提高，城市效率先下降后提升（见图 5 - 12）。城市群经过了极化发展阶段，大量的经济要素向城市群集中，并且向核心城市集中后，产生了规模不经济，过度集中使得成本提升，从而产生的挤出效应迫使经济要素从核心城市向外围城市扩散和从核心城市的中心城区向郊区扩散，使得城市群的发展出现了多中心化趋势，并进一步提升了城市内部结构的协调度，从而提升了城市的发展效率。

表 5 - 8　城市群分散度变化幅度与城市效率变化幅度

方程	R^2	参数估计			
		常数	b_1	b_2	b_3
线性函数	0.301	0.026	0.217		
反函数	0.255	0.023	0.001		
二次项	0.457	0.009	0.253	0.882	
三次项	0.500	0.013	0.387	0.561	- 2.777

注：在自变量"分散度变化幅度"中包含负值，最小值为"- 0.323"，因而对数和幂函数模型无法运算。在因变量"城市效率变化幅度"中包含非正值，最小值为"- 0.101"，不能进行 Log 转换，不能通过复合模型、幂模型、S 模型、增长模型、指数模型和逻辑模型计算该变量。

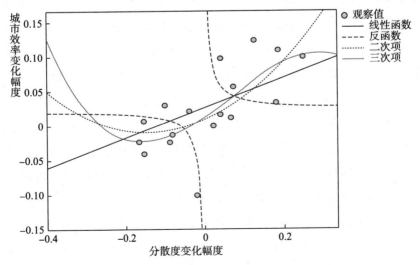

图 5 - 12　城市群分散度变化幅度与城市效率变化幅度之间的关系

1999～2013年，东中西部地区城市群的城市效率均有提高，但提高程度上存在差异（见图5－13）。西部地区城市群城市效率提升的幅度最大，远大于东部地区和中部地区，其中，中部地区最小。这说明东部地区在深厚的发展基础支撑下，随着市场化的深入改进，城市效率进一步提升；而西部地区，在国家的西部大开发政策之下，大量的投资及经济要素的涌入，迅速改善了西部的经济发展质量，城市效率得以迅速提升；而中部地区一直处于东部地区和西部地区的虹吸效应之下，城市群地区很多发展要素正在流失，从而导致其发展效率改善程度不高。

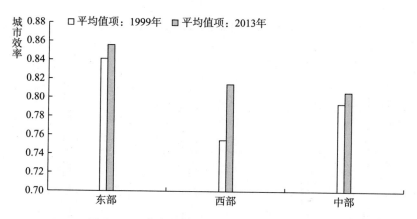

图 5 － 13　东中西部地区城市群城市效率比较

从东中西部地区城市群的中心度比较来看，1999～2013年，东部地区和西部地区城市群中心度有所降低，中部地区有所提升（见图5－14）。降低得最快的是西部地区，而城市效率上升最快的也是西部地区，说明城市效率和中心度变化之间可能有因果关系。

从分散度来看，东部地区城市群的分散度微弱减小，西部地区大规模下降，而中部地区则有所提升（见图5－15）。这说明东部地区和西部地区的城市效率提升可能与其城市空间格局走向分散化有关系，而中部地区的城市效率提升慢可能与其集中化程度提高有关系。

从城市群空间结构变化和城市效率改善程度的关系来看，1999～2013年，在进行数据比较的18个城市群中，有12个城市效率得到了提升，仅有5个城市效率有所下降，1个城市效率前后持平（见表5－9）。在城市效率提升的城市群中，有6个是单中心结构，其中有5个单中心得到极化，

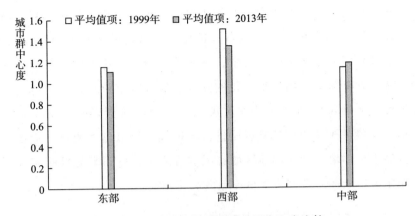

图 5 - 14　东中西部地区城市群中心度比较

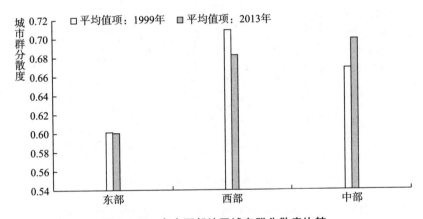

图 5 - 15　东中西部地区城市群分散度比较

有 1 个单中心得到弱化；有 4 个由单中心走向多中心；有 2 个一直都处于多中心状态。我们可以得到以下几方面的结论。

一是处于较低发展阶段地区的城市群，由单中心走向极化发展有利于提升城市群的整体效率，例如在中西部地区的几个城市群中，提升核心城市的发展能力，有利于带动周边城市的一体化发展。

二是大部分多中心或者由单中心走向多中心的城市群，会有利于城市群整体效率的提升。部分先发展的地区早已经经历单中心极化的发展阶段，城市群整体效率的提升可能使空间结构由单中心走向多中心，这样有利于促进城市群内部的分工和协作，从而提升整体效率，例如辽中南城市群。

三是在发展程度较低的地区，单中心弱化可能会降低城市群整体发展效率。

表 5-9　城市群空间结构变化与城市效率改善程度

城市群名称	1999 年			2013 年			空间结构变化	城市效率改善程度（2013 年与1999 年的差值）
	中心度	分散度	结构类型	中心度	分散度	结构类型		
呼包鄂榆城市群	1.331	0.686	单中心	0.699	0.810	多中心	单中心走向多中心	0.124
宁夏沿黄城市群	1.577	0.572	单中心	1.813	0.757	单中心	单中心极化	0.110
太原城市群	1.749	0.437	单中心	1.896	0.685	单中心	单中心极化	0.100
兰西城市群	1.426	0.668	单中心	1.241	0.708	单中心	单中心弱化	0.097
珠三角城市群	0.826	0.446	多中心	0.952	0.518	多中心	多中心	0.056
成渝城市群	1.207	0.822	单中心	2.009	0.499	单中心	单中心极化	0.035
辽中南城市群	1.493	0.535	单中心	0.988	0.716	多中心	单中心走向多中心	0.033
关中城市群	1.821	0.713	单中心	0.726	0.611	多中心	单中心走向多中心	0.030
北部湾城市群	1.678	0.872	单中心	1.824	0.834	单中心	单中心极化	0.021
京津冀城市群	1.571	0.584	单中心	1.814	0.623	单中心	单中心极化	0.016
哈长城市群	1.124	0.632	单中心	0.774	0.698	多中心	单中心走向多中心	0.011
山东半岛城市群	0.546	0.768	多中心	0.647	0.615	多中心	多中心	0.006
长三角城市群	1.702	0.561	单中心	1.124	0.583	单中心	单中心弱化	0
长江中游城市群	1.182	0.758	单中心	1.124	0.678	单中心	单中心弱化	-0.014
海峡西岸城市群	0.768	0.710	多中心	1.108	0.544	单中心	多中心走向单中心	-0.024
黔中城市群	1.331	0.720	单中心	1.080	0.632	单中心	单中心弱化	-0.024

城市群名称	1999 年			2013 年			空间结构变化	城市效率改善程度（2013 年与1999 年的差值）
	中心度	分散度	结构类型	中心度	分散度	结构类型		
江淮城市群	0.682	0.812	多中心	1.363	0.659	单中心	多中心走向单中心	-0.041
中原城市群	0.752	0.688	多中心	1.210	0.667	单中心	多中心走向单中心	-0.101

　　从产业分工和协作视角来看，在城市群的形成和发展过程中，城市群各城市产业内部及产业间形成了密切的分工和协作关系。交通设施和通信技术的发展，缩短了城市间的交流时间，减少了交流成本，城市间便以产业链条为纽带形成一体化的发展趋势，并逐渐融合为统一的经济体。从产业分工和协作视角对城市群的定义如下：城市群是指以区域分工和专业化发展为基础，通过各城市间形成的产业链条的纽带作用，围绕经济最发达的核心经济空间，形成资源共享、优化组合、协同发展的城市间区域网络结构。

　　经济要素的区域集聚所形成的内部分工体系在空间上的投影就是区域空间结构，空间结构的变动也影响着区域城市效率的改善。城市群空间结构按照中心城市的规模与职能，可分为单中心城市群和多中心城市群两种模式。从实质上来说，二者是对拥挤效应和集聚效应这两个效应进行选择的反映。单中心城市群是以一个大城市为核心并与周边若干中小城市紧密联系组成的空间组织，其核心城市功能突出，居于主导地位的城市体系层次结构明显；多中心城市群则是其内部几个中心城市均会承担核心城市的职能，内部城市体系层次结构不明晰。

　　单中心城市群和多中心城市群的集聚效应和拥挤效应存在差异。多中心城市群的集聚效应与同等规模的单中心城市群所产生的集聚效应根本不具有可比性（Bailey and Turok，2001）。多中心的发展策略会对交通成本和通勤效率产生影响，同时会阻碍知识、技术和信息的传播，使得城市规模经济的优势难以发挥出来。相对于单中心区域，兰斯塔德地区的分工更加细化，但其文化、体育、娱乐活动明显减少，城市职能的互补性并未得到提高（Meijers，2008）。

单中心城市群的发展往往伴随集聚不经济所带来的"城市病"，如交通堵塞、资源要素的激烈竞争、环境污染、犯罪率上升等，而降低集聚不经济的有效途径是其空间结构由单中心向多中心转变（Fujita and Thisse，1997）。但未来多中心网络化空间结构会由于交通和信息网络的建设与完善，削弱单中心城市的集聚效应优势，从而替代它成为未来城市群的主体形态。但无论如何，要素的集聚和扩散及其在空间上的互动形成了区域空间结构。

集聚与扩散是城市地域空间结构形成和演化的内在动力因素。人口、经济活动、生产生活要素等向城市中心区聚合是集聚的具体表现。城市中心区的吸引力、规模经济的收益、交通可达性的便利、就业收入的诉求、基础设施的完善、人际交往的需要等均是促使城市发生集聚的主要因素。扩散是与集聚相伴而生的反作用力，具体表现为当集聚达到一定程度后，要素、技术、文化等会向周边地区扩散。扩散会造成城市集聚经济外部性收益的损失，对城市功能具有负面作用；而集聚则由于集聚效应和规模经济具有外部性收益，有利于城市功能的实现与完善，城市经济的高效益是集聚功能通过集聚和信息等经济效益实现的（Johansson and Quigley，2004）。本书从人口在城市群中心城市区的空间分布状态与演变过程来研究城市群空间结构的要素集散情况。

（四）粤港澳大湾区城市群的专业化分工

1. 四大规模梯度

粤港澳大湾区总面积 5.6 万平方公里，2017 年末总人口约 7000 万人，生产总值约 10 万亿元，已接近世界第六大经济体的规模。区域产业结构正向中高级迈进，港澳地区服务业高度发达，珠三角九市已形成先进制造业和现代服务业双轮驱动的产业体系。[①] 1996 年，专业化指数最高的是惠州市，达到了 0.37；肇庆市最低，仅为 0.04。从多样化指数来看，最高的是中山市，为 2.42；最低的是惠州市，为 1.75。城市效率最高的是佛山市和

---

① 参见 2019 年国务院发布的《粤港澳大湾区发展规划纲要》。

中山市，均为 0.91。2013 年，从专业化指数来看，东莞市最高，达到了
0.64；江门市最低，仅为 0.18。从多样化指数来看，江门市最高，达到了
1.92；其次是广州市，为 1.90。从城市效率来看，深圳市最高，达到了
0.93；其次是广州市，为 0.92；东莞市和佛山市均为 0.91，排在第三。从
1996～2013 年的变化来看，专业化指数普遍得到了提升，也就是说大多城
市的产业专业化程度得到了提高，提升最多的是东莞市，提升了 0.51；而
中山市以提升 0.44 的水平排在第二；第三是珠海市，提升了 0.22。而多
样化指数均下降，下降幅度最大的是东莞市，下降了 0.99；第二是中山
市，下降了 0.92；第三是肇庆市，下降了 0.44。城市效率变动较大的是广
州市、深圳市，2013 年它们的第二与第三产业产值的比较低，最低的是广
州市，为 0.21；次低的深圳市也仅为 0.41（见表 5 - 10）。

表 5 - 10　粤港澳大湾区城市群九大城市（港澳除外）指标

城市	专业化指数		多样化指数		城市效率		第二产业/第三产业（产值）	
	1996 年	2013 年	1996 年	2013 年	1996 年	2013 年	1996 年	2013 年
东莞	0.13	0.64	2.38	1.39	0.88	0.91	1.53	2.04
佛山	0.33	0.49	1.76	1.58	0.91	0.91	2.25	1.79
广州	0.25	0.27	2.08	1.90	0.84	0.92	0.82	0.21
惠州	0.37	0.43	1.75	1.66	0.86	0.88	2.59	4.20
江门	0.18	0.18	2.08	1.92	0.83	0.88	0.95	4.92
深圳	0.15	0.27	2.07	1.83	0.87	0.93	1.01	0.41
肇庆	0.04	0.23	2.31	1.87	0.86	0.88	1.26	8.83
中山	0.11	0.55	2.42	1.50	0.91	0.89	1.43	4.13
珠海	0.08	0.30	2.08	1.84	0.87	0.85	1.23	2.65

2000 年以来，粤港澳大湾区 11 个城市的经济规模均总体处于增长态
势之中。基本上分为 2000～2009 年的波动增长和 2010 年以来的快速增长
两大阶段（见图 5 - 16）。截至目前，粤港澳大湾区 11 个城市已经基本形
成了四大方阵。香港处于领先地位，作为第一方阵。第二方阵为广州和深
圳，两者规模相差无几，且增速快于香港，可以预见的是广州和深圳未来
几年将超越香港。第三方阵为佛山和东莞，这两个世界制造业基地目前已

经与除了香港、广州和深圳三个城市外的其他城市拉开了一定的距离。未来，随着广州和深圳的 GDP 规模超越香港，现在的四大方阵格局将重新回归三大格局，只是广州、深圳和香港将作为第一方阵，佛山和东莞作为第二方阵，其他城市作为第三方阵。

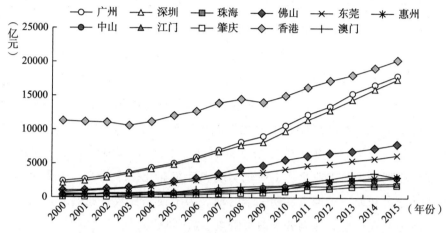

图 5 - 16　2000 年以来粤港澳大湾区 11 个城市的 GDP 规模

2. 城市群的发展阶段

（1）经济要素空间集聚过程

为了判别云浮市所辖各区县市空间发展特点，本书采用目前较为前沿的夜间灯光数据来模拟云浮市空间扩张过程。数据来源于美国国家海洋和大气管理局（NOAA）下属的国家地球物理数据中心（NGDC）发布的 1992～2013 年 DMSP/OLS 夜间灯光时间序列数据，灯光越亮，表示地区社会经济越活跃。研究发现自 1992 年以来，粤港澳大湾区的空间结构呈现轴带和圈层发展格局。产业空间发展具有一定的空间指向性，其中靠近香港、沿区域快速交通蔓延以及滨海地区集中布局的趋势比较明显。在靠近香港的珠三角东岸地区，产业空间轴向扩展的趋势更为明显；珠三角的产业拓展受道路影响较大，呈现一定的道路指向性，产业空间由内圈层向外圈层沿主要道路依次扩展；近些年珠三角还布局石油化工产业，依托港口推进临港工业化，挖掘滨海生态旅游资源，发展度假旅游业，使得产业发展空间呈现一定的海洋指向性。总体上看，近年来珠三角产业空间呈现点状分散蔓延、轴线辐射、扇面扩展、填充式增长 4 种基本扩展方式的不同组合，并呈现由点状扩张到线状空间，再到形成密集发展带和都市建设圈层的动态演变过程。

（2）粤港澳大湾区的经济发展阶段

世界国际湾区的发展历程大致经历了港口经济、工业经济、服务经济、创新经济四个阶段（张锐，2017）。从特点来看，港口枢纽和腹地制造基地，为对外开放提供重要的平台支撑；创新要素汇聚，集聚物流、信息流、资金流、人才流，引领经济发展；统筹分配资源，整个地区协同发展。关于区域发展阶段划分，不同研究的成果不尽相同。经济学家钱纳里、库兹涅茨、赛尔奎等人，通过对几十或上百个国家的案例进行实证分析，得出了经济发展阶段和工业化发展阶段的"标准结构"。其中具有代表性的是钱纳里和赛尔奎的方法（许君如、牛文涛，2011），他们将经济发展阶段划分为前工业化、工业化实现和后工业化三个阶段，工业化实现阶段又分为初期、中期、后期三个时期。为了便于比较，他们还把工业化初期、中期和后期具体划分为前半阶段、后半阶段。

本书结合钱纳里的划分标准，参照中国社会科学院"中国工业化进程研究课题组"的相关研究成果，从人均GDP、三次产业结构、第一产业就业占比、城市化率等方面，来综合判断粤港澳大湾区所有城市所处的发展阶段（见表5-11）。

粤港澳大湾区整体已进入工业化后期的前半阶段，但内部各区域的工业化进程差异较大。具体的差别是大湾区中香港和澳门已经进入发达经济高级阶段，大湾区整体进入了发达经济初级阶段。分城市来看，深圳的工业化水平最高，4个指标均达到后工业化阶段的标准，人均GDP刚刚越过发达经济高级阶段的门槛，综合判断深圳正在步入发达经济高级阶段；广州的4个工业化指标也已达到后工业化阶段的标准，人均GDP则处于发达经济初级阶段水平，综合判断广州正处在发达经济初级阶段；佛山和珠海虽然人均GDP、城市化率、第一产业就业占比等3个指标已达到后工业化阶段的标准，但第二产业比重较大，产业结构仍具有明显的工业化后期特征，综合判断其正处在工业化后期后半阶段；东莞、中山、惠州处于工业化后期前半阶段；江门处于工业化中期后半阶段；而珠三角城市群中肇庆的工业化水平较低，刚刚进入工业化中期前半阶段。

表 5-11 2018 年粤港澳大湾区 11 个城市工业化发展阶段判别

城市	人均 GDP（元）	人均 GDP（美元）	三次产业结构	城市化率（%）	第一产业就业占比（%）（2017 年）	综合判断
香港	322393.5	48722	0.98：6.32：92.70	100.00		发达经济高级阶段
澳门	546623.8	82609	1.10：9.80：89.10	100.00		发达经济高级阶段
广州	155491	23497	0.98：27.27：71.75	86.38	7.19	发达经济初级阶段
深圳	189568	28647	0.1：41.1：58.8	100.00	0.1	正在步入发达经济高级阶段
珠海	159400	24100	1.7：49.2：49.1	89.73	5.5	工业化后期后半阶段
佛山	125680	18994	1.5：56.5：42.0	94.96	4.9	工业化后期后半阶段
江门	63328	9570.5	7.0：48.5：44.5	66.50	32.21	工业化中期后半阶段
东莞	98939	14951	0.3：48.6：51.1	91.02	0.89	工业化后期前半阶段
中山	110585	16711	1.7：49.0：49.3	88.35	4.7	工业化后期前半阶段
惠州	85418	12908	4.29：52.68：43.03	43.18		工业化后期前半阶段
肇庆	53267	8050	15.80：35.18：49.02	47.78	48.18	工业化中期前半阶段

资料来源：根据各城市统计年鉴或统计公报信息整理而得。

　　珠三角的人均 GDP 于 2010 年达到 10330 美元，突破 1 万美元大关，进入中上等收入向高收入阶段转换的关键时期。目前珠三角地区整体正迈向工业化后期前半阶段，也是由投资驱动向创新驱动转型的阶段。2014 年，广东人均 GDP 超过 1 万美元，标志着广东已整体进入了创新驱动发展阶段。2015 年，粤港澳大湾区整体的人均 GDP 已达 2.04 万美元，其中，香港为 4.37 万美元，澳门为 7.69 万美元，广东的 9 个城市为 1.69 万美元，粤港澳大湾区已成为引领广东创新驱动发展的"排头兵"。

从产业类型分布来看，东岸信息产业走廊逐步形成，IT 资讯产业分工明确。广州的电脑集散地、软件、零部件及组装业，惠州的电器、计算机业，东莞的电脑零配件生产和组装业，深圳的通信、计算机、软件产业，香港的金融业等，在 IT 资讯产业分工和协作上形成完善的体系。而珠江口西岸产业仍以传统产业，如家电、陶瓷、服装、五金等为主，尚未形成联系紧密的产业集群。粤港澳大湾区主产业专业化分工如表 5 – 12 所示。

表 5 – 12　2012 年粤港澳大湾区主产业专业化分工

城市	支柱制造业	产值（亿元）	比例（%）
广州	汽车制造业	2722.52	18.32
佛山	电气机械和器材制造业	3307.31	22.57
肇庆	金属制品业	352.69	12.52
深圳	计算机、通信和其他电子设备制造业	11977.39	56.07
东莞	计算机、通信和其他电子设备制造业	3280.85	34.56
惠州	计算机、通信和其他电子设备制造业	2374.63	43.35
珠海	电气机械和器材制造业	716.78	23.33
中山	电气机械和器材制造业	1225.78	21.50
江门	金属制品业	269.01	10.68
香港	金融业、航运业、专业服务业		
澳门	博彩业、旅游业		

资料来源：各城市 2013 年统计年鉴。

3. 区域分工体系下的东莞专业镇

为了判别粤港澳大湾区内部一体化过程中所形成的区域专业化分工程度，分别以广州和深圳为中心，以 32 千米为半径，以东莞为例，在 Arc-GIS 系统中进行圈层分析。研究发现东莞的大部分专业镇位于广州和深圳的第二圈层范围内，即东莞专业镇同时受到广州和深圳的影响。东莞位于深圳第二圈层范围内的专业镇数量多于广州，也就是大部分专业镇受到深圳的影响可能更大。东莞各专业镇 GDP 大小与广州距离远近可能存在正相关关系，即与广州的距离越远，GDP 规模越大；东莞各专业镇 GDP 大小与深圳距离远近可能存在负相关关系，即与深圳的距离越近，GDP 规模越大。上述两点充分说明，深圳对东莞专业镇的发展具有重大影响。

东莞专业镇认定的时间跨度为 2000 年以来，以 2000～2008 年和 2010 年以来两个时间段最多。较早年份的专业镇主要分布在东莞西部沿海、沿江及广深交通走廊沿线；东莞东中部镇街，专业镇成立的时间靠近现在。这说明东莞专业镇发展存在从西往东的梯度推移过程。泛电子类专业镇数量较多，主要分布在临深片区。这反映出临深片区早期发展可能主要受到深圳电子信息产业的影响。水乡片区以食品和物流业为主，主要与本地的传统产业和港口分布相关。这表明专业镇产业类型一方面受到大城市产业的影响，另一方面与各镇街产业基础相关。

从东莞专业镇与深圳距离来看，距离与工业增加值、固定资产投资额及投资率、人均收入、R&D 的经费呈负相关，即东莞专业镇与深圳距离越近，上述相关指标数值越大，说明了深圳对东莞专业镇具有一定的影响。从东莞专业镇与广州的距离来看，距离因素对东莞专业镇本身影响不太大，反映在指标上，只有与 2013 年的固定资产投资率呈负相关，即与广州距离越远，固定资产投资率越小。这反映了深圳对东莞专业镇的影响比广州大，说明在深圳规模逐渐扩张过程中，周边的东莞、惠州等城市邻近深圳的部分城镇，围绕深圳进行市场化分工，逐渐形成从专业化到多样化的过程。

六　小结

本章的重点任务是从规模经济视角来分析城市产业结构与城市效率之间的关系。基于此，本章主要从单体城市以及城市群两个尺度来进行分析，一是测度不同规模城市产业结构的专业化和多样化水平，并分析其与城市效率之间的动态变化关系；二是求证城市群与非城市群城市效率的差异，以及经济要素的集聚与扩散对城市效率产生的影响。本章得到以下基本结论。

首先，我国不同等级城市的规模经济与城市效率之间的关系基本上符合两大推论：一是大城市产业结构越多样化，城市化经济效应越突出，城市效率越高；二是中小城市产业结构越专业化，地方化经济效应越突出，城市效率越高。但也存在一定程度的偏差。

一是从我国大中小城市产业结构的专业化水平与城市效率关系的对比

来看，小城市的专业化水平与城市效率之间呈弱负相关性，与本章之前的推论"中小城市产业结构越专业化，地方化经济效应越突出，城市效率越高"不符。中等城市的专业化水平与城市效率之间呈弱正相关性，符合"中小城市产业结构越专业化，地方化经济效应越突出，城市效率越高"的推论。这与大多数中等城市处于工业化发展的中期阶段，已经确立起自己的优势主导产业有直接的关系。大城市的专业化水平与城市效率之间呈弱正相关性，拟合线说明大城市的专业化水平与城市效率之间的正相关性在减弱。

二是从我国大中小城市产业结构的多样化水平与城市效率关系的对比分析来看，无论是大城市、中等城市还是小城市，多样化水平与城市效率的相关性都不明显，无法支撑"大城市产业结构越多样化，城市化经济效应越突出，城市效率越高"的推论。

三是从城市等级动态变动下的规模经济与城市效率关系来看，我国中等城市向大城市转变的过程中，城市效率随着产业结构多样化水平的提高而增加，即大城市产业结构越多样化，城市化经济效应越突出，城市效率越高。同时，城市产业结构的专业化水平与城市效率之间不存在明显的相关性。在小城市变成中等城市的过程中，无论是城市产业结构的多样化水平还是专业化水平，与城市效率之间均不存在明显的相关性，说明我国小城市向中等城市转变的过程中，城市效率的变化与专业化水平（多样化水平）变化关系不大。

其次，城市群视角下要素的集聚与扩散及其所形成的区域空间结构对城市效率的影响。

一是从经济要素的空间集聚角度来看，城市群的平均城市效率比非城市群高，表明空间集聚对规模经济具有促进作用，并进一步提升了区域效率。另外，城市群的整体效率在逐年提高，且内部差距趋于缩小。

二是东部地区城市群的城市效率高于中西部地区，东中西部地区城市群分别代表不同的发展阶段。随着区域专业化分工的不断深化，城市群内部的分工和联系也不断深化，使城市群之间多样化程度加深；单个城市群的专业化程度的加深，带来了区域多样化程度的加深，从而带来区域效率的不断提升。

三是从时间序列看，1999~2013 年，中国城市群城市效率改善程度与中心度呈"倒 U 形"关系，与分散度呈"正 U 形"关系。中西部地区的城市群进一步提升中心度则有利于提升城市群的整体效率，而中心度的降低可能会降低城市群整体效率。大部分多中心或者由单中心走向多中心的城市群，有利于城市效率的提升，从而说明中西部地区城市群应主要扶持核心城市发展壮大，才能提升地区的整体发展水平，而东部发达地区应进一步促进单中心走向多中心，城市群内部的多中心化有利于提升地区的整体发展水平。

第六章

产业结构与城市效率：技术进步的视角

一　研究背景与问题

改革开放以来，中国抓住全球产业转移的契机，以劳动力和土地等要素驱动，一跃成为"世界工厂"。与之相应的是，在很长一段时间里，中国城市功能主要体现为生产制造而非创新，工业化成为拉动城市发展的主要引擎。但随着快速工业化阶段的结束和中国企业技术能力的不断提升，创新对城市发展的贡献日益凸显。比如北京中关村、深圳高新区等高新科技园组织的创新活动，不仅有力地拉动了本地经济持续增长和转型升级，而且在区域经济乃至国家经济层面承担了重要的创新引擎功能。国家创新驱动战略的实施进一步激发了全国各地市的创新发展热情。自 2008 年深圳成为首个国家创新型城市试点以来，全国上下形成了建设创新型城市的热潮。据不完全统计，自 2013 年，全国 287 个地级及以上城市中至少有 173 个城市提出了建设创新型城市的发展目标，占全国地级及以上城市的 60% 以上。创新驱动的城市发展理念已经从大城市扩展到中小城市，从东部沿海辐射至全国，为全面实施国家创新驱动战略奠定了坚实的基础。

创新之所以发生在城市，是因为城市是产业技术进步和创新活动发生的主要载体和发展空间，在经济增长和国家创新体系构建中均扮演着基础性和关键性角色。国家知识产权局的数据显示，2017 年全国发明专利申请量为 138.2 万件，共授权发明专利 42.0 万件。其中，在主要城市发明专利授权量排行榜中，北京排名第一，发明专利授权量为 46091 件，占全国发明专利授权量的 11%；其次为上海，发明专利授权量为 20681 件；排名第三的是深圳，发明专利授权量为 18926 件。仅仅这三个城市就占全国总量的 1/5 左右。经历四十多年改革开放的激荡，中国制造业发展和技术创新活动推进已经形成了向特定城市或城市群集聚的极化现象，比如形成了以广州、深圳为核心的珠三角区域创新中心，以上海、杭州、苏州等为核心的长三角区域创新中心，以及以北京、天津为核心的京津冀区域创新中心，等等。这些创新型城市或地区已经基本形成产业集聚与技术创新的良性互动机制。

从理论上分析，城市创新活动往往与城市产业结构以及产业集聚紧密联系在一起，许多产业集聚中心也是研发中心和创新集聚区。这是因为，从理论层面看，产业在空间上的地理集中有利于创新。一部分研究强调专业化的城市在促进城市创新中发挥着至关重要的作用。另一部分研究则认为多样化的城市生产结构有助于城市产业创新。Jacobs（1969）强调知识能够在互补的而非相同的产业间溢出，因为一个产业的思想发展能够在另一个产业内应用，互补的知识在多样化的企业之间进行交换能够促进创新的搜寻和实践，许多有独创性的思想是产生于不同领域的知识交流过程之中的。在多样化集聚环境下，企业不仅可以有效利用互补产业的需求有针对性地生产和创新，减少搜寻成本和交易成本，并可以从不同但又相互联系的产业之间获得更多的创新思想和技术溢出。就制造业而言，多样性有两方面好处：一是小企业必须依赖外部的技术供应，对市场变化反应更为敏感；二是企业无论大小都需要与外部人员进行交流。这就意味着不同的但互补的产业之间导致的多样化更有利于企业创新。"苗圃城市"（Duranton and Puga，2001）即一个具有多样化产业结构的城市，意味着在这样一个城市中不同行业企业的集聚使城市中存在雅各布外部经济。首先，在一个"苗圃城市"中，初创或新生企业可以获得更多学习和搜寻的可能性，多样化的环境可以给企业创新带来更多思想火花的碰撞，从而可以促使新思想、新方法的产生。其次，多样化的环境可以对企业的创新失败起到一定的保护作用。在一个存在许多不同行业企业的城市，创新失败的企业可以用相对低的成本调整经营策略、产品或行业，寻找新的生产方法。

回到关于城市产业结构（专业化城市或者多样化城市）与城市效率的框架中，无论是城市产业专业化还是多样化集聚，在一定程度上都会通过技术进步和创新促进城市效率（全要素生产率）的提高，这是由于以下两方面。第一，知识溢出和互动是推动技术进步的直接原因，大量产业集聚会产生先进知识和技术外溢，使企业间能够相互分享、交流生产管理经验和先进知识、技术，空间上的邻近不但增加它们相互学习与交流的机会，而且也提高它们对新技术、新知识消化与吸收的速度和能力。在各种理念的交流和融合中，促进知识和技术的创新，提高生产效率。第二，企业可以充分利用现有的各种专业化、有经验的雇员，从而降低它们招聘过程中的搜寻成本和交易成本，减少重新安置雇员的成本和风险，还易于从其他地区吸引人才；同时，一个发展良好的产业集聚区可以支撑起较大的本地化的专业供应商的生存，从而为企业以较低的成本获取其他重要的投入要素提供一条有效途径。因此，产业集聚不但可以促使新的思想产生，而且会由于"共享生产要素"而降低信息交流成本，从而提高企业创新实现的可能性（Helsley and Strange，2002）。此外，与显性知识相比，隐性知识对企业的创新和发展更为重要，因为企业的核心竞争力主要体现在其隐性知识上。为了提高创新收益，创新主体需要在地理上与相关知识源邻近，从而能够与之进行频繁互动来获得所需的隐性知识（Lundvall，1992；Hippel，1994）。在集聚情况下，难编码的隐性知识的传播则只能通过具有共同实践经历和专业化技能的人士面对面的交流才能实现，因此众多同类企业在一定的空间范围内的集中，即产业集聚无疑为隐性知识的传播提供了有利条件。另外，产业集聚下同类企业地理位置的空间邻近，也为"干中学"和"用中学"提供了条件。集聚环境下企业间互相合作、彼此信任，有利于新技术的传播和扩散。雇员能够在使用这些新技术解决生产问题、满足消费者需求和克服技术难题的过程中改善产品和机械设备，促进企业创新。在产业集聚区内，众多企业经过长期共同发展而积累起大量的知识和技术资本，从而其技术创新活动能够获得显著的外部性溢出，大大提高了创新的速率。

遵循全书理论逻辑和章节安排，本章首先考察我国城市技术进步和创新的特征事实，并从技术进步的视角经验论证城市产业结构对城市效率的影响。

二 研究思路与方法

本部分采取以下研究思路。首先分析城市创新与技术进步的情况。城市创新情况运用城市创新指数来分析；技术进步是高端人力资本对科技文化文献的学习和创新，从事科技产业，获得科技产出的一个系统过程，本书酌情选择高端人力资本、科学技术支出、科技文化文献、科技产业和科技产出来反映城市技术进步。然后分别研究产业结构对技术进步的影响，以及技术进步对城市效率的影响。最后进行总结。

在城市创新与技术进步情况分析方面，传统的统计方法已为大家所普遍熟悉，在此不再赘述。空间分布演变则运用 ArcGIS 10.1 进行分析，对有关变量分类呈现时运用几何间隔法（Geometrical Interval）进行分类。在产业结构对技术进步的影响以及技术进步对城市效率的影响方面，运用计量模型进行研究。后文中用到了最小二乘法模型（OLS）、空间滞后效应模型（SLM）、空间误差模型（SEM）（吴玉鸣、李建霞，2006；龙小宁等，2014；程叶青等，2014；吴玉鸣，2006），具体模型的选择在研究中予以说明。最小二乘法模型（OLS）的表达式为：

$$Y_{it} = \alpha X_{it} + Z\beta + \varepsilon_{it} \tag{6-1}$$

其中，Y 是被解释变量，X 为解释变量，Z 为控制变量。具体需要哪些变量，在后文研究中选择。空间滞后效应模型（SLM）的表达式为：

$$Y_{it} = \rho W Y_{it} + \alpha X_{it} + Z\beta + \varepsilon_{it} \tag{6-2}$$

其中，ρ 为空间回归系数，W 为空间权重矩阵。空间误差模型（SEM）的表达式为：

$$Y_{it} = \alpha X_{it} + Z\beta + \varepsilon_{it} \tag{6-3}$$

$$\varepsilon_{it} = \lambda W \varepsilon_{it} + \mu \tag{6-4}$$

其中，λ 为空间误差系数，μ 为正态分布的随机误差。

除专利申请量数据以外，本章所用其他数据主要来源于国家统计局网站、《中国统计年鉴》、《中国区域经济统计年鉴》、《中国城市统计年鉴》以及各地区统计年鉴。对于专利申请量数据，由于公开出版的各类统计年鉴中只有全国和省级专利数据，缺少城市的专利数据，通过查询各省区市的知识产权局网站正式发布的各市专利申请量数据，结合少数省区市的统计年鉴数据，获取城市的专利申请量数据。

三 中国城市创新与技术进步的情况

(一) 中国城市创新情况[①]

本节构建中国城市创新指数指标体系，对中国城市创新进行量化评价，我们主要考察那些经济体量较大、在区域经济发展中承担着相对重要职能的地级及以上城市。对于一些经济体量较小的地级市乃至县级市，未将其纳入评价范围。我们从 2014 年全国经济总量百强市中遴选了 60 个城市，基本涵盖了主要的国家中心城市和区域性中心城市。在中国城市创新指数设计上，最大的困难在于缺乏一致可比的统计数据。一是不同城市公布的创新相关统计指标种类不尽相同，二是不同城市公布的数据可能存在统计口径差异。我们在 40 多个初选指标中筛选出 23 个备选指标，并最终锁定 8 个既有代表性又能确保统计口径一致的观测指标。

在体系结构上，中国城市创新指数的指标体系如表 6 - 1 所示，包括 3 个二级指标，分别是发展基础、科技研发能力和产业化能力，涵盖了从创新要素集聚、科技研发到成果产业化的全过程。所有二级指标再分解为 8 个三级指标，分别体现了创新链、资金链和产业链在城市创新中的作用。

[①] 本节部分成果由本课题组成员发表在《广东城市创新能力比较研究》，《南方经济》2016 年第 8 期。

表 6 - 1　中国城市创新指数指标体系

二级指标	三级指标	指标说明	评价内容	"三链融合"理念
发展基础	经济水平	由城市人均 GDP 和 GDP 合成，衡量发展水平和经济规模的综合表现	测度城市的集聚创新资源、支持研发投入、实施成果转化和产业配套的综合经济条件	基础指标
	开放水平	城市中港澳台以及外资企业的比重	测度城市获取技术溢出的能力	基础指标
科技研发能力	社会研发水平	全社会 R&D 投入占 GDP 的比重	测度城市的整体研发投入能力	创新链
	企业研发水平	规模以上制造业企业 R&D 投入占规模以上制造业总产值比重	测度城市中企业（以制造业为代表）在创新活动中的主体地位	创新链
	科技服务水平	万人拥有的科技服务机构数	测度城市为企业创新提供科技服务配套的能力	创新链
产业化能力	技术供给水平	万人年度发明专利授权量	测度城市创新链与产业链的潜在耦合程度	创新链
	金融支撑水平	万人拥有的金融服务机构数	测度城市为创新提供科技金融支撑的能力	资金链
	技术应用水平	规模以上制造业中的高技术企业数比重	测度城市技术产业化的水平	产业链

注：①企业研发水平和社会研发水平两个指标的相关系数只有 0.43，说明一些地方尽管社会研发水平很高，但并不是由企业担当创新主体；②专利是创新活动的技术成果，是技术走向市场、进入产业的重要载体，最初选择规模以上制造业中高技术企业产值占规模以上制造业总产值的比重作为指标，但数据分析表明该指标的一致性较差，数据质量不理想，暂用现指标替代。

我们使用 AHP 法为各个指标赋权，从回收问卷中发现，来自科研机构的专家群体和政府科技部门的官员群体对各指标重要程度的认知接近一致，但与企业家群体的认知存在一定差异。政府官员和科研机构专家赋予社会研发水平的指标权重显著高于企业家，而企业家在经济水平、科技服务水平两项指标上赋予了更高的权重。关于数据来源，分析数据全部来自公开出版或在官方网站公布的统计数据，主要来源为中国各省份和地级及以上城市的《第三次全国经济普查主要数据公报》以及各地统计年鉴、科技年鉴，少部分数据来自地方政府统计公报和政府工作报告，所采集的数据均为 2013 年数据。

1. 中国城市创新指数综合评价

根据上述方法，本节收集了我国经济总量百强市各项创新指标，最终得出了 60 个城市的创新指数。从创新指数排名看，城市创新具有明显的地理集聚特征。珠三角、长三角和京津冀三大城市群发展成为全国创新的三大高地。创新指数得分较高的城市主要集中在我国沿海地区，如长三角、珠三角和京津冀地区，前 10 名中除西安市以外，其余城市均来自上述地区（见表 6 - 2）。根据城市创新指数得分的情况，可以将这些城市大致分为五个不同梯队。

第一梯队：深圳、北京。深圳、北京两个城市的创新指数得分分别为 820 分和 806 分，是参评城市平均分（60 个城市平均为 337 分）的两倍以上，遥遥领先于其他城市。两个城市集聚了大量的创新企业、人才、平台和资源，构成我国"一南一北"两个国家创新中心，在发展基础、科技研发能力和产业化能力等各个指标方面位居前列。深圳的发展基础和产业化能力均位居全国第一，同时，其经济水平、企业研发水平、技术供给水平和技术应用水平等 4 个三级指标也位居全国第一，体现出以创新企业为主导、产研联系紧密、技术转化应用能力强的城市创新模式。北京在科技研发能力方面具有明显的优势，其社会研发水平、科技服务水平 2 个三级指标位居全国第一，技术供给水平仅次于深圳。北京作为国家创新投入最密集、高校和科研机构数量最多的城市，吸引了大量的创新企业和人才集聚，强大的科技研发能力在全国遥遥领先。比较而言，北京的创新动力源更多来自大学、科研机构，其在企业研发水平、技术应用水平等方面逊于深圳。

表 6 - 2　中国城市创新指数得分与排名（前 20 名）

城市	发展基础（分）	科技研发能力（分）	产业化能力（分）	综合评价（分）	排名
深圳市	194	220	405	820	1
北京市	171	274	361	806	2
上海市	193	162	189	544	3
苏州市	168	140	234	542	4

续表

城市	发展基础（分）	科技研发能力（分）	产业化能力（分）	综合评价（分）	排名
杭州市	119	174	242	534	5
西安市	70	192	214	476	6
广州市	182	131	155	468	7
珠海市	80	146	241	466	8
无锡市	121	156	172	450	9
宁波市	116	137	177	430	10
武汉市	104	155	162	422	11
天津市	148	154	118	420	12
厦门市	79	170	150	399	13
济南市	80	148	162	391	14
长沙市	94	144	145	383	15
青岛市	113	139	125	377	16
常州市	83	142	136	361	17
东莞市	96	116	148	361	18
成都市	98	112	142	353	19
合肥市	70	149	127	346	20

注：南京、沈阳等部分区域中心城市因关键数据缺失而未纳入此次评价。完整排名见本书附表七。

第二梯队：上海、苏州、杭州。这3个城市位于长三角地区，创新指数得分均超过平均分50%，领先于其他城市，但与深圳、北京仍存在显著差距。其中，上海具有明显的发展基础优势，该项排名居全国第2位。同时，社会研发水平、技术供给水平2项指标也居于全国前列（分别居全国第4位和第5位）。苏州和杭州的企业创新活跃，产业化能力强（分别居全国第5位和第3位）。第二梯队城市在空间上形成了以上海为龙头、以苏州和杭州为两翼的长三角国家级创新集聚区。

第三梯队：西安、广州、珠海、无锡、宁波、武汉、天津。这7个城市的综合得分均超过400分，均高于平均分20%。这些城市有些为重要的国家和区域中心城市，有些为高新技术产业的重要集聚区。其中，西安、武汉、广州和天津云集了大量的高校、科研机构和创新企业，是我国传统的科技强市。珠海、无锡和宁波的国家级高新区发展较好，珠海和宁波的金融支撑水平位居全国前列，无锡的企业研发水平和技术供给水平位居全国前列。

第四梯队：厦门等21个城市。厦门等21个城市的综合得分均在300分以上，与平均分接近。这些城市大致分为两类：第一类是省内的行政中心或经济中心，包括厦门、长沙、济南、青岛、成都等，集聚了本省的创新资源和人才；第二类是沿海发达地区的二线城市，受到北京、上海和深圳等地区的产业转移和创新溢出的影响，具备一定的产业创新能力。比如东莞和惠州，经过多年的发展已经深度融入"深莞惠"大都市区，大量承接来自深圳的产业转移和创新溢出。从实地调研来看，目前深圳大量的电子信息产业已经整体或者部分转移到东莞和惠州，使它们成为全球电子信息产业重要生产制造基地。

第五梯队：贵阳等27个城市。余下27个参评城市得分均低于平均分的15%，上述城市大多为西部地区的经济中心或行政中心，如贵阳、重庆、昆明、兰州等，也包括一批沿海经济发达地区的二、三线城市，如中山、金华、湖州、保定等。总的来看，中西部城市受限于发展基础、区位条件等诸多因素，创新资源不足，接受技术溢出的渠道窄，产业化能力有限。东部二、三线城市虽然产业基础较好，但受到区域中心城市的极化效应影响，在产业分工中主要承担加工制造职能，自身的创新资源层级较低，金融支撑水平和科技服务水平有限。

2. 中国城市创新指数的分项评价

在发展基础方面，发展基础指标反映了城市综合经济水平和开放水平，决定了人才、技术、资金等关键创新要素的集聚能力。从排名来看，发展基础得分打破了传统"北上广深"单纯以经济总量排位的格局。尽管深圳在四市中经济总量最小，但其经济水平和开放水平均得分较高，基于创新视角评价的发展基础最好（见图6-1）。

在科技研发能力方面，科技研发能力体现了城市的整体研发投入、企业的创新活力和科研服务机构的发展水平。北京的科技研发能力遥遥领先（见图6-2），其在高校、科研机构、创新平台、创新人才等方面的优势地位其他城市难以撼动。深圳除了拥有华为、中兴、腾讯、比亚迪等一批创

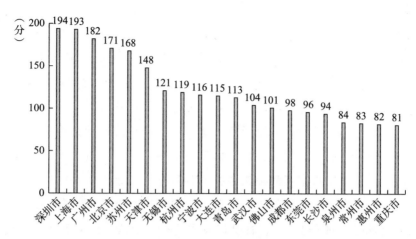

图 6 - 1　中国城市创新指数发展基础评价情况

资料来源：《中国城市创新指数评价研究》，广东省社会科学院，2016。

新型企业巨头外，还存在大疆、迈瑞等大量的行业领先者，以及海量的创新型中小企业，在企业研发水平上的优势较为明显。同时，深圳近年来相继引进了中科院先进技术研究院、光启研究院等新型研发机构，南方科技大学、香港中文大学深圳校区、中山大学深圳校区等高校也被创建或引进落户，有效弥补了其高校、科研机构相对不足的短板。

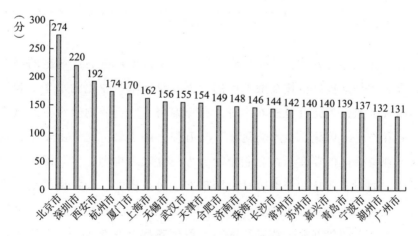

图 6 - 2　中国城市创新指数科技研发能力评价情况

资料来源：《中国城市创新指数评价研究》，广东省社会科学院，2016。

与北京和深圳相比，上海和广州的科技研发能力排名则令人较为意外

（见表6-3）。上海在科技研发能力这一指标上仅仅排在全国第6名，广州只能排在全国第20名。上海的短板在于缺乏BAT（百度公司、阿里巴巴集团和腾讯公司）这样的创新型企业巨头，加之其国有企业历史包袱重，企业研发水平仅居全国第16位；尽管上海高校、科研机构数量众多，但与深圳相比，其直接服务市场的新型研发机构发育较缓。

广州以汽车、石化、批发及零售业为主导的传统产业结构明显，企业的创新意识相对较弱。同时，作为国家中心城市，广州过去十多年来致力于发展重化工业，有限资源被集中投放到汽车、石化等传统的资本密集型产业之中，也有可能对创新投入形成了一定挤出效应。2013年，广州全社会研发投入强度只有1.9%，社会研发水平在全国仅仅排第36位，企业研发水平仅仅排在第28位（见表6-3）。

表6-3　"北上广深"科技研发能力排名比较

城市	社会研发水平	企业研发水平	科技服务水平	分项综合评价
北京市	1	22	1	1
上海市	4	16	8	6
广州市	36	28	6	20
深圳市	3	1	3	2

资料来源：《中国城市创新指数评价研究》，广东省社会科学院，2016。

在产业化能力方面，产业化能力测度了城市创新链与产业链的潜在耦合程度、为创新提供科技金融支撑的能力以及技术产业化的水平。深圳在这一指标上遥遥领先（见图6-3），充分说明了以企业创新为主的城市创新模式在产研一体化、技术转化环节具有强大的优势。北京由于中关村等创新产业集聚区的存在，在产业化能力方面也表现出色，但与深圳尚有一定差距。同时，北京和深圳也是全国创客、风投资本、创投机构最集中的城市，在技术孵化和众创空间发展方面在全国也处于领先地位。尽管杭州、珠海、苏州等并非传统科技强市，但创新型企业众多、金融服务机构活跃，因此其具备较强的产业化能力。此外，西安、武汉、广州等高校、科研机构集聚的科技大市，受到传统科研体制的束缚，科研与生产"两张皮"的问题并没有得到根本解决。对于这些城市而言，将强大的科研能力优势转化为产业优势依然任重道远。

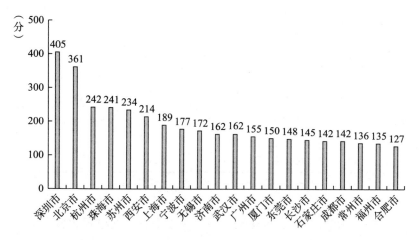

图6-3　中国城市创新指数产业化能力评价情况

资料来源：《中国城市创新指数评价研究》，广东省社会科学院，2016。

（二）中国城市技术进步情况

1. 高端人力资本情况

从时间趋势上来看，中国城市高端人力资本规模明显增加，不平衡性也有所增强。如表6-4所示，全国城市普通高等学校在校学生数的平均值由1996年的13752人增至2013年的84504人，年均增长11.3%；东部、中部、西部和东北地区城市普通高等学校在校学生数的平均值则在1996～2013年的年均增长率分别为11.7%、13.3%、10.6%和8.0%。全国城市普通高等学校在校学生数的最大值由1996年的180889人增至2013年的966438人，年均增长10.4%；东部、中部、西部和东北地区城市普通高等学校在校学生数的最大值则在1996～2013年的年均增长率分别为9.4%、11.2%、11.4%和9.2%。全国城市普通高等学校在校学生数的标准差由1996年的27310人增至2013年的151126人，东部、中部、西部和东北地区城市普通高等学校在校学生数的标准差则分别由1996年的32270人、22672人、22313人和31425人增至2013年的170415人、148561人、140619人和125122人。

表 6 - 4　中国城市普通高等学校在校学生数的统计描述

单位：人

	1996 年			2013 年		
	平均值	最大值	标准差	平均值	最大值	标准差
全国	13752	180889	27310	84504	966438	151126
东部地区	16716	180889	32270	109081	834886	170415
中部地区	9847	159300	22672	81659	966438	148561
西部地区	12141	115862	22313	67784	729090	140619
东北地区	18725	108626	31425	69404	486252	125122

资料来源：根据相应年份《中国城市统计年鉴》数据计算而得。

如表 6 - 5 所示，从不同规模类型的城市来看，规模较大城市的高端人力资本规模也较大且不平衡性较强，但规模较小城市的高端人力资本规模增长较快。一是规模较大城市的高端人力资本规模也较大。1996 年超大城市、特大城市、大城市、中等城市、小城市普通高等学校在校学生数的平均值分别为 108631 人、86300 人、28319 人、5464 人、2272 人，最大值分别为 180889 人、111149 人、159300 人、19825 人、8150 人；2013 年超大城市、特大城市、大城市、中等城市、小城市普通高等学校在校学生数的平均值分别为 502823 人、594692 人、211296 人、47988 人、20153 人，最大值分别为 834886 人、807450 人、966438 人、169925 人、96552 人。二是规模较大城市的高端人力资本不平衡性较强。1996 年超大城市、特大城市、大城市、中等城市、小城市普通高等学校在校学生数的标准差分别为 75908 人、18564 人、31856 人、4554 人、1634 人，2013 年分别为 313311 人、192761 人、206151 人、37202 人、17721 人。三是规模较小城市的高端人力资本规模增长较快。1996 ~ 2013 年超大城市、特大城市、大城市、中等城市、小城市普通高等学校在校学生数的平均值分别年均增长 9.4%、12.0%、12.5%、13.6%、13.7%，最大值分别年均增长 9.4%、12.4%、11.2%、13.5%、15.7%，年均增长率随规模减小而总体增加的趋势较为明显。

表 6 - 5　中国大中小城市普通高等学校在校学生数的统计描述

单位：人

规模类型	1996 年			2013 年		
	平均值	最大值	标准差	平均值	最大值	标准差
超大城市	108631	180889	75908	502823	834886	313311
特大城市	86300	111149	18564	594692	807450	192761
大城市	28319	159300	31856	211296	966438	206151
中等城市	5464	19825	4554	47988	169925	37202
小城市	2272	8150	1634	20153	96552	17721

资料来源：根据相应年份《中国城市统计年鉴》数据计算而得。

如表 6 - 6 所示，从城市群内和非城市群内的城市对比来看，城市群内城市的高端人力资本规模较大且不平衡性较强。一是城市群内城市的高端人力资本规模大于非城市群内城市。1996 年，城市群内和非城市群内城市的普通高等学校在校学生数平均值分别为 20068 人、4024 人，最大值分别为 180889 人、19825 人；2013 年，城市群内和非城市群内城市的普通高等学校在校学生数平均值分别为 128372 人、29406 人，最大值分别为 966438 人、160745 人。二是城市群内城市的高端人力资本的不平衡性大于非城市群内城市。1996 年，城市群内和非城市群内城市的普通高等学校在校学生数标准差分别为 33466 人、4239 人；2013 年，两者分别为 189779 人、30813 人。

表 6 - 6　城市群内和非城市群内城市普通高等学校在校学生数的统计描述

单位：人

	1996 年			2013 年		
	平均值	最大值	标准差	平均值	最大值	标准差
城市群内的城市	20068	180889	33466	128372	966438	189779
非城市群内的城市	4024	19825	4239	29406	160745	30813

资料来源：根据相应年份《中国城市统计年鉴》数据计算而得。

从空间分布演变来看，中国城市高端人力资本主要分布在东部地区，且这一态势有所加强。运用几何间隔法，将中国城市按照普通高等学校在校学生数从多到少分为 5 类。1996 年，最多类的城市有 30 个，其中东部地区有北京市、福州市、广州市、杭州市、济南市、南京市、青岛市、上海市、石家庄市、天津市等 10 个，中部地区有合肥市、南昌市、太原市、武汉市、长沙市、郑州市等 6 个，西部地区有成都市、贵阳市、呼和浩特市、昆明市、兰州市、南宁市、乌鲁木齐市、西安市、重庆市等 9 个，东北地区有大连市、哈尔滨市、吉林市、沈阳市、长春市等 5 个，东部地区最多。2013 年，最多类的城市有 29 个，其中东部地区有保定市、北京市、福州市、广州市、杭州市、济南市、南京市、秦皇岛市、青岛市、上海市、天津市等 11 个，中部地区有合肥市、南昌市、太原市、武汉市、长沙市、郑州市等 6 个，西部地区有成都市、贵阳市、呼和浩特市、昆明市、兰州市、南宁市、西安市、重庆市等 8 个，东北地区有大连市、哈尔滨市、沈阳市、长春市等 4 个，也是东部地区最多。对 1996 年和 2013 年进行比较，发现属于最多类的东部地区城市数量由 10 个增至 11 个，中部地区该类城市数量保持为 6 个，而西部和东北地区的该类城市数量则分别由 9 个和 5 个减少至 8 个和 4 个，可知高端人力资本主要分布在东部地区这一态势有所加强。

2. 科学技术支出情况

从时间趋势上来看，中国城市科学技术支出规模明显增大，不平衡性也有所增强。如表 6 - 7 所示，全国城市科学技术支出的平均值由 1996 年的 646 万元增至 2013 年的 57162 万元，年均增长 30.2%；东部、中部、西部和东北地区城市科学技术支出的平均值则在 1996 ~ 2013 年的年均增长率分别为 32.1%、30.9%、25.0% 和 25.3%。全国城市科学技术支出的最大值由 1996 年的 40346 万元增至 2013 年的 2560185 万元，年均增长 27.7%；东部、中部、西部和东北地区城市科学技术支出的最大值则在 1996 ~ 2013 年的年均增长率分别为 27.7%、30.9%、25.3% 和 31.4%。全国城市科学技术支出的标准差由 1996 年的 2658 万元增至 2013 年的 227282 万元，东部、中部、西部和东北地区城市科学技术支出的标准差则分别由 1996 年的 4542 万元、420 万元、601 万元和 1023 万元增至 2013 年的 395539 万元、51985 万元、27879 万元和 88183 万元。

表6-7 中国城市科学技术支出的统计描述

单位：万元

	1996 年			2013 年		
	平均值	最大值	标准差	平均值	最大值	标准差
全国	646	40346	2658	57162	2560185	227282
东部地区	1214	40346	4542	138310	2560185	395539
中部地区	266	2991	420	25745	289499	51985
西部地区	308	4500	601	13589	209249	27879
东北地区	755	4341	1023	34938	451389	88183

资料来源：根据相应年份《中国城市统计年鉴》数据计算而得。

如表6-8所示，从不同规模类型的城市来看，规模较大城市的科学技术支出也较多且不平衡性较强，但大城市的科学技术支出增长相对于其他四种类型城市较快。一是规模较大城市的科学技术支出也较多。1996年超大城市、特大城市、大城市、中等城市、小城市的科学技术支出的平均值分别为14546万元、4755万元、802万元、325万元、152万元，最大值分别为40346万元、8142万元、4341万元、1276万元、1354万元；2013年超大城市、特大城市、大城市、中等城市、小城市的科学技术支出的平均值分别为1683258万元、336349万元、94325万元、18381万元、7732万元，最大值分别为2560185万元、460524万元、451389万元、121303万元、105594万元。二是规模较大城市的科学技术支出不平衡性较强。1996年超大城市、特大城市、大城市、中等城市、小城市的科学技术支出的标准差分别为17424万元、2355万元、802万元、220万元、198万元，2013年分别为941924万元、114922万元、103935万元、19373万元、11863万元。三是大城市的科学技术支出增长相对于其他四种类型城市较快。1996～2013年超大城市、特大城市、大城市、中等城市、小城市的科学技术支出的平均值分别年均增长32.2%、28.5%、32.4%、26.8%、26.0%，最大值分别年均增长27.7%、26.8%、31.4%、30.7%、29.2%，两者均是大城市的年均增长率最高。

表6-8　中国大中小城市科学技术支出的统计描述

单位：万元

规模类型	1996 年			2013 年		
	平均值	最大值	标准差	平均值	最大值	标准差
超大城市	14546	40346	17424	1683258	2560185	941924
特大城市	4755	8142	2355	336349	460524	114922
大城市	802	4341	802	94325	451389	103935
中等城市	325	1276	220	18381	121303	19373
小城市	152	1354	198	7732	105594	11863

资料来源：根据相应年份《中国城市统计年鉴》数据计算而得。

如表6-9所示，从城市群内和非城市群内的城市对比来看，城市群内城市的科学技术支出规模较大且不平衡性较强。一是城市群内城市的科学技术支出规模大于非城市群内城市。1996年，城市群内和非城市群内城市的科学技术支出平均值分别为975万元、218万元，最大值分别为40346万元、1110万元；2013年，城市群内和非城市群内城市的科学技术支出平均值分别为95399万元、10033万元，最大值分别为2560185万元、84514万元。二是城市群内城市的科学技术支出的不平衡性较强。1996年，城市群内和非城市群内城市的科学技术支出的标准差分别为3497万元、209万元；2013年，两者分别为300682万元、13072万元。

表6-9　城市群内和非城市群内城市科学技术支出的统计描述

单位：万元

	1996 年			2013 年		
	平均值	最大值	标准差	平均值	最大值	标准差
城市群内的城市	975	40346	3497	95399	2560185	300682
非城市群内的城市	218	1110	209	10033	84514	13072

资料来源：根据相应年份《中国城市统计年鉴》数据计算而得。

从空间分布演变来看，中国城市科学技术支出主要分布在东部地区，且这一态势有所加强。运用几何间隔法，将中国城市按照科学技术支出从多到少分为 5 类。1996 年，最多类的城市有 10 个，东部地区有广州市、南京市、厦门市、上海市、深圳市、天津市等 6 个，东北地区有吉林市、沈阳市等 2 个，中部地区和西部地区均仅有 1 个，分别为武汉市、重庆市。2013 年，最多类的城市有 22 个，东部地区有北京市、常州市、东莞市、佛山市、广州市、杭州市、南京市、宁波市、青岛市、厦门市、上海市、深圳市、苏州市、天津市、无锡市等 15 个，中部地区有合肥市、芜湖市、武汉市、长沙市等 4 个，东北地区有大连市、沈阳市等 2 个，西部地区仅有 1 个（重庆市）。对 1996 年和 2013 年进行比较，发现属于最多类的东部地区城市数量由 6 个增至 15 个，中部地区该类城市数量由 1 个增至 4 个，而西部和东北地区的该类城市数量则均分别保持在 1 个和 2 个，可知科学技术支出主要分布在东部地区这一态势有所加强。

3. 科技文化文献情况

从时间趋势上来看，中国城市科技文化文献规模增大，不平衡性也有所增强。如表 6-10 所示，全国城市公共图书馆图书总藏量的平均值由 1996 年的 96.5 万册增至 2013 年的 187.7 万册，年均增长 4.0%；东部、中部和东北地区城市公共图书馆图书总藏量的平均值则在 1996～2013 年的年均增长率分别为 6.5%、3.4% 和 2.6%，西部地区城市公共图书馆图书总藏量的平均值则年均下降 0.8%。全国城市公共图书馆图书总藏量的最大值由 1996 年的 2490.7 万册增至 2013 年的 7184.9 万册，年均增长 6.4%；东部、中部和东北地区城市公共图书馆图书总藏量的最大值则在 1996～2013 年的年均增长率分别为 6.4%、3.5%、2.7%，西部地区城市公共图书馆图书总藏量的最大值则年均下降 2.6%。全国城市公共图书馆图书总藏量的标准差由 1996 年的 240.8 万册增至 2013 年的 597.1 万册，东部、中部和东北地区城市公共图书馆图书总藏量的标准差则分别由 1996 年的 345.5 万册、106.8 万册和 191.9 万册增至 2013 年的 1015.2 万册、187.5 万册和 329.5 万册，西部地区城市公共图书馆图书总藏量的标准差由 1996 年的 204.9 万册减少至 2013 年的 147.2 万册。

表 6 – 10　中国城市公共图书馆图书总藏量的统计描述

单位：千册

	1996 年			2013 年		
	平均值	最大值	标准差	平均值	最大值	标准差
全国	965	24907	2408	1877	71849	5971
东部地区	1332	24907	3455	3864	71849	10152
中部地区	539	6477	1068	957	11625	1875
西部地区	911	14500	2049	799	9215	1472
东北地区	1094	8376	1919	1685	13176	3295

资料来源：根据相应年份《中国城市统计年鉴》数据计算而得。

　　如表 6 – 11 所示，从不同规模类型的城市来看，规模较大城市的科技文化文献较多且不平衡性较强，超大城市的科技文化文献增长相对于其他四种类型城市较快。一是规模较大城市的科技文化文献较多。1996年超大城市、特大城市、大城市、中等城市、小城市的公共图书馆图书总藏量的平均值分别为 1185.7 万册、664.3 万册、188.1 万册、34.9 万册、31.0 万册，最大值分别为 2490.7 万册、840.9 万册、845.2 万册、170.7 万册、1450.0 万册；2013 年超大城市、特大城市、大城市、中等城市、小城市的公共图书馆图书总藏量的平均值分别为 4260.7 万册、1274.0 万册、343.0 万册、67.2 万册、37.6 万册，最大值分别为 7184.9 万册、1505.3 万册、1599.0 万册、257.6 万册、234.7 万册。二是规模较大城市的科技文化文献数量不平衡性较强。1996 年超大城市、特大城市、大城市、中等城市、小城市的公共图书馆图书总藏量的标准差分别为 1025.6 万册、119.3 万册、199.7 万册、23.6 万册、140.5 万册，2013 年分别为 2418.8 万册、261.0 万册、343.8 万册、44.6 万册、37.6 万册，规模较大城市通常科技文化文献较多。三是超大城市的科技文化文献增长相对于其他四种类型城市较快。1996 ~ 2013 年超大城市、特大城市、大城市、中等城市、小城市的公共图书馆图书总藏量的平均值分别实现年均增长 7.8%、3.9%、3.6%、3.9%、1.1%，超大城市的年均增长率最大。

表 6-11　中国大中小城市公共图书馆图书总藏量的统计描述

单位：千册

规模类型	1996 年			2013 年		
	平均值	最大值	标准差	平均值	最大值	标准差
超大城市	11857	24907	10256	42607	71849	24188
特大城市	6643	8409	1193	12740	15053	2610
大城市	1881	8452	1997	3430	15990	3438
中等城市	349	1707	236	672	2576	446
小城市	310	14500	1405	376	2347	376

资料来源：根据相应年份《中国城市统计年鉴》数据计算而得。

如表 6-12 所示，从城市群内和非城市群内的城市对比来看，城市群内城市的公共图书馆图书总藏量较大且不平衡性较强。一是城市群内城市的公共图书馆图书总藏量大于非城市群内城市。1996 年，城市群内和非城市群内城市的公共图书馆图书总藏量平均值分别为 151.7 万册、23.5 万册，最大值分别为 2490.7 万册、170.7 万册；2013 年，城市群内和非城市群内城市的公共图书馆图书总藏量平均值分别为 295.8 万册、53.4 万册，最大值分别为 7184.9 万册、513.0 万册。二是城市群内城市的公共图书馆图书总藏量的不平衡性较强。1996 年，城市群内和非城市群内城市的公共图书馆图书总藏量的标准差分别为 307.7 万册、23.0 万册；2013 年，两者分别为 784.6 万册、64.4 万册。

表 6-12　城市群内和非城市群内公共图书馆图书总藏量的统计描述

单位：千册

规模类型	1996 年			2013 年		
	平均值	最大值	标准差	平均值	最大值	标准差
城市群内的城市	1517	24907	3077	2958	71849	7846
非城市群内的城市	235	1707	230	534	5130	644

资料来源：根据相应年份《中国城市统计年鉴》数据计算而得。

从空间分布演变来看，中国城市科技文化文献由主要分布在东部和西部地区转变为主要分布在东部地区，且东部地区作为主要分布地区的态势有所加强。运用几何间隔法，将中国城市按照公共图书馆图书总藏量从多到少分为5类。1996年，最多类的城市有28个，东部地区有北京市、福州市、广州市、杭州市、济南市、南京市、上海市、石家庄市、天津市等9个，中部地区有合肥市、南昌市、太原市、武汉市、长沙市、郑州市等6个，西部地区有成都市、防城港市、贵阳市、昆明市、兰州市、南宁市、西安市、重庆市等8个，东北地区有大连市、哈尔滨市、吉林市、沈阳市、长春市等5个，主要分布在东部和西部地区。2013年，最多类的城市有19个，东部地区有北京市、东莞市、广州市、杭州市、济南市、南京市、上海市、深圳市、天津市等9个，中部地区有太原市、武汉市、长沙市等3个，西部地区有南宁市、西安市、重庆市等3个，东北地区有大连市、哈尔滨市、沈阳市、长春市等4个。对1996年和2013年进行比较，发现属于最多类的东部地区城市数量保持为9个，中部、西部、东北地区该类城市的数量则分别由6个、8个、5个减少至3个、3个和4个，在中部、西部和东北地区该类城市数量均下降的同时，东部地区该类城市数量仍能保持稳定，说明东部地区作为公共图书馆图书总藏量最多城市的主要分布地区这一态势有所加强。

4. 科技产业情况

从时间趋势来看，中国城市科技产业规模增大，不平衡性也有所增强。如表6-13所示，全国城市科技研究、技术服务和地质勘查业从业人员数的平均值由2003年的0.65万人增至2013年的1.07万人，年均增长5.1%；东部、中部、西部和东北地区城市科技研究、技术服务和地质勘查业从业人员数的平均值则在2003~2013年的年均增长率分别为7.3%、3.3%、3.0%和2.6%。全国城市科技研究、技术服务和地质勘查业从业人员数的最大值由2003年的36.22万人增至2013年的59.32万人，年均增长5.1%；东部、中部、西部和东北地区城市科技研究、技术服务和地质勘查业从业人员数的最大值则在2003~2013年的年均增长率分别为5.1%、2.5%、4.3%和4.2%。全国城市科技研究、技术服务和地质勘查业从业人员数的标准差由2003年的2.41万人增至2013年的4.05万人，东部、中部、西部和东北地区城市科技研究、技术服务和地质勘查业从业人员数的标准差则分别由2003年的4.05万人、0.78万人、1.25万人和 1.13 万人增至 2013 年的 6.92 万人、1.12 万人、1.83 万人、1.50 万人。

表 6 – 13　中国城市科技研究、技术服务和地质勘查业从业人员数的统计描述

单位：万人

	2003 年			2013 年		
	平均值	最大值	标准差	平均值	最大值	标准差
全国	0.65	36.22	2.41	1.07	59.32	4.05
东部地区	0.98	36.22	4.05	1.98	59.32	6.92
中部地区	0.39	5.05	0.78	0.54	6.44	1.12
西部地区	0.53	7.46	1.25	0.71	11.36	1.83
东北地区	0.68	4.09	1.13	0.88	6.19	1.50

资料来源：根据相应年份《中国城市统计年鉴》数据计算而得。

　　如表 6 – 14 所示，从不同规模类型的城市来看，规模较大城市的科技产业规模较大且增长较快，但不平衡性较强。一是规模较大城市的科技产业规模较大。2003 年超大城市、特大城市、大城市、中等城市、小城市的科技研究、技术服务和地质勘查业从业人员数的平均值分别为 13.01 万人、4.26 万人、1.31 万人、0.23 万人、0.11 万人，最大值分别为 36.22 万人、5.56 万人、7.46 万人、1.87 万人、0.39 万人；2013 年超大城市、特大城市、大城市、中等城市、小城市的科技研究、技术服务和地质勘查业从业人员数的平均值分别为 25.29 万人、7.78 万人、2.10 万人、0.37 万人、0.16 万人，最大值分别为 59.32 万人、10.55 万人、11.36 万人、3.60 万人、0.96 万人。二是规模较大城市的科技产业规模增长较快。2003～2013 年超大城市、特大城市、大城市、中等城市、小城市的科技研究、技术服务和地质勘查业从业人员数的平均值分别年均增长 6.9%、6.2%、4.8%、4.9%、3.8%。三是规模较大城市的科技产业规模不平衡性较强。2003 年超大城市、特大城市、大城市、中等城市、小城市的科技研究、技术服务和地质勘查业从业人员数的标准差分别为 15.92 万人、1.30 万人、1.48 万人、0.22 万人、0.07 万人，2013 年分别为 23.25 万人、2.41 万人、2.37 万人、0.42 万人、0.13 万人。

表 6 – 14 中国大中小城市科技研究、技术服务和地质勘查业从业人员数的统计描述

单位：万人

规模类型	2003 年			2013 年		
	平均值	最大值	标准差	平均值	最大值	标准差
超大城市	13.01	36.22	15.92	25.29	59.32	23.25
特大城市	4.26	5.56	1.30	7.78	10.55	2.41
大城市	1.31	7.46	1.48	2.10	11.36	2.37
中等城市	0.23	1.87	0.22	0.37	3.60	0.42
小城市	0.11	0.39	0.07	0.16	0.96	0.13

资料来源：根据相应年份《中国城市统计年鉴》数据计算而得。

如表 6 – 15 所示，从城市群内和非城市群内的城市对比来看，城市群内城市的科技产业规模较大且不平衡性较强。一是城市群内城市的科技产业规模大于非城市群内城市。2003 年，城市群内和非城市群内城市的科技研究、技术服务和地质勘查业从业人员数的平均值分别为 1.03 万人、0.16 万人，最大值分别为 36.22 万人、0.64 万人；2013 年，城市群内和非城市群内城市的科技研究、技术服务和地质勘查业从业人员数的平均值分别为 1.75 万人、0.23 万人，最大值分别为 59.32 万人、1.42 万人。二是城市群内城市的科技产业发展不平衡性较强。2003 年，城市群内和非城市群内城市的科技研究、技术服务和地质勘查业从业人员数的标准差分别为 3.17 万人、0.13 万人；2013 年，两者分别为 5.36 万人、0.22 万人。

表 6 – 15 城市群内和非城市群内城市科技研究、技术服务
和地质勘查业从业人员数的统计描述

单位：万人

	2003 年			2013 年		
	平均值	最大值	标准差	平均值	最大值	标准差
城市群内的城市	1.03	36.22	3.17	1.75	59.32	5.36
非城市群内的城市	0.16	0.64	0.13	0.23	1.42	0.22

资料来源：根据相应年份《中国城市统计年鉴》数据计算而得。

从空间分布演变来看，中国城市科技产业主要分布在东部地区，且这一趋势有所加强。运用几何间隔法，将中国城市按照科技研究、技术服务和地

质勘查业从业人员数从多到少分为 5 类。2003 年，最多类的城市有 21 个，东部地区有北京市、广州市、杭州市、济南市、南京市、上海市、天津市等 7 个，中部地区有太原市、武汉市、长沙市、郑州市等 4 个，西部地区有成都市、昆明市、兰州市、西安市、重庆市等 5 个，东北地区有大庆市、哈尔滨市、吉林市、沈阳市、长春市等 5 个。2013 年，最多类的城市有 19 个，东部地区有北京市、福州市、广州市、杭州市、南京市、上海市、深圳市、天津市等 8 个，中部地区有太原市、武汉市、长沙市、郑州市等 4 个，西部地区有成都市、昆明市、绵阳市、西安市等 4 个，东北地区有大庆市、沈阳市、长春市等 3 个。对 2003 年和 2013 年进行比较，发现属于最多类的东部地区城市数量由 7 个增至 8 个，中部地区该类城市数量保持为 4 个，西部地区该类城市数量由 5 个降至 4 个，东北地区该类城市数量由 5 个降至 3 个。由此可知，科技产业主要分布在东部地区，且这一趋势有所加强。

5. 科技产出情况

从总体分布来看，中国城市科技产出主要集中分布在东部地区，且地区内部差异也是东部地区最大。如表 6-16 所示，2013 年，中国东部、中部、西部和东北地区城市专利申请量的平均值分别为 18423 件、3554 件、3872 件和 2596 件，东部地区的平均值远大于中部、西部和东北地区，分别为中部、西部和东北地区的 5.2 倍、4.8 倍、7.1 倍。中国东部、中部、西部和东北地区城市专利申请量的最大值分别为 141076 件、25619 件、59368 件、21376 件，东部地区的最大值远大于中部、西部和东北地区，分别为中部、西部和东北地区的 5.5 倍、2.4 倍、6.6 倍。中国东部、中部、西部和东北地区城市专利申请量的标准差分别为 27182 件、5086 件、11098 件、5216 件，东部地区的标准差也远大于中部、西部和东北地区。

表 6-16 2013 年中国城市专利申请量的统计描述

单位：件

	平均值	最大值	标准差
全国	8558	141076	18455
东部地区	18423	141076	27182

	平均值	最大值	标准差
中部地区	3554	25619	5086
西部地区	3872	59368	11098
东北地区	2596	21376	5216

注：因海南、山西、内蒙古、宁夏、青海、西藏的城市缺失数据，该表为不完全统计。
资料来源：根据各省区市统计年鉴数据计算而得。

如表 6 - 17 所示，从不同规模类型的城市来看，规模较大城市的科技产出较多且不平衡性也较强。一是规模较大城市的科技产出较多。2013 年超大城市、特大城市、大城市、中等城市、小城市专利申请量的平均值分别为 82549 件、44481 件、19780 件、4243 件、1885 件；最大值分别为 123336 件、60915 件、141076 件、28255 件、23356 件，其中，因为大城市中的苏州市的专利申请量远大于其他城市，所以大城市专利申请量的最大值大于其他规模类型城市，这是一个例外。二是规模较大城市的科技产出的不平衡性也较强。2013 年，超大城市、特大城市、大城市、中等城市、小城市专利申请量的标准差分别为 34225 件、21417 件、25582 件、5974 件、3781 件，同样是苏州市的原因使得大城市成为例外。

表 6 - 17 2013 年中国大中小城市专利申请量的统计描述

单位：件

规模类型	平均值	最大值	标准差
超大城市	82549	123336	34225
特大城市	44481	60915	21417
大城市	19780	141076	25582
中等城市	4243	28255	5974
小城市	1885	23356	3781

注：因海南、山西、内蒙古、宁夏、青海、西藏的城市缺失数据，该表为不完全统计。
资料来源：根据各省区市统计年鉴数据计算而得。

如表 6 - 18 所示，从城市群内和非城市群内的城市对比来看，城市群内城市的科技产出较多且不平衡性也较强。一是城市群内城市的科技产出多于非城市群内城市。2013 年，城市群内和非城市群内城市的专利申请量平均值分别为 13158 件、2704 件，最大值分别为 141076 件、33663 件。二是城市群内城市的科技产出的不平衡性较强。2013 年，城市群内和非城市群内城市的专利申请量标准差分别为 23302 件、4882 件。

表 6-18　2013 年城市群内和非城市群内城市专利申请量的统计描述

单位：件

	平均值	最大值	标准差
城市群内的城市	13158	141076	23302
非城市群内的城市	2704	33663	4882

注：因海南、山西、内蒙古、宁夏、青海、西藏的城市缺失数据，该表为不完全统计。
资料来源：根据各省区市统计年鉴数据计算而得。

从空间分布演变来看，科技产出较多的城市集中分布在东部地区，科技产出较少的城市主要分布在西部地区。运用几何间隔法，将 2013 年中国城市按照专利申请量从多到少分为 5 类。可以发现，最多类的城市有 13 个，东部地区有北京市、杭州市、南京市、宁波市、青岛市、上海市、深圳市、苏州市、天津市、无锡市等 10 个，西部地区有成都市、西安市、重庆市等 3 个，中部和东北地区则没有最多类的城市。最少类的城市有 75 个，西部地区最多（35 个），其次是东北地区（19 个），再次是中部地区（17 个），东部地区最少（4 个）。

四　产业结构对技术进步的影响

（一）变量选取与描述性分析

1. 变量选取

技术创新变量：大多研究从知识和技术角度衡量创新产出，其中专利是最常被采用的产出指标。在专利的三种类型（发明、实用新型和外观设计）中，又以发明专利最为普遍。基于对地区原始创新能力与科技综合实力的考量，本书选用城市专利申请量作为创新产出的衡量指标。另外，本书科技研究、技术服务和地质勘查业从业人员（科研人员）数作为另一个衡量城市技术创新的指标。

从城市产业指标的分类看，一般可以分为绝对指标与相对指标。某一城市中，如果是相同产业的大量企业聚集在一起，则表现出产业专业化特征；如果是众多不同的产业集中在一起，则具有产业多样化的特征。通常用各产业的从业人员数量计算得到的产业专业化指数来衡量城市的专业化程度，因为专业化体现于不同的产业部门中，比较城市的专业化程度就要比较城市中所占份额最大的产业部门，这也是不少学者的做法（李金滟、宋德勇，2008；刘修岩，2009；Duranton and Puga，2000）。

本书定义的城市产业专业化指数为：

$$zy_i = \max_j s_{ij}$$

其中，s_{ij} 是产业部门 j 在城市 i 中的就业份额。

为了便于比较，城市产业相对专业化指数用以下方法定义，这也是参考了诸多学者的做法（Batisse，2002；樊福卓，2007；薄文广，2007；贺灿飞、潘峰华，2009）。

$$rzy_i = \max_j (s_{ij}/s_j)$$

其中，s_j 是产业部门 j 在全国所占就业份额。

衡量城市多样化程度大多采用赫芬达尔-赫希曼指数（HHI）的倒数，HHI 指数是对所有部门就业份额平方的加总，其倒数即为多样化指数（李金滟、宋德勇，2008）。对于城市产业相对多样化指数，多数学者采用的度量方法是用某城市某一行业以外的其他行业就业人数集中度与全国层面该指数的差取绝对值后累加，再取其倒数（Duranton and Puga，2000；李金滟、宋德勇，2008；贺灿飞、潘峰华，2009；刘修岩，2009）。基于此，本书定义的城市产业多样化指数为：

$$dy_i = 1/\sum s_{ij}^2$$

为了便于城市间的比较，进一步定义城市产业相对多样化指数为：

$$rdy_i = 1/\sum |s_{ij} - s_j|$$

rdy_i 表示某城市各行业比重与全国相应行业比重差的绝对值之和的倒数。

此外，本书还用产业结构高级化来测度产业结构优化升级，大多数研究采用非农业产值的比重来衡量。需要指出的是，发达国家或地区的发展经验显示，"经济结构服务化"是产业结构优化升级的重要特征，而产业结构调整的这种倾向难以用传统度量方法来测量。因此，本书借鉴于斌斌（2015）的做法，采用第三产业与第二产业的产值之比来反映产业结构高级化水平。产业结构高级化对城市技术创新提升有重要影响，其中高技术产业发展状况是衡量一个地区技术创新效果的重要指标。

根据以往的研究，本书还将从城市经济规模、对外开放、工资水平、人力资本、就业密度、政府干预、省会城市虚拟变量等几个方面来考察城市产业结构对其技术进步的影响。

城市经济规模：城市经济学理论已经表明，城市经济规模对企业创新有重要影响，因为经济发展为技术创新提供基础条件，城市经济规模越大优势越明显，创新能力可能越强。大城市和小城市在创新活跃度、创新创业环境、创新人才吸引以及创新活动的角色分工方面都存在较大差异。本书选用城市 GDP 作为衡量城市经济规模的指标。对外开放：各城市与外商联系的紧密程度。一般来说，地区越开放，越有利于促进各种生产要素的自由流动，从而提升城市产业技术。本书选取城市对外直接投资额作为衡量地区开放程度的指标。工资水平：城市工资高低对于城市吸引高端劳动力有重要影响，进而对区域创新活动有不可忽视的影响。本书选取城市在岗职工年均工资作为衡量地区工资竞争力的指标。人力资本：人力资本对区域创新能力有重要影响。从实际经验来看，区域内劳动者素质越高，其掌握和运用新知识进行技术创新的能力就越强。考虑到数据的可获得性，本书选取全市高校及中学在校学生数占全市总人口比重作为衡量劳动者素质的指标。城市的技术创新依赖企业员工（尤其是高端人力资本）在该城市的充分集聚，但人口过度集聚也必然会导致拥挤成本的增加，这一方面源于辖区空间逐步扩大导致的企业居民通勤成本提高，另一方面企业密度不断增加会导致企业土地成本即地租逐步提高，这些都会阻碍人口和创新活动的进一步集中。本书选用就业密度作为拥挤成本的代理变量，并用各市每平方公里的就业人数与全国均值之比对就业密度进行度量。政府干预：该指标用于反映地方政府对地区产业创新研究的干预程度。近年来，我国政府不断增大对科技创新的投入力度,在促进技术发展的同时也有可能造成过度干预的问题。为检验当前政府对创新研究的影响,本书选用地方财政支出占 GDP 比重作为衡量政府行为的指标。省会城市虚拟变量:省会城市是该省级区域的政治和经济中心,相对而言,有更多优势及机会获得更多的优惠政策及经济资源,以及更容易接近高端生产要素,为创新提供更为广阔的平台和更多的机会。因此,我们引入省会城市虚拟变量来捕捉这一影响。

模型中变量设定如表 6-19 所示。

表 6-19 模型中变量设定

指标名称 (单位)	变量 符号	指标含义	数据来源
城市专利申请量 (件)	zlsq	各市专利申请量	各省区市知识产权局
城市科研人员数 (万人)	kjcy	各市科技研究、技术服务和地质勘查业从业人员数	《中国城市统计年鉴》
三产/二产产值 (%)	ind32	各市第三产业与第二产业的产值之比	《中国区域经济统计年鉴》
专业化指数	zy	见上文公式	自行计算
相对专业化指数	rzy	见上文公式	自行计算
多样化指数	dy	见上文公式	自行计算
相对多样化指数	rdy	见上文公式	自行计算
城市经济规模(亿元)	gdp	各市 GDP	《中国城市统计年鉴》
对外开放(亿元)	fdi	对外直接投资额	《中国区域经济统计年鉴》
工资水平(万元)	wage	各市职工年均工资	《中国城市统计年鉴》
人力资本(%)	human	各市高校及中学在校学生数占全市总人口比重	《中国城市统计年鉴》
就业密度	jy	各市每平方公里的就业人数与全国均值之比	《中国城市统计年鉴》
财政支出占比(%)	cz	地方财政支出占 GDP 比重	《中国城市统计年鉴》
省会城市虚拟变量	sh	如果某城市属于省会城市,则 $sh=1$,否则为 0	《中国城市统计年鉴》

本书所用数据主要来源于国家统计局网站、《中国统计年鉴》、《中国区域经济统计年鉴》、《中国城市统计年鉴》以及各地区统计年鉴。所有变

量数据均为对数形式或比例形式（消除价格指数影响）。此外，由于公开出版的各类统计年鉴中只有全国和省级专利数据，缺少城市的专利数据，通过查询各省区市的知识产权局网站正式发布的专利申请量数据，结合少数省区市的统计年鉴数据，同时为匹配本书前文的城市效率数据，保持不同统计年鉴不同年份统计指标口径一致性，我们最终仅获得2013年地级市层面的专利申请量数据，以及2003年、2013年这两年的城市科研人员数，最终获得的城市样本量以数据分析为准。

2. 描述性分析

专业化指数和多样化指数反映的是城市自身就业在各行业之间的配置，而相对专业化指数和相对多样化指数则反映了该城市就业配置与其他城市之间的关系（李金滟、宋德勇，2008）。分析城市产业相对专业化指数，如表6-20所示，2003～2013年，全国地级及以上城市的产业相对专业化指数整体得到了一定程度的上升，从2003年的3.75上升为2013年的4.97，这表明这段时间中国城市间分工水平不断提高，经济联系有所加强，这与中国区域经济近年来的发展态势相符。从地区看，东北地区城市产业的相对专业化指数提升最为显著，东部地区和中部地区城市产业的相对专业化指数的提升幅度没有西部地区大。从绝对值看，东北地区和西部地区城市产业的相对专业化指数比较高，如伊春、双鸭山、鹤岗、崇左、克拉玛依等煤矿、铁矿、石油等自然资源依赖性城市。与美国城市相一致的是，各城市产业的相对专业化指数和相对多样化指数的排序是比较稳定的。以相对专业化指数为例，对比2003年以及2013年相对专业化指数排前20名的城市，发现有13个城市是重复的。

从城市规模与专业化或多样化的联系来看，我国城市仍然是符合世界城市的一般规律的，即大城市更为多样化，中小城市更为专业化，这一结果与谢燮和杨开忠（2003）、李金滟和宋德勇（2008）等得出的结论一致，这与中小城市的产业相对比较单一有关。从动态变化看，2003～2013年，我国不同规模城市产业的相对专业化指数均呈现不断增加的变化趋势；相对多样化指数均呈现不断下降的趋势。这反映出随着全国市场一体化进程的不断推进，区际的桎梏逐步被打破，城市间、区域之间的要素、资源和产品贸易流动逐渐顺畅，城市间的分工与合作更加深入细化。

表6-20　不同地区、规模下城市产业相对专业化指数和相对多样化指数情况

		相对专业化指数		相对多样化指数	
	数量	2003 年	2013 年	2003 年	2013 年
全国	281	3.7538	4.9668	2.4287	2.1740
东部地区	87	2.5625	2.8957	2.7397	2.3658
东北地区	34	5.9218	12.0338	2.3344	2.0208
中部地区	80	3.7886	4.0219	2.4292	2.2706
西部地区	80	4.1028	5.1632	2.1337	1.9303
大城市	118	2.8210	3.5129	2.7205	2.4795
中等城市	108	4.1419	6.3684	2.3488	2.0550
小城市	55	4.9910	5.3075	1.9678	1.7579

资料来源：根据相应年份《中国城市统计年鉴》数据计算而得。

（二）结果分析

1. 基本估计结果

受数据限制，本书仅采用 OLS 回归法进行估计，为克服可能存在的异方差问题，在回归时使用了稳健标准误。如表6-21、表6-22所示，估计结果发现：产业结构高级化（三产/二产产值）无论对城市专利申请量还是对城市科研人员数的正向影响都通过了1%水平下的显著性检验。这说明产业结构由工业化向服务业化转型调整，加快了生产要素的重新优化配置，结构调整过程本身意味着生产要素加快了从低生产率部门向高生产率部门的转移，同时资源再配置会加快新兴行业及现代服务业的发展，使得资源利用水平随着技术水平的提升不断突破原有界限，从而不断推进产业结构中朝阳产业的成长，使产业技术水平高的生产部门比重不断增长，经济系统内部显示出巨大的持续创新能力，进而极大地提高产业附加值。

表6-21　实证分析估计结果（因变量：专利申请量）

自变量	第1列	第2列	第3列	第4列	第5列	第6列
三产/二产产值	0.382 *** (0.131)					0.391 *** (0.128)
专业化指数		-0.0543 (0.0463)				

续表

自变量	第1列	第2列	第3列	第4列	第5列	第6列
相对专业化指数			-0.110** (0.0484)			-0.120** (0.0482)
多样化指数				0.0766* (0.0424)		
相对多样化指数					0.0418** (0.0185)	0.0394 (0.0304)
城市经济规模	0.568*** (0.111)	0.544*** (0.112)	0.538*** (0.108)	0.540*** (0.109)	0.536*** (0.113)	0.557*** (0.108)
对外开放	0.115** (0.0481)	0.143*** (0.0472)	0.135*** (0.0469)	0.148*** (0.0462)	0.140*** (0.0478)	0.0993** (0.0486)
工资水平	1.625*** (0.387)	1.657*** (0.397)	1.732*** (0.387)	1.690*** (0.393)	1.693*** (0.397)	1.704*** (0.383)
人力资本	0.0167 (0.161)	0.0500 (0.164)	0.0169 (0.160)	0.0152 (0.160)	0.0225 (0.163)	-0.0157 (0.159)
就业密度	0.261*** (0.0918)	0.278*** (0.0966)	0.249*** (0.0962)	0.248*** (0.0931)	0.264*** (0.0977)	0.255*** (0.0936)
财政支出占比	-0.286 (0.213)	-0.168 (0.220)	-0.129 (0.217)	-0.142 (0.215)	-0.150 (0.220)	-0.248 (0.213)
省会城市虚拟变量	-0.410* (0.218)	-0.253 (0.217)	-0.144 (0.204)	-0.147 (0.208)	-0.173 (0.209)	-0.354 (0.216)
常数项	-17.97*** (3.620)	-18.21*** (3.714)	-18.67*** (3.662)	-18.42*** (3.710)	-19.00*** (3.751)	-18.24*** (3.601)
N	231	231	231	231	231	231
R²	0.768	0.759	0.762	0.761	0.759	0.773

注：*、**、***分别表示在10%、5%、1%的水平下显著，括号内数字为标准误。

整体来看，城市产业专业化对技术创新有一定的抑制作用。如表6-21、表6-22所示，相对专业化指数对专利申请量和科研人员数的负向影响基本通过了显著性检验。这说明城市发展过程中，过度专业化的产业地理集中可能无助于与外界跨行业的交流与分享，并不利于企业和产业之间的知识溢出，尤其是跨行业间的知识、信息和技术的扩散，这种创新锁定效应无助于企业对新技术的接收、消化和吸收，进而阻碍创新绩效的产出。

表 6 – 22　实证分析估计结果（因变量：科研人员数）

自变量	第 1 列	第 2 列	第 3 列	第 4 列	第 5 列	第 6 列
三产/二产 产值	0.214 *** (0.0821)					0.211 *** (0.0812)
专业化指数		– 0.0818 * (0.0424)				
相对专业化指数			– 0.000392 (0.0285)			– 0.0309 * (0.0179)
多样化指数				0.0672 (0.0479)		
相对多样化指数					0.193 *** (0.0381)	0.201 *** (0.0403)
城市经济规模	0.787 *** (0.0541)	0.764 *** (0.0529)	0.757 *** (0.0524)	0.764 *** (0.0526)	0.716 *** (0.0534)	0.747 *** (0.0555)
对外开放	– 0.0259 (0.0248)	– 0.0152 (0.0253)	– 0.0118 (0.0257)	– 0.0154 (0.0248)	– 0.0365 (0.0245)	– 0.0474 ** (0.0240)
工资水平	– 0.125 (0.0822)	– 0.125 (0.0879)	– 0.120 (0.0769)	– 0.122 * (0.0723)	– 0.0815 (0.0659)	– 0.0886 (0.0731)
人力资本	0.394 *** (0.0942)	0.431 *** (0.0935)	0.412 *** (0.0920)	0.431 *** (0.0916)	0.437 *** (0.0870)	0.425 *** (0.0896)
就业密度	– 0.113 *** (0.0392)	– 0.0974 ** (0.0415)	– 0.126 *** (0.0395)	– 0.119 *** (0.0394)	– 0.108 *** (0.0394)	– 0.0930 ** (0.0393)
财政支出占比	– 0.0828 (0.0625)	– 0.0698 (0.0608)	– 0.0595 (0.0606)	– 0.0525 (0.0600)	– 0.00532 (0.0589)	– 0.0292 (0.0607)
省会城市 虚拟变量	1.244 *** (0.125)	1.303 *** (0.117)	1.379 *** (0.123)	1.336 *** (0.133)	1.329 *** (0.123)	1.177 *** (0.121)
常数项	– 12.32 *** (0.918)	– 11.69 *** (0.975)	– 12.08 *** (0.905)	– 12.56 *** (0.903)	– 12.99 *** (0.870)	– 13.43 *** (0.937)
N	524	524	524	524	524	524
R^2	0.753	0.751	0.748	0.750	0.762	0.767

注：*、**、*** 分别表示在10%、5%、1%的水平下显著，括号内数字为标准误。

　　城市产业相对多样化指数对城市专利申请量和城市科研人员数的正向影响基本通过了显著性检验。这表明产业多样化有助于城市技术创新。多样化的产业环境可以为不同行业类别的企业提供更多近距离面对面接触的机会，推动创造性思想理念的碰撞，激起各类新奇创新创意的火花，它们获得了比同行业间交流更多的知识和信息，极大促进了跨行业间的知识溢出，进而推

动区域技术创新。当然，从回归结果看，仍存在部分（相对）专业化指数和
（相对）多样化指数的系数并不显著，这也从一定程度上反映出：无论是专
业化集聚还是多样化集聚，并不总能为企业创新带来收益。一些学者指出，
产业的空间集聚也可能会对企业创新产生不利影响，即产生拥挤效应。一方
面，产业集聚引发日趋激烈的竞争，迫使企业采取低价格策略，导致企业利
润减少，从而能够投资于研发的资金也相应地减少；另一方面，集聚也会带
来与拥挤和要素投入市场竞争相关联的负的货币外部性，如工资和房地产价
格的提高，从而增加企业的生产成本。此外，产业集聚也可能阻碍技术的变
革，尤其是当企业采取内向型的态度而导致技术的锁定和抵制产生于其他地
方的创新的情况（Baptista and Swann，1998；Beaudry and Breschi，2003）。
专业化的知识可能会抑制其他领域产生创新思想，从而产生所谓的创新锁
定，也就是说，太单一的专业化技术可能会阻碍创新的产生。

再看其他控制变量的影响。城市经济规模对技术创新具有显著正向影
响。这说明企业的创新活动在产业高度集中的条件下更容易发生，创新本
身更容易在大城市中发生。这与以往国内外研究的结论比较一致。对外开
放也有助于城市创新（促使专利申请量增加），开放的城市一方面能够充
分发挥外资带来的"学习效应"，推动对先进技术和经验的学习、借鉴，
另一方面加快内资企业的倒逼改革创新步伐，更加开放的产业环境迫使优
胜劣汰的竞争更加残酷，唯有坚持不懈地创新才能使企业立于不败之地。
工资水平、人力资本和就业密度这几个变量的系数符号既有显著为正的，
也存在显著为负的，甚至不显著的。这表明这几个因素对区域创新的综合
影响仍存在不确定性，较高的城市职工工资确实是吸引人才尤其是高端技
术人才来城市就业的重要砝码，但是高工资背后伴随的是高物价和高房
价，以及交通拥挤、环境污染、人均公共资源不足等一系列负面因素，就
业密度也存在类似情况。财政支出占比衡量的是地方政府的干预行为，该
变量的系数并不显著。

2. 进一步分析

诸多研究表明，城市规模在区域创新和城市产业专业化和多样化中扮
演着重要角色。因此，分别考察在不同规模类型的城市中，产业结构与城
市创新的作用是否存在差异就显得很有必要。本书将全部城市样本划分为

两类：一类是大城市；一类是中小城市（考虑到城市样本量限制）。我们
首先看产业结构高级化——三产/二产产值，该指标系数在不同样本中基
本显著为正（见表 6 - 23、表 6 - 24），这表明城市产业由制造业向服务业
转变的过程中伴随的要素配置优化和释放的结构红利，带来了创新要素资
源的创造累积，尤其是一批以数字经济、（移动）"互联网 +"等产业为代
表的先进生产性服务业的涌现崛起，为制造业及其他产业的创新发展提供
了源源不断的动力和科技支撑。

表 6 - 23　不同规模类型的城市估计结果（因变量：专利申请量）

自变量	第 1 列	第 2 列	第 3 列	第 4 列	第 5 列	第 6 列
	大城市	中小城市	大城市	中小城市	大城市	中小城市
三产/二产产值	0.413 ** (0.187)	0.326 * (0.178)				
相对专业化指数			- 0.120 ** (0.0545)	- 0.0717 (0.0887)		
相对多样化指数					0.111 (0.0778)	0.0568 ** (0.0269)
城市经济规模	0.480 *** (0.161)	0.301 (0.187)	0.488 *** (0.154)	0.240 (0.186)	0.464 *** (0.154)	0.220 (0.204)
对外开放	0.292 *** (0.0722)	0.0254 (0.0612)	0.299 *** (0.0691)	0.0477 (0.0572)	0.310 *** (0.0688)	0.0447 (0.0586)
工资水平	1.208 ** (0.486)	2.066 *** (0.605)	1.386 *** (0.493)	2.065 *** (0.605)	1.346 *** (0.493)	2.046 *** (0.617)
人力资本	- 0.118 (0.220)	0.1503 (0.243)	- 0.165 (0.221)	0.181 (0.246)	- 0.200 (0.241)	0.181 (0.243)
就业密度	0.242 ** (0.117)	0.311 ** (0.135)	0.242 * (0.127)	0.292 ** (0.134)	0.300 ** (0.134)	0.294 ** (0.131)
财政支出占比	- 0.335 (0.287)	- 0.463 (0.302)	- 0.172 (0.306)	- 0.369 (0.304)	- 0.188 (0.310)	- 0.402 (0.299)
省会城市虚拟变量	- 0.399 (0.259)	0 (0)	- 0.127 (0.239)	0 (0)	- 0.140 (0.251)	0 (0)
常数项	- 12.31 ** (4.907)	- 18.10 *** (5.990)	- 14.26 *** (5.139)	- 17.22 *** (6.181)	- 14.68 *** (5.324)	- 17.30 *** (6.089)
N	107	124	107	124	107	124
R^2	0.836	0.510	0.833	0.497	0.832	0.496

注：*、**、*** 分别表示在 10%、5%、1% 的水平下显著，括号内数字为标准误。

表 6-24　不同规模类型的城市估计结果（因变量：科研人员数）

自变量	第 1 列	第 2 列	第 3 列	第 4 列	第 5 列	第 6 列
	大城市	中小城市	大城市	中小城市	大城市	中小城市
三产/二产产值	0.002 (0.128)	0.270*** (0.100)				
相对专业化指数			-0.0515* (0.0311)	0.00634 (0.0393)		
相对多样化指数					0.129 (0.0784)	0.238*** (0.0409)
城市经济规模	1.022*** (0.0962)	0.670*** (0.0709)	1.031*** (0.0933)	0.612*** (0.0648)	1.001*** (0.0952)	0.533*** (0.0636)
对外开放	-0.130*** (0.0439)	0.0182 (0.0281)	-0.142*** (0.0454)	0.0438 (0.0282)	-0.139*** (0.0432)	0.0036 (0.0271)
工资水平	-0.183 (0.157)	-0.153 (0.0944)	-0.181 (0.151)	-0.159** (0.0800)	-0.169 (0.146)	-0.0973 (0.0721)
人力资本	0.449*** (0.158)	0.310*** (0.117)	0.441*** (0.156)	0.318*** (0.111)	0.481*** (0.155)	0.297*** (0.0992)
就业密度	-0.140* (0.0743)	-0.0823* (0.0430)	-0.144* (0.0742)	-0.111** (0.0458)	-0.124* (0.0743)	-0.0846** (0.0424)
财政支出占比	-0.114 (0.117)	-0.0619 (0.0735)	-0.107 (0.114)	-0.0260 (0.0690)	-0.0793 (0.116)	0.0361 (0.0644)
省会城市虚拟变量	1.210*** (0.152)	1.788*** (0.0986)	1.231*** (0.148)	1.863*** (0.0974)	1.150*** (0.156)	1.818*** (0.0833)
常数项	-15.15*** (1.476)	-10.30*** (1.102)	-15.01*** (1.463)	-9.650*** (1.037)	-15.80*** (1.565)	-10.36*** (0.959)
N	226	298	226	298	226	298
R^2	0.796	0.401	0.797	0.377	0.800	0.449

注：*、**、***分别表示在10%、5%、1%的水平下显著，括号内数字为标准误。

估计结果显示，相对专业化指数的系数在大城市样本回归中结果显著为负，而在中小城市样本回归中不显著。这表明在大城市中，如果产业结构过于专业化，并不能充分发挥大城市的产业创新优势，大城市集合了各类创新要素资源，比如拥有众多的科研机构、高等院所，大量高端技术人才会聚，高技术产业和高端生产性服务业扎堆，同时还有较大的本地市场效应，可以为行业融合创新提供广阔的研发平台和产业发展空间。相反，大城市若过度专注发展某一项或几项产业，既不利于大城市释放创新红利，也会因为过大的生产成本压力而减慢创新步伐。表 6-23 和表 6-24 的第 5、第 6 列显示，相对多样化指数的系数在中小城市样本回归中结果显著为正，而在大城市样本回归中不显著，这一结果比较出乎意料。一般而言，中小城市在城市体系中可以承载核心城市的生产性职能，由于城市本身规模小，在创新资源、创新能力获取和累积上与大城市存在天然巨大的差距。

相对多样化指数在大城市样本中系数不显著，这一实证结果值得讨论。从理论上说，对城市产业创新、技术进步产生积极作用的前提是知识、信息得以在产业之间溢出，如果产业之间彼此没有联系，那么多样化就会对城市创新毫无意义。在一个完全专业化的城市走向多样化发展道路的过程中，当其"多样化"程度不够大的时候，多样化对城市经济增长而言是一杯"毒药"，随着"多样化"程度的增加，产业部门之间的生产联系便得到加强，多样化的环境便成了一个促进城市创新和经济增长的发动机。当我们考察产业专业化对城市创新以及效率增长是否有益这一问题时，也应该避免陷入这种非此即彼的判断。同时，我们也要理性地看待产业专业化的作用，否则就不能解释高度专业化城市面临的转型问题，如中国的资源型城市转型。如果一个城市的产业结构高度专业化，"专业化特征"使得城市不容易应对突发的外部冲击，城市面临的不确定的风险增多（如资源的枯竭），城市发展方式的转变势在必行。当然，正如前文所指，世界城市发展的普遍规律是，大城市更加排斥专业化，倾向于多样化发展，小城市则不断专业化。

五 技术进步对城市效率的影响

（一）高端人力资本对城市效率的影响

1. 变量选取与数据说明

在城市中，高端人力资本对城市效率改善具有较大的促进作用。高端人力资本的增加促进居民受教育程度不断提高，从而使居民能够胜任要求更高技能的工作。在工业化之前，农业生产是社会经济活动的主导，手工业也通常仅仅采取简单协作的形式，具有经验知识和手工技能的劳动力就能胜任。工业化时期，随着工业生产成为社会经济活动的主体，大量的机器设备被使用到生产中，工业生产对应用技术知识突出的劳动力产生较大的需求。当前，随着信息化、自动化和智能化发展，城市对专业理论知识突出的劳动力的需求激增（刘智勇等，2018）。在这一劳动力需求转变的过程中，高端人力资本的增加与各个阶段劳动力的需求相匹配，不断推动各类技术的消化、吸收与应用并诱发创新，从而推动城市效率的提升。由此可见，高端人力资本能否发挥作用，关键在于产业层次能否与高端人力资本相匹配。因此，可以假设高端人力资本对城市效率的作用出现以下两种可能：①当产业低端环节占比较大时，高端人力资本在大量的低端产业中无用武之地，很难发挥对城市效率提升的促进作用，更有甚者，因为高端人力资本不如中低端劳动力更加适应低端产业，高端人力资本反而抑制城市效率的提升；②当产业以高端环节为主时，高端人力资本在高端产业环节中充分发挥聪明才智，从而有效地促进城市效率的提升。

为验证上述理论假设，以城市效率为被解释变量，以高端人力资本为核心解释变量，进行实证检验。高端人力资本由劳动者的能力、知识和技能构成，在技术创新和技术扩散中起着决定性作用（王金营，2000），是技术进步的重要载体。技术进步主要以人力资本形式贮存，人力资本存量的高低在很大程度上反映了技术进步水平的高低。人力资本是劳动者所拥有的包括年龄、身体素质、受教育程度、工作经验等在内的特性，其中受教育程度是最重要的表现参数（王文彬，2013）。大多数实证研究采用了教育指标来度量人力资本，并且发现教育与经济增长正相关（杨建芳等，2006）。接受教育可以增加劳动者掌握的知识，从而提高工作效率。本书选取普通高等学校在校学生数作为高端人力资本的衡量指标，用 $zxxs$ 来表示，为了消除量纲不同的影响，运用极值法对普通高等学校在校学生数进行无量纲化处理，用 $zxxs\_bzh$ 来表示普通高等学校在校学生数的标准化值。控制变量则选择东中西部地区、大中小城市等。

所用数据主要来源于《中国城市统计年鉴》。为匹配本书前文的城市效率数据，保持不同统计年鉴不同年份统计指标口径的一致性，并考虑数据的可获取性，我们最终仅获得 1996 年、2013 年地级市层面的普通高等学校在校学生数。

2. 实证结果及其解释

首先，分析城市效率和普通高等学校在校学生数关系的散点图，以为后文实证分析两者之间的关联提供一定的借鉴。从图6-4可以看出，在1996年城市效率和普通高等学校在校学生数之间存在一定的负相关关系；在2013年两者之间存在一定的正相关关系。要进行更深入的分析，还要依赖下文的实证分析结果。

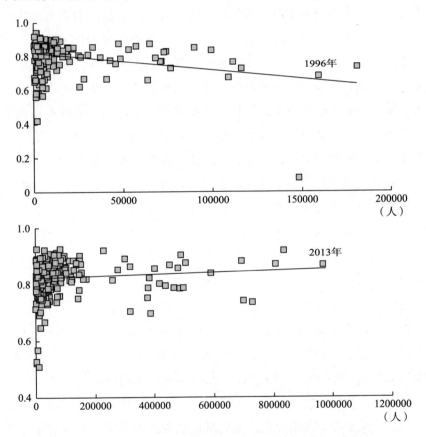

图6-4 中国城市效率和普通高等学校在校学生数散点图

资料来源：根据相应年份《中国城市统计年鉴》数据计算而得。

然后，运用 OLS、SLM、SEM 模型进行分析，如表6-25所示，可以发现1996年和2013年的结果有所不同，而控制变量均不显著因而未纳入模型。1996年，普通高等学校在校学生数对城市效率的提升有一定的抑制作用，OLS、SLM、SEM 模型中普通高等学校在校学生数标准化值的系数分别为 -0.1292、-0.1242、-0.1238。这与假设中的第一种情况相符，当时我国的产业以低端产业为主，对高端人力资本的吸收能力仍然不足，造成了高端人力资本对城市效率的提升具有抑制作用。2013 年，普通高等学校在校学生数对城市效率的提升具有促进作用，OLS、SLM、SEM 模型中普通高等学校在校学生数标准化值的系数分别为 0.1286、0.1262、0.1238。这与假设中的第二种情况相符，得益于我国产业转型升级的努力，产业结构高级化促使高端人力资本广泛进入可以发挥聪明才智的领域，从而使高端人力资本对城市效率的促进作用得以发挥。此外，对 ρ、λ 进行分析，可以发现 1996 年它们均为不显著的负值，2013 年则转变为不显著的正值。由此可知高端人力资本和城市效率之间的作用由较微弱的负空间自相关性转变为较微弱的正空间自相关性，这反映出高端人力资本的溢出效应逐渐开始对城市效率的提升产生积极作用。

表 6-25 普通高等学校在校学生数对城市效率影响的空间计量回归结果

	1996 年			2013 年		
	OLS	SLM	SEM	OLS	SLM	SEM
ρ	—	-0.5866	—	—	0.1823	—
常数	0.7948 ***	1.2552 ***	0.7946 ***	0.7520 ***	0.6124 ***	0.7516 ***
zxxs_bzh	-0.1292 *	-0.1242 *	-0.1238 *	0.1286 *	0.1262 *	0.1238 *
λ	—	—	-0.5859	—	—	0.1790

注：* 、 *** 分别表示在 10% 、1% 的水平下显著；"—" 为未涉及项。
资料来源：根据相应年份《中国城市统计年鉴》数据计算而得。

（二）科学技术支出对城市效率的影响

1. 变量选取与数据说明

在城市中，政府作为科技投入的重要主体之一，对城市科技创新能力和科技进步水平有着非常重要的影响。然而，科学技术支出所带来的创新能力提升和科技进步水平提高，也受到产业层次能否与之相匹配的影响。同样可以假设科学技术支出对城市效率的作用出现以下两种可能：①当产业低端环节占比较大时，科学技术支出引发的创新能力提升和科技进步水平提高难以在占城市发展主体的产业低端环节发挥作用，反而挤占了低端劳动力的投资，因而会在短时间内抑制城市效率的提升；②当产业以高端环节为主时，科学技术支出刺激科技研发与创新，促进科技进步，提升全要素生产率，同时高新技术应用于生产并与物质资本和劳动力结合，可提升资本和劳动力等单个投入要素的生产率，从而提升城市效率（胡永平等，2009）。

为验证上述理论假设，以城市效率为被解释变量，以科学技术支出为核心解释变量，进行实证检验。科学技术支出为开展科研提供了经费支持，是技术进步的重要指标，用 *kjzc* 来表示。为了消除量纲不同的影响，运用极值法对科学技术支出进行无量纲化处理，用 *kjzc_bzh* 来表示科学技术支出的标准化值。控制变量则选择东中西部地区、大中小城市等。

所用数据主要来源于《中国城市统计年鉴》。为匹配本书前文的城市效率数据，保持不同统计年鉴不同年份统计指标口径的一致性，并考虑数据的可获取性，我们最终仅获得 1996 年、2013 年地级市层面的科学技术支出。

2. 实证结果及其解释

首先，分析关于城市效率和科学技术支出的散点图，以为后文实证分析两者之间的关联提供一定的借鉴。从图 6-5 可以看出，在 1996 年城市效率和科学技术支出之间存在一定的负相关关系；在 2013 年两者之间存在一定的正相关关系。要进行更深入的分析，还要依赖下文的实证分析结果。

然后，运用 OLS、SLM、SEM 模型进行分析，如表 6-26 所示，可以发现 1996 年和 2013 年的结果有所不同。1996 年，科学技术支出对城市效率的提升有一定的抑制作用，OLS、SLM、SEM 模型中科学技术支出标准化值的系数分别为 -0.5843、-0.5836、-0.5852，且较显著。这与假设中的第一种情况相符，反映出当时我国城市的产业还主要集中在较低端环节，导致科学技术支出对城市效率的促进作用难以得到有效发挥。控制变量中，只有表示大城市的 *big* 的系数为正且显著，反映出大城市的科学技术支出对城市效率的影响更加明显。此外，对 ρ、λ 进行分析，ρ 为负、λ 为正，但都不显著，说明城市效率受到周边城市科学技术支出的较微弱抑

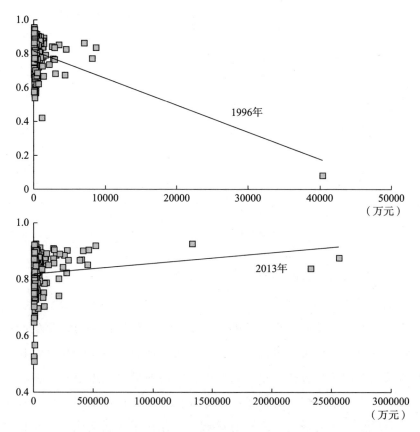

图 6 – 5　中国城市效率和科学技术支出散点图

资料来源：根据相应年份《中国城市统计年鉴》数据计算而得。

制作用，而其空间误差之间则有较微弱的正相关关系。2013 年，科学技术支出对城市效率的提升有一定的促进作用，OLS、SLM、SEM 模型中科学技术支出标准化值的系数分别为 0. 1185、0. 1176、0. 1150。这与假设中的第二种情况相符，反映出这一时期我国城市的产业层次已能够有效利用科学技术支出所产生的成果，从而使得科学技术支出对城市效率的促进作用得以发挥。在控制变量中，只有表示东部地区的 *east* 和表示大城市的 *big* 的系数为正且较显著，反映出东部地区城市、大城市的科学技术支出对城市效率的影响更加明显。此外，对 ρ、λ 进行分析，两者均为正，但都不显著，说明科学技术支出与城市效率之间具有较微弱的正空间自相关性，反映出科学技术支出的溢出效应对城市效率具有较微弱的促进作用。

表 6 - 26　科学技术支出对城市效率影响的空间计量回归结果

	1996 年			2013 年		
	OLS	SLM	SEM	OLS	SLM	SEM
ρ	—	- 0.0181	—	—	0.0564	
常数	0.7805 ***	0.7947 ***	0.7805 ***	0.7076 ***	0.6650 ***	0.7061 ***
kjzc_bzh	- 0.5843 ***	- 0.5836 ***	- 0.5852 ***	0.1185	0.1176	0.1150
east	—	—	—	0.0815 ***	0.0790 ***	0.0834 ***
big	0.0339 *	0.0340 *	0.0339 *	0.0740 ***	0.0741 ***	0.0754 ***
λ	—	—	0.0124	—	—	0.1024

注：*、*** 分别表示在 10%、1% 的水平下显著；"—" 为未涉及项。

资料来源：根据相应年份《中国城市统计年鉴》数据计算而得。

（三）科技文化文献对城市效率的影响

1. 变量选取与数据说明

科学技术是推动社会经济发展的重要因素。科学技术与现实生产力之间的转化过程需要桥梁和纽带，而科技文化文献的传播和利用就是这一桥梁和纽带。图书馆是科技文化文献传播和利用的最主要渠道和工具，是科技成果转化为直接生产力的桥梁、中介或枢纽，其在长期的发展历程中对人类社会进步与文明做出了巨大的贡献。充分利用科技文化文献会促进科技和经济的迅速发展（张玉萍，2013）。而这一机制能否更好地发挥作用，很重要的一点是产业发展能否更好地消化、吸收和利用科技文化文献。类似地，也可以分两种情况提出假设：①当产业低端环节占比较大时，低端产业难以消化和吸收科技文化文献，从而使得科技文化文献难以发挥对城市效率的促进作用，甚至抑制城市效率的提升；②当产业以高端环节为主时，科技文化文献传播的知识和技能等更容易被高端产业吸收和利用，从而促进城市效率的提升。

为验证上述理论假设，以城市效率为被解释变量，以科技文化文献为核心解释变量，进行实证检验。人类创造和积累的科学文化知识等精神财富得以一代接一代地继承下来并传播出去，正是凭借图书馆超越时间限制传播知识的功能，如此才使人类社会得以进步。图书馆收藏的知识载体所含的丰富知识，能满足各种专业、各种学历层次、各种年龄阶段的读者需要，这是其他任何教育机构所不能比拟的，在推动经济发展、科技进步方面起到了催化剂和推动器的作用（张玉萍，2013）。同时，考虑到数据的可获取性，选用公共图书馆图书总藏量作为反映科技文化文献的指标，用 *tscl* 来表示。为了消除量纲不同的影响，运用极值法对公共图书馆图书总藏量进行无量纲化处理，用 *tscl_bzh* 来表示公共图书馆图书总藏量的标准化值。控制变量则选择东中西部地区、大中小城市等。

所用数据主要来源于《中国城市统计年鉴》。为匹配本书前文的城市效率数据，保持不同统计年鉴不同年份统计指标口径的一致性，并考虑数据的可获取性，我们最终仅获得 1996 年、2013 年地级市层面的公共图书馆图书总藏量。

2. 实证结果及其解释

首先，分析关于城市效率和公共图书馆图书总藏量的散点图，以为后文实证分析两者之间的关联提供一定的借鉴。从图 6-6 可以看出，在 1996 年城市效率和公共图书馆图书总藏量之间存在一定的负相关关系；在 2013 年两者之间存在一定的正相关关系。要进行更深入的分析，还要依赖下文的实证分析结果。

然后，运用 OLS、SLM、SEM 模型进行分析，如表 6-27 所示，可以发现 1996 年和 2013 年的结果有所不同。1996 年，公共图书馆图书总藏量对城市效率的提升有一定的抑制作用，OLS、SLM、SEM 模型中公共图书馆图书总藏量标准化值的系数分别为 -0.1767、-0.1757、-0.1761，且显著。这与假设中的第一种情况相符，当我国城市产业的低端环节占比较大时，低端产业难以消化和吸收科技文化文献，从而使得科技文化文献对城市效率产生了抑制作用。在控制变量中，只有表示大城市的 *big* 的系数为正且显著，说明大城市的公共图书馆图书总藏量对城市效率的影响更加明显。此外，对 ρ、λ 进行分析，两者均为负，反映出公共图书馆图书总藏量和城市效率之间具有较微弱的负空间自相关性。2013 年，公共图书馆图书总藏量对城市效率的提升有一定的促进作用，OLS、SLM、SEM 模型中公共图书馆图书总藏量标准化值的系数分别为 0.2593、0.2483、0.2394，且显著。这与假设中的第二种情况相符，此时产业中高端环节的比重有所增加，科技文化文献传播的知识和技能等更容易被高端产业吸收

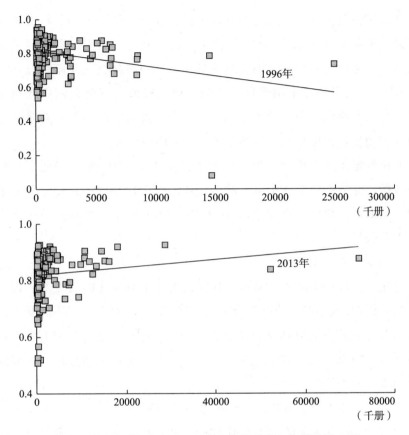

图 6 - 6　中国城市效率和公共图书馆图书总藏量的散点图

资料来源：根据相应年份《中国城市统计年鉴》数据计算而得。

和利用，从而促进城市效率的提升。在控制变量中，只有表示大城市的 *big* 的系数为正且较显著，说明大城市的公共图书馆图书总藏量对城市效率的影响更加明显。此外，对 ρ、λ 进行分析，两者均为正，反映出公共图书馆图书总藏量和城市效率之间由较微弱的负空间自相关性转为了较微弱的正空间自相关性，说明科学文化文献的空间溢出效应开始对城市效率的提升产生促进作用。

表 6 - 27　公共图书馆图书总藏量对城市效率影响的空间计量回归结果

	1996 年			2013 年		
	OLS	SLM	SEM	OLS	SLM	SEM
ρ	—	- 0. 0341	—	—	0. 1521	—

续表

	1996 年			2013 年		
	OLS	SLM	SEM	OLS	SLM	SEM
常数	0.7765 ***	0.8032 ***	0.7765 ***	0.7231 ***	0.6071 ***	0.7231 ***
tscl_bzh	− 0.1767 *	− 0.1757 *	− 0.1761 *	0.2593 *	0.2483 *	0.2394 *
big	0.0363 *	0.0365 *	0.0363 *	0.0873 ***	0.0867 ***	0.0875 ***
λ	—	—	− 0.0096	—	—	0.1446

注：* 、*** 分别表示在 10% 、1% 的水平下显著；"—" 为未涉及项。

资料来源：根据相应年份《中国城市统计年鉴》数据计算而得。

（四）科技产业对城市效率的影响

1. 变量选取与数据说明

在城市中，科技产业是技术进步的重要来源，其产出能够促进城市科技创新能力和科技进步水平的提升。然而，科技产业的创新产出能否促进城市效率的提升，也与城市中占主体地位的产业层次能否与科技产业发展相匹配有关。可以假设科技产业对城市效率的作用出现以下两种可能：①在产业低端环节占比较大时，城市产业难以与科技产业发展相匹配，科技产业对城市发展的促进作用难以发挥，从而对城市效率的提升难以发挥作用，甚至产生抑制作用；②当产业以高端环节为主时，科技产业发展刺激科技研发与创新，促进科技进步，并将科技进步的成果运用到城市各种产业当中，从而提升城市效率。

为验证上述理论假设，以城市效率为被解释变量，以科技产业为核心解释变量。科技产业用科技研究、技术服务和地质勘查业从业人员数来反映，以 kjcy 来表示。为了消除量纲不同的影响，运用极值法对科技研究、技术服务和地质勘查业从业人员数进行无量纲化处理，用 kjcy_bzh 来表示科技研究、技术服务和地质勘查业从业人员数的标准化值。控制变量则选择东中西部地区、大中小城市等。

所用数据主要来源于《中国城市统计年鉴》。为匹配本书前文的城市效率数据，保持不同统计年鉴不同年份统计指标口径的一致性，并考虑数据的可获取性，我们最终仅获得 2003 年、2013 年地级市层面的科技研究、技术服务和地质勘查业从业人员数。

2. 实证结果及其解释

首先，分析关于城市效率与科技研究、技术服务和地质勘查业从业人员数的散点图，以为后文实证分析两者之间的关联提供一定的借鉴。从图6 - 7可以看出，在2003年城市效率与科技研究、技术服务和地质勘查业从业人员数之间存在一定的负相关关系；在2013年两者之间存在一定的正相关关系。要进行更深入的分析，还要依赖下文的实证分析结果。

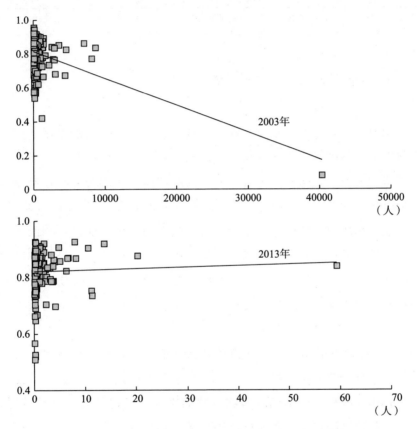

**图6 - 7　中国城市效率与科技研究、技术服务和地质勘查业
从业人员数的散点图**

资料来源：根据相应年份《中国城市统计年鉴》数据计算而得。

然后，运用 OLS、SLM、SEM 模型进行分析，如表6 - 28所示，可以发现2003年和2013年的结果有所不同。2003年，科技研究、技术服务和地质勘查业从业人员数对城市效率的提升有较微弱的抑制作用，OLS、

SLM、SEM 模型中科技研究、技术服务和地质勘查业从业人员数标准化值的系数分别为 -0.1795、-0.1789、-0.1770。这与假设中的第一种情况相符，当产业低端环节占比较大时，城市产业难以与科技产业发展相匹配，科技产业对城市发展的促进作用难以发挥，对城市效率的提升产生了微弱的抑制作用。在控制变量中，表示东部地区的 *east*、表示东北地区的 *northeast*、表示大城市的 *big*、表示中等城市的 *middle* 的系数均为正且较显著，说明在各地区中东部地区和东北地区城市的科技产业对城市效率的影响更为明显，而在各种规模类型城市中大城市和中等城市的科技产业对城市效率的影响更为明显。此外，对 ρ、λ 进行分析，两者均为负且不显著，反映出科技产业和城市效率之间具有较微弱的负空间自相关性。2013 年，科技研究、技术服务和地质勘查业从业人员数对城市效率的提升有一定的促进作用，OLS、SLM、SEM 模型中科技研究、技术服务和地质勘查业从业人员数标准化值的系数分别为 0.1316、0.1307、0.1268。这与假设中的第二种情况相符，反映出产业高端环节占比提升时，科技产业的科技进步成果更好地运用到城市各种产业当中，从而提升城市效率。在控制变量中，表示东部地区的 *east*、表示大城市的 *big* 的系数均为正且较显著，说明东部地区城市的科技产业对城市效率的影响相对于其他地区城市更为明显，而在各种规模类型城市中大城市的科技产业对城市效率的影响更为明显。此外，对 ρ、λ 进行分析，两者均为正且不显著，反映出科技产业的空间溢出效应对城市效率提升产生了一定的促进作用。

表 6-28　科技研究、技术服务和地质勘查业从业人员数
对城市效率影响的空间计量回归结果

	2003 年			2013 年		
	OLS	SLM	SEM	OLS	SLM	SEM
ρ	—	-0.0385	—	—	0.0531	—
常数	0.6795 ***	0.7067 ***	0.6775 ***	0.7116 ***	0.6714 ***	0.7105 ***
kjcy_bzh	-0.1795	-0.1789	-0.1770	0.1316	0.1307	0.1268
east	0.1361 ***	0.1404 ***	0.1396 ***	0.0811 ***	0.0789 ***	0.0830 ***
northeast	0.0921 **	0.0953 **	0.0970 ***	—	—	—

	2003 年			2013 年		
	OLS	SLM	SEM	OLS	SLM	SEM
middle	0.0818 **	0.0848 **	0.0844 ***	—	—	—
big	0.0459 *	0.0460 *	0.0457 *	0.0707 ***	0.0707 ***	0.0714 ***
λ	—	—	− 0.1470	—	—	0.0911

注：*、**、***分别表示在 10%、5%、1% 的水平下显著；"—"为未涉及项。

资料来源：根据相应年份《中国城市统计年鉴》数据计算而得。

（五）科技产出对城市效率的影响

1. 变量选取与数据说明

科技产出是高端人力资本在科学技术支出的支持下，通过对科技文化文献进行学习和创新，从事科技产业所获得的产出。科技产出对城市效率的影响，也与城市中占主体地位的产业层次能否有效吸收和利用科技产出有关。可以假设科技产出对城市效率的作用出现以下两种可能：①当产业低端环节占比较大时，城市产业难以有效吸收和利用科技产出，从而使得科技产出难以发挥其对城市效率的促进作用；②当产业以高端环节为主时，产业发展对科技产出的需求激增，科技产出能够很快被产业发展吸收和利用，从而转化为更高水平的生产力，促进城市效率的提升。

为验证上述理论假设，以城市效率为被解释变量，以科技产出为核心解释变量。学术界对科技产出的度量一直存在争论（赵建吉、曾刚，2009；苏方林，2006；朱勇、张宗益，2005；杨凤阁，2012；宰斯蕾，2006）。专利（王春杨、张超，2013；Jaffe，1989；方远平、谢蔓，2012；姜磊等，2011；李国平、王春杨，2012；王春杨、翁凕，2015）、学术论文（宋志红等，2014）、新产品产值（何键芳等，2013）等指标均可反映科技产出。由于专利数据具有可比性强、信息量大和易获取等特征，它已成为国内外应用最为广泛的指标。专利是科技产出的重要组成部分，能促进人们不断地创新，进而推动人类的技术进步（徐竹青，2004）。因此，选取专利申请量作为反映科技产出的指标，以 *zlsq* 来表示。为了消除量纲不同的影响，运用极值法对专利申请量进行无量纲化处理，用 *zlsq_bzh* 来表示专利申请量的标准化值。控制变量则选择东中西部地区、大中小城市等。

由于公开出版的各类统计年鉴中只有全国和省级专利数据，缺少城市的专利数据，通过查询各省区市的知识产权局网站正式发布的专利申请量数据，结合少数省区市的统计年鉴数据，同时为匹配本书前文的城市效率数据，保持不同统计年鉴不同年份统计指标口径的一致性，并考虑数据的可获取性，我们最终仅获得 2013 年地级市层面的专利申请量数据。

2. 实证结果及其解释

首先，分析关于城市效率与专利申请量的散点图，以为后文实证分析两者之间的关联提供一定的借鉴。从图 6-8 可以看出，在 2013 年城市效率与专利申请量之间存在一定的正相关关系。要进行更深入的分析，还要依赖下文的实证分析结果。

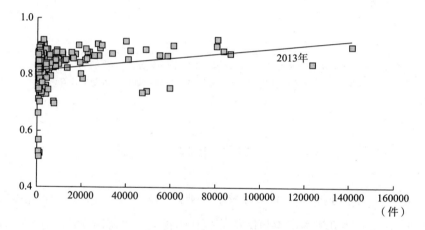

图 6-8　中国城市效率与专利申请量的散点图

资料来源：根据相应年份《中国城市统计年鉴》及各省区市统计年鉴数据计算而得。

然后，运用 OLS、SLM、SEM 模型进行分析，如表 6-29 所示，可以发现专利申请量在 2013 年对城市效率的提升有较显著的促进作用，OLS、SLM、SEM 模型中专利申请量标准化值的系数分别为 0.1947、0.1764、0.1904。这与假设中的第二种情况相符，反映出我国城市产业中高端环节占有一定比重，对科技产出的吸收和利用能力提升，使科技产出对城市效率的促进作用得以发挥。在控制变量中，仅有表示西部地区的 west 进入模型，其值为负且显著，说明西部地区城市的科技产出对城市效率的抑制作用相对于其他地区城市来说较强，这可能是因为西部地区高端环节产业占比相对于其他地区城市较低。此外，对 ρ、λ 进行分析，两者均为正且非常显著，说明城市科技产出和城市效率具有非常强的正空间自相关性，科技产出的空间溢出效应对城市效率的提升具有明显的促进作用。

表 6 – 29　专利申请量对城市效率影响的空间计量回归结果

	2013 年		
	OLS	SLM	SEM
ρ	—	0.4179 ***	—
常数	0.7765 ***	0.4502 ***	0.7806 ***
zlsq_bzh	0.1947 *	0.1764 *	0.1904 *
west	– 0.0701 **	– 0.0532 *	– 0.0934 **
λ	—	—	0.4277 ***

注：* 、** 、*** 分别表示在 10% 、5% 、1% 的水平下显著；"—" 为未涉及项。
资料来源：根据相应年份《中国城市统计年鉴》及各省区市统计年鉴数据计算而得。

六　小结

本章从技术进步的视角探讨城市产业结构对城市效率的影响。首先，我们考察我国城市技术进步和创新的特征事实，发现创新能力强的城市主要集中在沿海地区长三角、珠三角和京津冀三大城市群。中国城市技术进步获得较大发展，但不平衡性也有所增强。具体来看，位于东部地区、规模较大且在城市群内的城市技术进步速度相对较快。这是因为，东部地区得改革开放之先，更早地推动了技术进步，从而形成了良性循环，更易推动技术进步；规模较大城市高度集聚了人口、教育、企业和资金，满足了知识溢出对地理空间的需求，更有利于创新的扩散，从而加快技术进步；城市群内的城市之间紧密联系和交流，使得一个专业化很强的城市能够与周边其他城市形成互补和分工格局，从而有利于创新在城市群内的各城市之间扩散，因而城市群内的城市相对于其他城市技术进步更快。

在实证分析层面，本章首先分析城市产业结构对技术进步的影响，利用 2013 年地级市层面的专利申请量数据，并匹配从其他渠道获得的城市层面的数据，检验城市产业（相对）专业化指数和（相对）多样化指数对城市创新的影响，中国城市的技术进步与创新进程会受到城市产业结构的影响。整体来看，城市产业专业化对技术创新有一定的抑制作用。过度专业化的产业地理集中可能无助于与外界的跨行业交流与分享，并不利于企业和产业之间的知识溢出，尤其是跨行业间的知识、信息和技术的扩散，这种创新锁定效应无助于企业对新技术的接收、消化和吸收，进而阻碍创新绩效产出。城市产业多样化有助于城市技术创新。多样化的产业环境可以为不同行业类别的企业提供更多近距离面对面接触的机会，推动创造性思想理念的碰撞，促进更多跨行业知识和信息的交流，推动企业及区域技术创新。在大城市中，如果产业结构过于专业化，并不能充分发挥大城市的产业创新优势。相反，大城市若过度专注发展某一项或几项产业，既不利于大城市释放创新红利，也会因为过大的生产成本压力而减慢创新步伐。

其次，本章进一步分析技术进步对城市效率的影响。实证结果表明，技术进步对城市效率的影响与产业发展层次密切相关。当产业低端环节占比较大时，低端产业难以消化和吸收技术知识，从而使得技术进步难以发挥对城市效率的促进作用，甚至抑制城市效率的提升；当产业以高端环节为主时，技术进步所产生的知识和技能等更容易被高端产业吸收和利用，从而促进城市效率的提升。本章对高端人力资本、科学技术支出、科技文化文献、科技产业、科技产出对城市效率影响的实证分析，均从各自角度证明了这一观点。由此可见，要想提升城市效率，一味推进科技进步的效果并不理想，而应当同时促进产业转型升级，使得技术进步与产业转型升级相互促进，才能收到更好的效果。

第七章

优化城市产业结构，促进城市效率
提高的政策导向

本书认为，城市效率与长期经济增长过程中的产业结构调整有着密切的联系，城市群中不同城市产业结构的合理化是城市效率提高的必然途径。本书第一章对新中国成立以来我国城镇化的历史以及对我国城市化效率的有关研究进行了回顾，第二章在文献回顾的基础上从投入产出理论和集聚经济理论两个视角阐述了城市效率的内涵，第三章对中国城市效率和产业结构的总体分布和演进趋势进行了分析，第四章到第六章分别对城市的产业结构和配置效率、规模效率和技术效率的关系进行了分析。本书有关分析的结论可以归纳为两个方面：一方面，我国城市化以东部沿海地区为先导，已逐渐步入城市群的发展阶段，主要表现为地理邻近的不同规模的城市之间产业和功能的分工互动促进了城市效率的提高；另一方面，无论是城市群的整体效率还是单体城市的效率，都还存在可以通过产业结构的优化得到进一步提升的空间。

那么，为什么中国的城市效率还没有得到充分提升呢？城市经济学和集聚经济学的分析说明，在要素市场化流动的基础上形成城市之间专业化与多样化的产业分工和服务与制造、创新与制造的功能分工，以及不同规模城市之间的劳动生产率差异，实现了资本、劳动力在空间上有效率的配置，从而实现了投入产出意义上的效率。改革开放以来，作为一个发展中经济体，我国的城市化是在以农业体制改革和农业技术进步为动力推动劳动力从农业释放，以及引进、模仿外资企业的技术扩散、自主研发所支撑的工业技术持续进步的经济技术条件下推进的。同时，作为一个由传统计划经济向市场经济转变的经济体，我们的城市化又是在市场体系逐步形成、逐步发展的过程中形成的，这就造成我国的城市化进程中与要素流动制约有关的种种问题和矛盾。与我国的要素流动密切相关的制度包括户籍制度、土地制度、行政和地方财政体制、产业政策等，改革开放以来，这些制度都以适应计划经济的有关安排为起点进行了逐步的改革，在保障了我国经济高速增长和城市化快速推进的同时，也导致了城市化进程中的种种问题和矛盾，集中表现为：由于劳动力、资本和土地等生产要素的流动受到政策和行政因素的影响和制约，城市产业结构不够合理，从而城市效率不能充分实现，影响了经济增长的质量、效率和可持续性。

在城市群日益成为中国城市化基本形态的条件下，中国的城市效率如何充分提升呢？

2013 年 11 月中共十八届三中全会通过的《中共中央关于全面深化改革若干重大问题的决定》首次对新型城镇化道路进行了表述："坚持走中国特色新型城镇化道路，推进以人为核心的城镇化，推动大中小城市和小城镇协调发展、产业和城镇融合发展，促进城镇化和新农村建设协调推进。优化城市空间结构和管理格局，增强城市综合承载能力。" 2013 年 12 月中央城镇化工作会议指出 "要优化布局，根据资源环境承载能力构建科学合理的城镇化宏观布局，把城市群作为主体形态，促进大中小城市和小城镇合理分工、功能互补、协同发展"。

2014 年中共中央、国务院印发的《国家新型城镇化规划（2014—2020年）》在对改革开放以来我国城镇化建设所取得的成就进行概括的基础上，明确指出了存在的突出矛盾和问题，包括：大量农业转移人口难以融入城市社会，市民化进程滞后；"土地城镇化" 快于人口城镇化，建设用地粗放低效；城镇空间分布和规模结构不合理，与资源环境承载能力不匹配；城市管理服务水平不高，"城市病" 问题日益突出；自然历史文化遗产保护不力，城乡建设缺乏特色；体制机制不健全，阻碍了城镇化健康发展。该规划指出，"延续过去传统粗放的城镇化模式，会带来产业升级缓慢、资源环境恶化、社会矛盾增多等诸多风险，可能落入 '中等收入陷阱'，进而影响现代化进程。随着内外部环境和条件的深刻变化，城镇化必须进入以提升质量为主的转型发展新阶段……我国城镇化是在人口多、资源相对短缺、生态环境比较脆弱、城乡区域发展不平衡的背景下推进的，这决定了我国必须从社会主义初级阶段这个最大实际出发，遵循城镇化发展规律，走中国特色新型城镇化道路"。

可见，新型城镇化道路是在肯定我国改革开放以来城镇化发展成就的基础上，针对其存在的问题，结合我国的基本国情，遵循城镇化发展规律制定的。我国新型城镇化的指导思想阐述了新型城镇化道路的基本特征：紧紧围绕全面提高城镇化质量，加快转变城镇化发展方式，以人的城镇化为核心，有序推进农业转移人口市民化；以城市群为主体形态，推动大中小城市和小城镇协调发展；以综合承载能力为支撑，提升城市可持续发展水平；以体制机制创新为保障，通过改革释放城镇化发展潜力，走以人为本、四化①同步、优化布局、生态文明、文化传承的中国特色新型城镇化道路。

2016 年十二届全国人大四次会议审议通过的《中华人民共和国国民经济和社会发展第十三个五年规划纲要》进一步明确要求"坚持以人的城镇化为核心、以城市群为主体形态、以城市综合承载能力为支撑、以体制机制创新为保障，加快新型城镇化步伐"。党的十九大进一步要求"以城市群为主体构建大中小城市和小城镇协调发展的城镇格局"。

新型城镇化道路的内涵较为丰富，包括经济、社会、技术、体制、文化、生态等多个方面的含义。但就经济方面的含义而言，可以界定为：以城市和区域的综合承载能力为支撑，以城市群为主体形态，促进大中小城市和小城镇合理分工、功能互补、协同发展。这一内涵也可以理解为：通过优化城市产业结构，实现城市群中不同城市之间产业和功能的合理分工，实现城市群整体效率的提升。那么，应该如何具体实现这一政策目标呢？

第一，进行以促进要素充分流动为导向的体制机制改革。中央城镇化工作会议指出："推进城镇化，要注意处理好市场和政府的关系，既坚持使市场在资源配置中起决定性作用，又更好发挥政府在创造制度环境、编制发展规划、建设基础设施、提供公共服务、加强社会治理等方面的职

---

① 四化指城镇化、工业化、信息化、农业现代化。

能；注意处理好中央和地方关系。"《国家新型城镇化规划（2014—2020年）》指出"以体制机制创新为保障，通过改革释放城镇化发展潜力"，并在第七篇专门论述了改革完善城镇化发展体制机制，要求"加强制度顶层设计，尊重市场规律，统筹推进人口管理、土地管理、财税金融、城镇住房、行政管理、生态环境等重点领域和关键环节体制机制改革，形成有利于城镇化健康发展的制度环境"。在推进人口管理制度改革中要求"逐步消除城乡区域间户籍壁垒，还原户籍的人口登记管理功能"。在深化土地管理制度改革中要求"扩大国有土地有偿使用范围……减少非公益性用地划拨"；推进农村土地管理制度改革，"赋予农民对承包地占有、使用、收益、流转及承包经营权抵押、担保权能……在试点基础上慎重稳妥推进农民住房财产权抵押、担保、转让……在符合规划和用途管制前提下，允许农村集体经营性建设用地出让、租赁、入股，实行与国有土地同等入市、同权同价"；"缩小征地范围，规范征地程序，完善对被征地农民合理、规范、多元保障机制"。在创新城镇化资金保障机制中要求"按照事权与支出责任相适应的原则，合理确定各级政府在教育、基本医疗、社会保障等公共服务方面的事权，建立健全城镇基本公共服务支出分担机制"；"培育地方主体税种，增强地方政府提供基本公共服务能力"。在健全城镇住房制度中要求"加快构建以政府为主提供基本保障、以市场为主满足多层次需求的住房供应体系"。在第三篇"有序推进农业转移人口市民化"中明确指出"不仅要放开小城镇落户限制，也要放宽大中城市落户条件"，"全面放开建制镇和小城市落户限制，有序放开城区人口 50 万—100 万的城市落户限制，合理放开城区人口 100 万—300 万的大城市落户限制，合理确定城区人口 300 万—500 万的大城市落户条件，严格控制城区人口 500 万以上的特大城市人口规模"，"积极推进城镇基本公共服务由主要对本地户籍人口提供向对常住人口提供转变，逐步解决在城镇就业居住但未落户的农业转移人口享有城镇基本公共服务问题"。在第四篇中指出，"重点探索建立城市群管理协调模式，创新城市群要素市场管理机制，破除行政壁垒和垄断，促进生产要素自由流动和优化配置"。很明显，这些要求的基本导向是减少政府对生产要素流动的直接干预，增强生产要素的流动性；减少政府对经济运行的直接干预，增强政府在提供公共服务中的职责。

其他国家层面的政策文件也都明确坚持了通过市场化改革，促进生产要素流动和完善行政、地方财政管理体制的方向。《中华人民共和国国民经济和社会发展第十三个五年规划纲要》中指出"大中城市不得采取购买房屋、投资纳税、积分制等方式设置落户限制。超大城市和特大城市要以具有合法稳定就业和合法稳定住所（含租赁）、参加城镇社会保险年限、连续居住年限等为主要条件，实行差异化的落户政策"；"全面实施居住证暂行条例，推进居住证制度覆盖全部未落户城镇常住人口。保障居住证持有人在居住地享有义务教育、公共就业服务、公共卫生服务等国家规定的基本公共服务。鼓励各级政府不断扩大对居住证持有人的公共服务范围并提高服务标准，缩小与户籍人口的差距"；"加快建立城乡统一的建设用地市场，在符合规划、用途管制和依法取得前提下，推进农村集体经营性建设用地与国有建设用地同等入市、同权同价。健全集体土地征收制度，缩小征地范围，规范征收程序，完善被征地农民权益保障机制。开展宅基地融资抵押、适度流转、自愿有偿退出试点。完善工业用地市场化配置制度"；"建立事权和支出责任相适应的制度，适度加强中央事权和支出责任"；"建立企业投资项目管理权力清单、责任清单制度，更好落实企业投资自主权"；"进一步放宽基础设施、公用事业等领域的市场准入限制，采取特许经营、政府购买服务等政府和社会合作模式，鼓励社会资本参与投资建设运营"等。国务院2016年2月发布《国务院关于深入推进新型城镇化建设的若干意见》，指出要"以体制机制改革为动力，紧紧围绕新型城镇化目标任务，加快推进户籍制度改革，提升城市综合承载能力，制定完善土地、财政、投融资等配套政策，充分释放新型城镇化蕴藏的巨大内需潜力"；"坚持纵横联动、协同推进。加强部门间政策制定和实施的协调配合，推动户籍、土地、财政、住房等相关政策和改革举措形成合力。加强部门与地方政策联动，推动地方加快出台一批配套政策，确保改革举措和政策落地生根"。2018年11月《中共中央 国务院关于建立更加有效的区域协调发展新机制的意见》指出："促进城乡区域间要素自由流动。实施全国统一的市场准入负面清单制度，消除歧视性、隐蔽性的区域市场准入限制。深入实施公平竞争审查制度，消除区域市场壁垒，打破行政性垄断，清理和废除妨碍统一市场和公平竞争的各种规定和做法，进一步优化营商环境，激发市场活力。全面放宽城市落户条件，完善配套政策，打破阻碍劳动力在城乡、区域间流动的不合理壁垒，促进人力资源优化配置。加快深化农村土地制度改革，推动建立城乡统一的建设用地市场，进一步完善承包地所有权、承包权、经营权三权分置制度，探索宅基地所有权、资格权、使用权三权分置改革。引导科技资源按照市场需求优化空间配置，促进创新要素充分流动。"国家发展改革委 2019 年 3 月 31 日发布的《2019 年新型城镇化建设重点任务》进一步要求"继续加大户籍制度改革力度，在此前城区常住人口 100 万以下的中小城市和小城镇已陆续取消落户限制的基础上，城区常住人口 100 万—300 万的 II 型大城市要全面取消落户限制；城区常住人口 300 万—500 万的 I 型大城市要全面放开放宽落户条件，并全面取消重点群体落户限制。超大特大城市要调整完善积分落户政策，大幅增加落户规模、精简积分项目，确保社保缴纳年限和居住年限分数占主要比例"。

第二，对城镇化形态和布局的规划和政策引导。2010 年 12 月国务院发布的《全国主体功能区规划》指出，"构建'两横三纵'为主体的城市化战略格局。构建以陆桥通道、沿长江通道为两条横轴，以沿海、京哈京广、包昆通道为三条纵轴，以国家优化开发和重点开发的城市化地区为主要支撑，以轴线上其他城市化地区为重要组成的城市化战略格局。推进环渤海、长江三角洲、珠江三角洲地区的优化开发，形成 3 个特大城市群；推进哈长、江淮、海峡西岸、中原、长江中游、北部湾、成渝、关中—天水等地区的重点开发，形成若干新的大城市群和区域性的城市群"。2013年 12 月中央城镇化工作会议要求："全国主体功能区规划对城镇化总体布局做了安排，提出了'两横三纵'的城市化战略格局，要一张蓝图干到底。我国已经形成京津冀、长三角、珠三角三大城市群，同时要在中西部和东北有条件的地区，依靠市场力量和国家规划引导，逐步发展形成若干城市群，成为带动中西部和东北地区发展的重要增长极，推动国土空间均衡开发。"《国家新型城镇化规划（2014—2020 年）》第四篇"优化城镇化布局和形态"从"优化提升东部地区城市群""培育发展中西部地区城市群""建立城市群发展协调机制""促进各类城市协调发展""强化综合交通运输网络支撑"等方面对我国的城镇化形态和总体布局进行了论述。

《中华人民共和国国民经济和社会发展第十三个五年规划纲要》指出，"优化提升东部地区城市群，建设京津冀、长三角、珠三角世界级城市群，提升山东半岛、海峡西岸城市群开放竞争水平。培育中西部地区城市群，发展壮大东北地区、中原地区、长江中游、成渝地区、关中平原城市群，规划引导北部湾、山西中部、呼包鄂榆、黔中、滇中、兰州—西宁、宁夏沿黄、天山北坡城市群发展，形成更多支撑区域发展的增长极。促进以拉萨为中心、以喀什为中心的城市圈发展。建立健全城市群发展协调机制，推动跨区域城市间产业分工、基础设施、生态保护、环境治理等协调联动，实现城市群一体化高效发展"，并强调"发展一批中心城市，强化区域服务功能"，"以提升质量、增加数量为方向，加快发展中小城市"。2015 年 2 月中央财经领导小组第九次会议做出疏解北京非首都功能、推进京津冀协同发展的部署；2016 年 9 月《长江经济带发展规划纲要》正式印发，2019 年 2 月《粤港澳大湾区发展规划纲要》正式印发；2016 年 3 月《哈长城市群发展规划》、2016 年 5 月《成渝城市群发展规划》、2016 年 6 月《长江三角洲城市群发展规划》、2016 年 12 月《中原城市群发展规划》、2018 年 2 月《关中平原城市群发展规划》、2018 年 2 月《呼包鄂榆城市群发展规划》、2018 年 3 月《兰州—西宁城市群发展规划》等城市群发展规划相继出台，对各城市群的发展定位进行了进一步明确。

第三，强调中心城市的引导、带动功能。近年来，国务院先后通过批复北京、上海、广州、天津、重庆五座城市总体规划确定其为国家中心城市，分别在《成渝城市群发展规划》《促进中部地区崛起"十三五"规划》《关中平原城市群发展规划》三个规划文件中，提出支持成都、武汉、郑州、西安建设国家中心城市。建设国家中心城市的重要意义在于强化中心城市对城市群的龙头带动作用，促进生产要素在经济区内的流动顺畅，促进城市群协同一体化发展。

总之，通过深化体制改革，发挥市场对资源配置的基础性作用，完善政府的公共服务和公共管理职能，促进劳动力、资本和土地等生产要素的自由流动，加强政府富于前瞻性的规划引导，明确地区发展定位，实现区域和城市群之间、城市群内不同城市之间产业和功能的合理分工，是提升城市效率、实现城镇化高质量发展的基本政策导向。

附 表

附表一　2013 年中国不同城市规模下各地级及以上城市一览

城市规模	城市名单
小城市（110）	武威市、松原市、北海市、南平市、安康市、七台河市、白城市、葫芦岛市、广元市、金昌市、渭南市、运城市、防城港市、孝感市、滁州市、张掖市、绥化市、咸宁市、黑河市、龙岩市、张家界市、濮阳市、保山市、白银市、通化市、鹰潭市、铜川市、平凉市、三亚市、鹤壁市、黄山市、嘉峪关市、汕尾市、通辽市、宁德市、崇左市、榆林市、景德镇市、新余市、衡水市、铁岭市、娄底市、漳州市、宣城市、玉溪市、呼伦贝尔市、黄冈市、池州市、许昌市、丽水市、延安市、贺州市、梧州市、潮州市、昭通市、忻州市、上饶市、铜陵市、白山市、酒泉市、石嘴山市、茂名市、雅安市、来宾市、贵港市、乌兰察布市、吉安市、吕梁市、普洱市、亳州市、临汾市、百色市、周口市、河池市、荆门市、信阳市、资阳市、临沧市、驻马店市、梅州市、萍乡市、巴中市、丽江市、商洛市、巴彦淖尔市、吴忠市、晋中市、云浮市、钦州市、随州市、三明市、庆阳市、广安市、朔州市、六盘水市、汉中市、阳江市、衢州市、眉山市、三门峡市、鄂州市、双鸭山市、清远市、克拉玛依市、固原市、晋城市、河源市、定西市、陇南市、中卫市
中等城市（96）	本溪市、曲靖市、马鞍山市、德州市、聊城市、九江市、韶关市、鸡西市、邢台市、宜春市、伊春市、威海市、咸阳市、遵义市、十堰市、德阳市、张家口市、四平市、辽源市、肇庆市、平顶山市、锦州市、朝阳市、佳木斯市、

续表

城市规模	城市名单
中等城市（96）	牡丹江市、赣州市、拉萨市、嘉兴市、沧州市、承德市、阜新市、开封市、菏泽市、安顺市、淮北市、蚌埠市、泰安市、宜宾市、东营市、乌海市、中山市、湛江市、新乡市、鹤岗市、莆田市、安阳市、焦作市、丹东市、辽阳市、阜阳市、常德市、金华市、玉林市、舟山市、襄阳市、廊坊市、六安市、岳阳市、永州市、赤峰市、秦皇岛市、湘潭市、枣庄市、益阳市、黄石市、宿州市、抚州市、湖州市、攀枝花市、内江市、郴州市、日照市、漯河市、阳泉市、商丘市、桂林市、宜昌市、连云港市、滨州市、乐山市、遂宁市、长治市、盐城市、鄂尔多斯市、荆州市、邵阳市、安庆市、怀化市、镇江市、天水市、泰州市、宝鸡市、盘锦市、莱芜市、宿迁市、达州市
大城市（69）	绵阳市、海口市、济宁市、呼和浩特市、扬州市、成都市、苏州市、哈尔滨市、杭州市、淮安市、温州市、柳州市、西安市、青岛市、常州市、宁波市、石家庄市、佛山市、大连市、长沙市、徐州市、临沂市、无锡市、福州市、济南市、昆明市、潍坊市、长春市、邯郸市、合肥市、烟台市、唐山市、江门市、汕头市、南宁市、太原市、南阳市、台州市、南昌市、贵阳市、衡阳市、洛阳市、乌鲁木齐市、淄博市、珠海市、兰州市、吉林市、西宁市、鞍山市、惠州市、齐齐哈尔市、南充市、厦门市、包头市、保定市、株洲市、大庆市、大同市、营口市、南通市、抚顺市、泉州市、泸州市、淮南市、绍兴市、芜湖市、揭阳市、自贡市、银川市
特大及以上城市	特大城市（6）	天津市、武汉市、东莞市、沈阳市、南京市、郑州市
	超大城市（5）	上海市、北京市、重庆市、广州市、深圳市
其他（1）	巢湖市（2013 年人口数据不详）

附表二　2013 年中国不同区位下各地级及以上城市一览

城市区位	城市名单
东部城市（101）	北京市、天津市、石家庄市、唐山市、秦皇岛市、邯郸市、邢台市、保定市、张家口市、承德市、沧州市、廊坊市、衡水市、上海市、南京市、无锡市、徐州市、常州市、苏州市、南通市、连云港市、淮安市、盐城市、扬州市、镇江市、泰州市、宿迁市、杭州市、宁波市、温州市、嘉兴市、湖州市、绍兴市、金华市、衢州市、舟山市、台州市、丽水市、福州市、厦门市、莆田市、三明市、泉州市、漳州市、南平市、龙岩市、宁德市、济南市、青岛市、淄博市、枣庄市、东营市、烟台市、潍坊市、济宁市、泰安市、威海市、日照市、莱芜市、临沂市、德州市、聊城市、滨州市、菏泽市、广州市、韶关市、深圳市、珠海市、汕头市、佛山市、江门市、湛江市、茂名市、肇庆市、惠州市、梅州市、汕尾市、河源市、阳江市、清远市、东莞市、中山市、潮州市、揭阳市、云浮市、海口市、三亚市、沈阳市、大连市、鞍山市、抚顺市、本溪市、丹东市、锦州市、营口市、阜新市、辽阳市、盘锦市、铁岭市、朝阳市、葫芦岛市

城市区位	城市名单
中部城市（101）	太原市、大同市、阳泉市、长治市、晋城市、朔州市、晋中市、运城市、忻州市、临汾市、吕梁市、合肥市、芜湖市、蚌埠市、淮南市、马鞍山市、淮北市、铜陵市、安庆市、黄山市、滁州市、阜阳市、宿州市、巢湖市、六安市、亳州市、池州市、宣城市、南昌市、景德镇市、萍乡市、九江市、新余市、鹰潭市、赣州市、吉安市、宜春市、抚州市、上饶市、郑州市、开封市、洛阳市、平顶山市、安阳市、鹤壁市、新乡市、焦作市、濮阳市、许昌市、漯河市、三门峡市、南阳市、商丘市、信阳市、周口市、驻马店市、武汉市、黄石市、十堰市、宜昌市、襄阳市、鄂州市、荆门市、孝感市、荆州市、黄冈市、咸宁市、随州市、长沙市、株洲市、湘潭市、衡阳市、邵阳市、岳阳市、常德市、张家界市、益阳市、郴州市、永州市、怀化市、娄底市、长春市、吉林市、四平市、辽源市、通化市、白山市、松原市、白城市、哈尔滨市、齐齐哈尔市、鸡西市、鹤岗市、双鸭山市、大庆市、伊春市、佳木斯市、七台河市、牡丹江市、黑河市、绥化市
西部城市（85）	呼和浩特市、包头市、乌海市、赤峰市、通辽市、鄂尔多斯市、呼伦贝尔市、巴彦淖尔市、乌兰察布市、南宁市、柳州市、桂林市、梧州市、北海市、防城港市、钦州市、贵港市、玉林市、百色市、贺州市、河池市、来宾市、崇左市、重庆市、成都市、自贡市、攀枝花市、泸州市、德阳市、绵阳市、广元市、遂宁市、内江市、乐山市、南充市、眉山市、宜宾市、广安市、达州市、雅安市、巴中市、资阳市、贵阳市、六盘水市、遵义市、安顺市、昆明市、曲靖市、玉溪市、保山市、昭通市、丽江市、普洱市、临沧市、拉萨市、西安市、铜川市、宝鸡市、咸阳市、渭南市、延安市、汉中市、榆林市、安康市、商洛市、兰州市、嘉峪关市、金昌市、白银市、天水市、武威市、张掖市、平凉市、酒泉市、庆阳市、定西市、陇南市、西宁市、银川市、石嘴山市、吴忠市、固原市、中卫市、乌鲁木齐市、克拉玛依市

附表三　2013 年中国不同行政级别下各地级及以上城市一览

城市区位	城市名单
省级城市（4）	北京市、天津市、上海市、重庆市
副省级城市（15）	南京市、杭州市、宁波市、厦门市、济南市、青岛市、广州市、深圳市、武汉市、成都市、西安市、沈阳市、大连市、长春市、哈尔滨市
省会城市（非副省级城市）（25）	石家庄市、福州市、海口市、太原市、合肥市、南昌市、郑州市、长沙市、呼和浩特市、包头市、乌海市、赤峰市、通辽市、鄂尔多斯市、呼伦贝尔市、巴彦淖尔市、乌兰察布市、南宁市、贵阳市、昆明市、拉萨市、兰州市、西宁市、银川市、乌鲁木齐市
一般地级市（243）	唐山市、秦皇岛市、邯郸市、邢台市、保定市、张家口市、承德市、沧州市、廊坊市、衡水市、无锡市、徐州市、常州市、苏州市、南通市、连云港市、淮安市、盐城市、扬州市、镇江市、泰州市、宿迁市、温州市、嘉兴市、湖州市、绍兴市、金华市、衢州市、舟山市、台州市、丽水市、莆田市、三明市、

续表

城市区位	城市名单
一般地级市 （243）	泉州市、漳州市、南平市、龙岩市、宁德市、淄博市、枣庄市、东营市、烟台市、潍坊市、济宁市、泰安市、威海市、日照市、莱芜市、临沂市、德州市、聊城市、滨州市、菏泽市、韶关市、珠海市、汕头市、佛山市、江门市、湛江市、茂名市、肇庆市、惠州市、梅州市、汕尾市、河源市、阳江市、清远市、东莞市、中山市、潮州市、揭阳市、云浮市、三亚市、大同市、阳泉市、长治市、晋城市、朔州市、晋中市、运城市、忻州市、临汾市、吕梁市、芜湖市、蚌埠市、淮南市、马鞍山市、淮北市、铜陵市、安庆市、黄山市、滁州市、阜阳市、宿州市、巢湖市、六安市、亳州市、池州市、宣城市、景德镇市、萍乡市、九江市、新余市、鹰潭市、赣州市、吉安市、宜春市、抚州市、上饶市、开封市、洛阳市、平顶山市、安阳市、鹤壁市、新乡市、焦作市、濮阳市、许昌市、漯河市、三门峡市、南阳市、商丘市、信阳市、周口市、驻马店市、黄石市、十堰市、宜昌市、襄阳市、鄂州市、荆门市、孝感市、荆州市、黄冈市、咸宁市、随州市、株洲市、湘潭市、衡阳市、邵阳市、岳阳市、常德市、张家界市、益阳市、郴州市、永州市、怀化市、娄底市、柳州市、桂林市、梧州市、北海市、防城港市、钦州市、贵港市、玉林市、百色市、贺州市、河池市、来宾市、崇左市、自贡市、攀枝花市、泸州市、德阳市、绵阳市、广元市、遂宁市、内江市、乐山市、南充市、眉山市、宜宾市、广安市、达州市、雅安市、巴中市、资阳市、六盘水市、遵义市、安顺市、曲靖市、玉溪市、保山市、昭通市、丽江市、普洱市、临沧市、铜川市、宝鸡市、咸阳市、渭南市、延安市、汉中市、榆林市、安康市、商洛市、嘉峪关市、金昌市、白银市、天水市、武威市、张掖市、平凉市、酒泉市、庆阳市、定西市、陇南市、石嘴山市、吴忠市、固原市、中卫市、克拉玛依市、鞍山市、抚顺市、本溪市、丹东市、锦州市、营口市、阜新市、辽阳市、盘锦市、铁岭市、朝阳市、葫芦岛市、吉林市、四平市、辽源市、通化市、白山市、松原市、白城市、齐齐哈尔市、鸡西市、鹤岗市、双鸭山市、大庆市、伊春市、佳木斯市、七台河市、牡丹江市、黑河市、绥化市

附表四　2013 年中国不同铁路干线交通便捷程度各地级及以上城市一览

城市区位	城市名单
不靠近铁路 干线（145）	邢台市、保定市、廊坊市、无锡市、连云港市、淮安市、盐城市、扬州市、镇江市、泰州市、宿迁市、嘉兴市、湖州市、绍兴市、衢州市、舟山市、台州市、丽水市、莆田市、三明市、泉州市、宁德市、枣庄市、潍坊市、济宁市、泰安市、莱芜市、临沂市、滨州市、珠海市、佛山市、江门市、惠州市、汕尾市、河源市、阳江市、清远市、中山市、潮州市、揭阳市、云浮市、阳泉市、晋城市、朔州市、晋中市、运城市、忻州市、临汾市、吕梁市、马鞍山市、淮北市、安庆市、滁州市、宿州市、巢湖市、六安市、亳州市、池州市、萍乡市、新余市、赣州市、宜春市、抚州市、上饶市、安阳市、鹤壁市、焦作市、濮阳市、许昌市、三门峡市、南阳市、周口市、驻马店市、黄石市、十堰市、鄂州市、孝感市、荆州市、黄冈市、咸宁市、随州市、湘潭市、常德市、益阳市、郴州市、鄂尔多斯市、呼伦贝尔市、巴彦淖尔市、乌兰察布市、

续表

城市区位	城市名单
不靠近铁路干线（145）	梧州市、钦州市、贵港市、百色市、来宾市、崇左市、自贡市、泸州市、德阳市、绵阳市、乐山市、南充市、眉山市、广安市、雅安市、巴中市、资阳市、遵义市、安顺市、玉溪市、保山市、昭通市、普洱市、临沧市、铜川市、渭南市、商洛市、金昌市、白银市、张掖市、酒泉市、庆阳市、定西市、陇南市、石嘴山市、吴忠市、固原市、鞍山市、抚顺市、本溪市、营口市、阜新市、辽阳市、盘锦市、铁岭市、朝阳市、辽源市、通化市、白山市、松原市、鸡西市、鹤岗市、双鸭山市、大庆市、伊春市、七台河市
靠近铁路干线（142）	北京市、天津市、石家庄市、唐山市、秦皇岛市、邯郸市、张家口市、承德市、沧州市、衡水市、上海市、南京市、徐州市、常州市、苏州市、南通市、杭州市、宁波市、温州市、金华市、福州市、厦门市、漳州市、南平市、龙岩市、济南市、青岛市、淄博市、东营市、烟台市、威海市、日照市、德州市、聊城市、菏泽市、广州市、韶关市、深圳市、汕头市、湛江市、茂名市、肇庆市、梅州市、东莞市、海口市、三亚市、太原市、大同市、长治市、合肥市、芜湖市、蚌埠市、淮南市、铜陵市、黄山市、阜阳市、宣城市、南昌市、景德镇市、九江市、鹰潭市、吉安市、郑州市、开封市、洛阳市、平顶山市、新乡市、漯河市、商丘市、信阳市、武汉市、宜昌市、襄阳市、荆门市、长沙市、株洲市、衡阳市、邵阳市、岳阳市、张家界市、永州市、怀化市、娄底市、呼和浩特市、包头市、乌海市、赤峰市、通辽市、南宁市、柳州市、桂林市、北海市、防城港市、玉林市、贺州市、河池市、重庆市、成都市、攀枝花市、广元市、遂宁市、内江市、宜宾市、达州市、贵阳市、六盘水市、昆明市、曲靖市、丽江市、拉萨市、西安市、宝鸡市、咸阳市、延安市、汉中市、榆林市、安康市、兰州市、嘉峪关市、天水市、武威市、平凉市、西宁市、银川市、中卫市、乌鲁木齐市、克拉玛依市、沈阳市、大连市、丹东市、锦州市、葫芦岛市、长春市、吉林市、四平市、白城市、哈尔滨市、齐齐哈尔市、佳木斯市、牡丹江市、黑河市、绥化市

附表五　2013 年中国以不同距离靠近最近港口的各地级及以上城市一览

城市区位	城市名单
从左到右，从上到下城市与最近港口的距离由近到远（287）	丹东市、三亚市、锦州市、湛江市、中山市、秦皇岛市、连云港市、海口市、营口市、镇江市、威海市、珠海市、汕头市、福州市、厦门市、烟台市、唐山市、宁波市、青岛市、大连市、天津市、南京市、深圳市、广州市、上海市、佛山市、扬州市、江门市、潮州市、揭阳市、防城港市、漳州市、葫芦岛市、马鞍山市、东莞市、盘锦市、滁州市、泰州市、清远市、舟山市、常州市、廊坊市、崇左市、宁德市、茂名市、惠州市、泉州市、莆田市、朝阳市、鞍山市、肇庆市、钦州市、苏州市、芜湖市、嘉兴市、沧州市、绍兴市、日照市、临沂市、南通市、巢湖市、辽阳市、淮安市、宿迁市、阜新市、北京市、无锡市、北海市、梅州市、宣城市、龙岩市、云浮市、潍坊市、台州市、湖州市、汕尾市、杭州市、南宁市、盐城市、本溪市、承德市、河源市、合肥市、保定市、玉林市、铜陵市、沈阳市、

续表

城市区位	城市名单
从左到右，从上到下城市与最近港口的距离由近到远（287）	阳江市、蚌埠市、三明市、呼伦贝尔市、枣庄市、淮南市、徐州市、克拉玛依市、韶关市、抚顺市、德州市、池州市、衡水市、滨州市、百色市、金华市、梧州市、铁岭市、东营市、六安市、贵港市、丽水市、贺州市、温州市、淄博市、赤峰市、莱芜市、宿州市、淮北市、通化市、安庆市、济宁市、石家庄市、泰安市、黄山市、济南市、来宾市、张家口市、衢州市、阜阳市、郴州市、上饶市、通辽市、聊城市、河池市、邢台市、商丘市、赣州市、亳州市、辽源市、鹰潭市、四平市、柳州市、阳泉市、景德镇市、菏泽市、大同市、抚州市、邯郸市、九江市、桂林市、忻州市、永州市、濮阳市、乌兰察布市、朔州市、黄石市、黄冈市、安阳市、鄂州市、晋中市、周口市、衡阳市、吉安市、太原市、乌鲁木齐市、长春市、信阳市、南昌市、开封市、鹤壁市、武汉市、黑河市、驻马店市、吉林市、安顺市、新余市、漯河市、孝感市、长治市、曲靖市、新乡市、邵阳市、咸宁市、许昌市、玉溪市、萍乡市、呼和浩特市、贵阳市、昆明市、郑州市、随州市、宜春市、白城市、株洲市、湘潭市、娄底市、齐齐哈尔市、六盘水市、焦作市、晋城市、吕梁市、平顶山市、长沙市、怀化市、南阳市、普洱市、临汾市、益阳市、洛阳市、岳阳市、遵义市、襄阳市、荆门市、鄂尔多斯市、包头市、荆州市、榆林市、大庆市、昭通市、牡丹江市、哈尔滨市、常德市、运城市、临沧市、攀枝花市、三门峡市、张家界市、宜昌市、延安市、伊春市、十堰市、泸州市、绥化市、宜宾市、鸡西市、自贡市、重庆市、鹤岗市、七台河市、保山市、丽江市、内江市、商洛市、渭南市、巴彦淖尔市、铜川市、乐山市、佳木斯市、乌海市、西安市、资阳市、安康市、双鸭山市、咸阳市、庆阳市、广安市、眉山市、石嘴山市、遂宁市、银川市、雅安市、吴忠市、南充市、成都市、平凉市、达州市、固原市、宝鸡市、德阳市、绵阳市、巴中市、汉中市、天水市、广元市、松原市、白山市、定西市、白银市、兰州市、武威市、金昌市、西宁市、南平市、嘉峪关市、酒泉市、张掖市、拉萨市（距离不详）、陇南市（距离不详）、中卫市（距离不详）

附表六　2013年中国不同第三产业占比的各地级及以上城市一览

城市区位	城市名单
从左到右，从上到下第三产业占比由高到低（287）	巢湖市（不详）、绥化市（不详）、北京市、呼和浩特市、拉萨市、石家庄市、张家界市、海口市、上饶市、广州市、三亚市、白城市、怀化市、济南市、临汾市、鄂尔多斯市、福州市、上海市、运城市、贵阳市、陇南市、廊坊市、秦皇岛市、乌鲁木齐市、哈尔滨市、晋城市、昆明市、固原市、桂林市、杭州市、佳木斯市、太原市、西宁市、深圳市、银川市、遵义市、南宁市、玉林市、开封市、西安市、忻州市、南京市、东莞市、丽江市、郑州市、兰州市、成都市、焦作市、武汉市、长沙市、大连市、平凉市、包头市、丹东市、晋中市、厦门市、韶关市、丽水市、青岛市、温州市、齐齐哈尔市、定西市、九江市、金华市、安顺市、鹰潭市、延安市、新乡市、菏泽市、台州市、无锡市、泰安市、汉中市、安庆市、吕梁市、漳州市、

续表

城市区位	城市名单
从左到右，从上到下第三产业占比由高到低（287）	张掖市、三门峡市、天津市、黄山市、呼伦贝尔市、南昌市、牡丹江市、大同市、沧州市、沈阳市、舟山市、长治市、乌兰察布市、宁波市、嘉兴市、苏州市、张家口市、鞍山市、镇江市、贵港市、吉林市、锦州市、洛阳市、常州市、巴中市、珠海市、合肥市、宜春市、中卫市、邯郸市、郴州市、清远市、阳泉市、南阳市、朝阳市、阜阳市、河源市、湛江市、滨州市、安康市、河池市、重庆市、邢台市、天水市、南通市、六盘水市、连云港市、德州市、普洱市、绍兴市、黄冈市、周口市、赣州市、徐州市、扬州市、衢州市、商洛市、潍坊市、邵阳市、黑河市、吉安市、辽阳市、安阳市、汕头市、临沂市、孝感市、营口市、淮安市、中山市、烟台市、随州市、宁德市、承德市、泉州市、湖州市、临沧市、岳阳市、三明市、七台河市、保山市、威海市、淄博市、宿迁市、宣城市、渭南市、长春市、肇庆市、辽源市、泰州市、阳江市、赤峰市、常德市、双鸭山市、永州市、聊城市、景德镇市、衡阳市、钦州市、宿州市、抚顺市、济宁市、葫芦岛市、朔州市、梅州市、来宾市、驻马店市、信阳市、潮州市、十堰市、昭通市、新余市、盐城市、本溪市、莱芜市、亳州市、酒泉市、榆林市、白山市、佛山市、平顶山市、萍乡市、株洲市、茂名市、吴忠市、荆门市、池州市、云浮市、商丘市、湘潭市、荆州市、娄底市、雅安市、阜新市、伊春市、鸡西市、蚌埠市、六安市、江门市、广元市、黄石市、武威市、龙岩市、莆田市、保定市、咸宁市、达州市、曲靖市、日照市、铁岭市、淮南市、益阳市、乌海市、南平市、惠州市、崇左市、马鞍山市、绵阳市、唐山市、衡水市、广安市、白银市、芜湖市、枣庄市、庆阳市、百色市、通辽市、石嘴山市、巴彦淖尔市、汕尾市、遂宁市、贺州市、南充市、抚州市、梧州市、鹤岗市、防城港市、通化市、许昌市、四平市、自贡市、揭阳市、柳州市、北海市、德阳市、宜昌市、眉山市、松原市、鄂州市、盘锦市、襄阳市、铜陵市、宜宾市、铜川市、宝鸡市、泸州市、咸阳市、乐山市、东营市、濮阳市、淮北市、漯河市、内江市、嘉峪关市、滁州市、攀枝花市、鹤壁市、克拉玛依市、玉溪市、资阳市、金昌市、大庆市

附表七　中国城市创新指数得分与排名

城市	发展基础（分）	科技研发能力（分）	产业化能力（分）	综合评价（分）	排名
深圳市	194	220	405	820	1
北京市	171	274	361	806	2
上海市	193	162	189	544	3
苏州市	168	140	234	542	4
杭州市	119	174	242	534	5
西安市	70	192	214	476	6
广州市	182	131	155	468	7

城市	发展基础 （分）	科技研发 能力（分）	产业化能力 （分）	综合评价 （分）	排名
珠海市	80	146	241	466	8
无锡市	121	156	172	450	9
宁波市	116	137	177	430	10
武汉市	104	155	162	422	11
天津市	148	154	118	420	12
厦门市	79	170	150	399	13
济南市	80	148	162	391	14
长沙市	94	144	145	383	15
青岛市	113	139	125	377	16
常州市	83	142	136	361	17
东莞市	96	116	148	361	18
成都市	98	112	142	353	19
合肥市	70	149	127	346	20
大连市	115	114	101	331	21
佛山市	101	129	98	328	22
福州市	78	112	135	325	23
镇江市	75	129	119	323	24
太原市	60	128	132	320	25
惠州市	82	113	125	320	26
哈尔滨市	67	127	118	312	27
中山市	74	129	106	309	28
嘉兴市	79	140	90	309	29
石家庄市	65	101	142	308	30
芜湖市	60	127	119	307	31
南通市	81	125	100	307	32
绍兴市	79	130	93	302	33
贵阳市	57	106	122	285	34
湖州市	67	132	84	283	35
金华市	68	127	82	278	36
保定市	56	117	104	276	37
昆明市	65	103	108	276	38

城市	发展基础（分）	科技研发能力（分）	产业化能力（分）	综合评价（分）	排名
重庆市	81	105	86	273	39
江门市	74	114	81	269	40
泰州市	67	117	84	268	41
淮安市	60	98	107	265	42
温州市	64	120	79	262	43
南宁市	59	83	121	262	44
台州市	62	119	80	261	45
盐城市	65	124	71	259	46
株洲市	58	120	82	259	47
襄阳市	59	127	70	256	48
郑州市	78	100	69	247	49
南昌市	67	70	110	247	50
济宁市	60	109	77	246	51
泉州市	84	90	64	238	52
兰州市	56	97	84	237	53
岳阳市	57	107	69	233	54
柳州市	57	108	66	230	55
呼和浩特市	66	90	72	228	56
邯郸市	56	74	88	219	57
新乡市	54	107	56	216	58
连云港市	58	85	61	204	59
遵义市	52	69	63	184	60

注：南京、沈阳等部分区域中心城市因关键数据缺失而未纳入此次评价。

参考文献

〔美〕奥莎利文，2008，《城市经济学》（第 6 版），周京奎译，北京大学出版社。

Batisse，C.，2002，《专门化、多样化和中国地区工业产业增长的关系》，《世界经济文汇》第 4 期。

薄文广，2007，《外部性与产业增长——来自中国省级面板数据的研究》，《中国工业经济》第 1 期。

蔡昉、都阳，2005，《我们需要什么样的劳动力市场制度》，《吉林大学社会科学学报》第 5 期。

曹广忠、袁飞、陶然，2007，《土地财政、产业结构演变与税收超常规增长——中国"税收增长之谜"的一个分析视角》，《中国工业经济》第 12 期。

陈洁雄，2010，《中国城市劳动生产率差异的实证研究：2000—2008》，《经济学家》第 9 期。

陈金英，2016，《中国城市群空间结构及其对经济效率的影响研究》，博士学位论文，东北师范大学。

陈柳，2010，《中国制造业产业集聚与全要素生产率增长》，《山西财经大学学报》第 12 期。

陈志勇、陈莉莉，2011，《财政体制变迁、"土地财政"与产业结构调整》，《财政研究》第 11 期。

程大中、黄雯，2005，《中国服务业的区位分布与地区专业化》，《财贸经济》第 7 期。

程开明、庄燕杰，2012，《城市体系位序 – 规模特征的空间计量分析——以中部地区地级以上城市为例》，《地理科学》第 8 期。

程叶青、王哲野、马靖，2014，《中国区域创新的时空动态分析》，《地理学报》第 12 期。

程中华、刘军，2015，《产业集聚、空间溢出与制造业创新——基于中国城市数据的空间计量分析》，《山西财经大学学报》第 4 期。

程中华、张立柱，2015，《产业集聚与城市全要素生产率》，《中国科技论坛》第 3 期。

丁从明、聂军，2016，《城市规模分布对资源配置效率的影响——基于中国 23 个省级面板数据的分析》，《城市问题》第 10 期。

丁焕峰、宁颖斌，2011，《要素流动与生产率增长研究——对广东省"空间结构红利假说"的实证分析》，《经济地理》第 9 期。

董晓芳、袁燕，2014，《企业创新、生命周期与聚集经济》，《经济学》（季刊）第 2 期。

豆建民、汪增洋，2010，《经济集聚、产业结构与城市土地产出率——基于我国 234 个地级城市 1999 – 2006 年面板数据的实证研究》，《财经研究》第 10 期。

樊福卓，2007，《地区专业化的度量》，《经济研究》第 9 期。

范剑勇、冯猛、李方文，2014，《产业集聚与企业全要素生产率》，《世界经济》第 5 期。

范剑勇、莫家伟，2014，《地方债务、土地市场与地区工业增长》，《经济研究》第 1 期。

方创琳，2009，《城市群空间范围识别标准的研究进展与基本判断》，《城市规划学刊》第 4 期。

方创琳、宋吉涛、张蔷等，2005，《中国城市群结构体系的组成与空间分异格局》，《地理学报》第 5 期。

方远平、谢蔓，2012，《创新要素的空间分布及其对区域创新产出的影响——基于中国省域的 ESDA – GWR 分析》，《经济地理》第 9 期。

干春晖、郑若谷，2009，《改革开放以来产业结构演进与生产率增长研究——对中国 1978 ~ 2007 年"结构红利假说"的检验》，《中国工业经济》第 2 期。

郭晓丹、张军、吴利学，2019，《城市规模、生产率优势与资源配置》，《管理世界》第 4 期。

国家发改委国地所课题组，2009，《我国城市群的发展阶段与十大城市群的功能定位》，《改革》第 9 期。

Henderson，J. V.，2007b，《中国的城市化：面临的政策问题与选择》，《城市发展研究》第 4 期。

何键芳等，2013，《广东省区域创新产出的空间相关性研究》，《经济地理》第 2 期。

贺灿飞、潘峰华，2009，《中国城市产业增长研究：基于动态外部性与经济转型视角》，《地理研究》第 3 期。

胡永平、祝接金、向颖佳，2009，《政府科技支出、生产率与区域经济增长实证研究》，《科技进步与对策》第 15 期。

江飞涛、李晓萍，2018，《改革开放四十年中国产业政策演进与发展——兼论中国产业政策体系的转型》，《管理世界》第 10 期。

姜磊、戈冬梅、季民河，2011，《长三角区域创新差异和位序规模体系研究》，《经济地理》第 7 期。

金相郁，2006，《中国城市规模效率的实证分析：1990 - 2001 年》，《财贸经济》第 6 期。

金晓雨，2015，《中国生产性服务业发展与城市生产率研究》，《产业经济研究》第 6 期。

柯善咨、赵曜，2014，《产业结构、城市规模与中国城市生产率》，《经济研究》第 4 期。

赖永剑，2012，《集聚、空间动态外部性与企业创新绩效——基于中国制造业企业面板数据》，《产业经济研究》第 2 期。

李国平、王春杨，2012，《我国省域创新产出的空间特征和时空演化——基于探索性空间数据分析的实证》，《地理研究》第 1 期。

李恒，2019，《人口集中、城市群对经济增长作用的实证分析——以中国十大城市群为例》，《河南大学学报》（社会科学版）第 1 期。

李郇、徐现祥、陈浩辉，2005，《20 世纪 90 年代中国城市效率的时空变化》,《地理学报》第 4 期。

李金滟、宋德勇，2008，《专业化、多样化与城市集聚经济——基于中国地级单位面板数据的实证研究》,《管理世界》第 2 期。

李澎、刘若阳、李健，2016，《中国城市行政等级与资源配置效率》,《经济地理》第 10 期。

李小平，2008，《中国制造业劳动生产率增长的源泉及其特征——基于"结构红利假说"的实证检验》,《当代财经》第 3 期。

李晓萍、李平、吕大国、江飞涛，2015，《经济集聚、选择效应与企业生产率》,《管理世界》第 4 期。

李学鑫、苗长虹，2010，《城市群经济的性质与来源》,《城市问题》第 10 期。

李勇刚、王猛，2015，《土地财政与产业结构服务化——一个解释产业结构服务化"中国悖论"的新视角》,《财经研究》第 9 期。

刘守英，2017，《中国土地制度改革：上半程及下半程》,《国际经济评论》第 5 期。

刘伟、张辉，2008，《中国经济增长中的产业结构变迁和技术进步》,《经济研究》第 11 期。

刘修岩，2009，《集聚经济与劳动生产率：基于中国城市面板数据的实证研究》,《数量经济技术经济研究》第 7 期。

刘修岩、王璐，2013，《集聚经济与企业创新——基于中国制造业企业面板数据的实证研究》,《产业经济评论》第 3 期。

刘智勇、李海峥、胡永远等，2018，《人力资本结构高级化与经济增长——兼论东中西部地区差距的形成和缩小》,《经济研究》第 3 期。

龙小宁、朱艳丽、蔡伟贤等，2014，《基于空间计量模型的中国县级政府间税收竞争的实证分析》,《经济研究》第 8 期。

陆铭、向宽虎、陈钊，2011，《中国的城市化和城市体系调整：基于文献的评论》,《世界经济》第 6 期。

鹿坪，2017，《产业集聚能提高地区全要素生产率吗？——基于空间计量的实证分析》,《上海经济研究》第 7 期。

吕炜、许宏伟，2012，《土地财政的经济影响及其后续风险应对》,《经济社会体制比较》第 6 期。

潘士远、朱丹丹、徐恺，2018，《中国城市过大抑或过小？——基于劳动力配置效率的视角》，《经济研究》第 9 期。

彭向、蒋传海，2011，《产业集聚、知识溢出与地区创新——基于中国工业行业的实证检验》，《经济学》（季刊）第 3 期。

彭昱，2014，《城市化过程中的土地资本化与产业结构转型》，《财经问题研究》第 8 期。

邵军、徐康宁，2010，《我国城市的生产率增长、效率改进与技术进步》，《数量经济技术经济研究》第 1 期。

沈能、赵增耀，2014，《集聚动态外部性与企业创新能力》，《科研管理》第 4 期。

宋志红、史玉英、李冬梅，2014，《学术论文质量特征对明星作者网络位置的影响——以 1990 - 2012 年"创新网络"领域的文献为例》，《科学学研究》第 5 期。

苏方林，2006，《中国省域 R&D 溢出的空间模式研究》，《科学学研究》第 5 期。

孙文凯、白重恩、谢沛初，2011，《户籍制度改革对中国农村劳动力流动的影响》，《经济研究》第 1 期。

孙祥栋、张亮亮、赵峥，2016，《城市集聚经济的来源：专业化还是多样化——基于中国城市面板数据的实证分析》，《财经科学》第 2 期。

孙学涛、欧阳博强、王振华，2017，《城镇化背景下经济增长中的结构红利及空间溢出效应》，《云南财经大学学报》第 5 期。

陶长琪、刘振，2017，《土地财政能否促进产业结构趋于合理——来自我国省级面板数据的实证》，《财贸研究》第 2 期。

陶然、汪晖，2010，《中国尚未完成之转型中的土地制度改革：挑战与出路》，《国际经济评论》第 2 期。

汪阳红、贾若祥，2014，《我国城市群发展思路研究——基于三大关系视角》，《经济学动态》第 2 期。

王春杨、翁蔻，2015，《中国区域创新差距演变及其影响因素分析》，《地域研究与开发》第 5 期。

王春杨、张超，2013，《地理集聚与空间依赖——中国区域创新的时空演进模式》，《科学学研究》第 5 期。

王剑锋、孙琦、郭红玉，2014，《内生性土地财政扩张与产业结构失衡》，《公共管理与政策评论》第 1 期。

王金营，2000，《人力资本在技术创新、技术扩散中的作用研究》，《科技管理研究》第 1 期。

王珺，2010，《是什么因素直接推动了国内地区间的产业转移》，《学术研究》第 11 期。

王珺，2014，《配置效率的提升与大都市区的发展》，《华南师范大学学报》（社会科学版）第 6 期。

王鹏、宋德斌，2014，《结构优化、技术创新与区域经济效率》，《商业研究》第 9 期。

王鹏、尤济红，2015，《产业结构调整中的要素配置效率——兼对"结构红利假说"的再检验》，《经济学动态》第 10 期。

王瑞民、陶然、刘明兴，2016，《中国地方财政体制演变的逻辑与转型》，《国际经济评论》第 2 期。

王文彬，2013，《人力资本差异性作用的影响因素——基于教育程度与网络场域关系的分析》，《人口学刊》第 4 期。

王小鲁，2010，《中国城市化路径与城市规模的经济学分析》，《经济研究》第 10 期。

王小鲁、夏小林，1999，《优化城市规模推动经济增长》，《经济研究》第 9 期。

王永培、袁平红，2011，《基础设施、拥挤性与城市生产率差异——来自中国 267 个城市市辖区数据的实证研究》，《财经科学》第 7 期。

魏后凯，2014a，《中国城镇化进程中两极化倾向与规模格局重构》，《中国工业经济》第 3 期。

魏后凯，2014b，《中国城市行政等级与规模增长》，《城市与环境研究》第 1 期。

魏杰、汪浩，2016，《结构红利和改革红利：当前中国经济增长潜力探究》，《社会科学研究》第 1 期。

邹滋，2010，《集聚结构、知识溢出与区域创新绩效——基于空间计量的分析》，《山西财经大学学报》第 3 期。

吴玉鸣，2006，《空间计量经济模型在省域研发与创新中的应用研究》，《数量经济技术经济研究》第 5 期。

吴玉鸣、李建霞，2006，《中国区域工业全要素生产率的空间计量经济分析》，《地理科学》第 4 期。

席强敏，2012，《城市效率与城市规模关系的实证分析——基于 2001~2009 年我国城市面板数据》，《经济问题》第 10 期。

席强敏、陈曦、李国平，2015，《中国城市生产性服务业模式选择研究——以工业效率提升为导向》，《中国工业经济》第 2 期。

谢小平、王贤彬，2012，《城市规模分布演进与经济增长》，《南方经济》第 6 期。

谢燮、杨开忠，2003，《西部投资环境的再分析及政策建议》，《开发研究》第 2 期。

徐竹青，2004，《专利、技术创新与经济增长：理论与实证》，《科技管理研究》第 5 期。

许君如、牛文涛，2011，《改革开放三十年我国工业化阶段演进分析》，《电子科技大学学报》（社会科学版）第 1 期。

宣烨、余泳泽，2017，《生产性服务业集聚对制造业企业全要素生产率提升研究——来自 230 个城市微观企业的证据》，《数量经济技术经济研究》第 2 期。

杨凤阁，2012，《河南省区域创新能力分析与发展策略》，《地域研究与开发》第 1 期。

杨浩昌、李廉水、刘军，2018，《产业聚集与中国城市全要素生产率》，《科研管理》第 1 期。

杨建芳、龚六堂、张庆华，2006，《人力资本形成及其对经济增长的影响——一个包含教育和健康投入的内生增长模型及其检验》，《管理世界》第 5 期。

杨莉莉、邵帅、曹建华、任佳，2014，《长三角城市群工业全要素能源效率变动分解及影响因素——基于随机前沿生产函数的经验研究》，《上海财经大学学报》第 3 期。

杨仁发、张殷，2018，《产业集聚与城市生产率——基于长江经济带 108
　个城市的实证分析》，《工业技术经济》第 9 期。

杨学成、汪冬梅，2002，《我国不同规模城市的经济效率和经济成长力的
　实证研究》，《管理世界》第 3 期。

姚士谋，1992，《我国城市群的特征、类型与空间布局》，《城市问题》第
　1 期。

殷宁宇、赵祥、王珺，2017，《广东区域经济协调发展与产业空间布局》，
　《广东行政学院学报》第 2 期。

尹恒、朱虹，2011，《县级财政生产性支出偏向研究》，《中国社会科学》
　第 1 期。

于斌斌，2015，《产业结构调整与生产率提升的经济增长效应——基于中
　国城市动态空间面板模型的分析》，《中国工业经济》第 12 期。

于斌斌，2017，《生产性服务业集聚能提高制造业生产率吗？——基于行
　业、地区和城市异质性视角的分析》，《南开经济研究》第 2 期。

于津平、吴小康，2016，《战略性新兴产业发展中的区域竞争与地方政府
　补贴》，《经济理论与经济管理》第 3 期。

余静文、王春超，2011，《城市群落崛起、经济集聚与全要素生产率——
　基于京津冀、长三角和珠三角城市圈的分析》，《产经评论》第 3 期。

余壮雄、杨扬，2014，《大城市的生产率优势：集聚与选择》，《世界经济》
　第 10 期。

宰斯蕾，2006，《河南省区域创新能力探讨》，《地域研究与开发》第 5 期。

曾起艳、曾寅初、王振华，2018，《全要素生产率提升中"结构红利假说"
　的非线性检验——基于 285 个城市面板数据的双门限回归分析》，《经
　济与管理研究》第 9 期。

张浩然、衣保中，2012，《城市群空间结构特征与经济绩效——来自中国
　的经验证据》，《经济评论》第 1 期。

张莉、朱光顺、李世刚、李夏洋，2019，《市场环境、重点产业政策与企
　业生产率差异》，《管理世界》第 3 期。

张明倩、柯莉，2018，《"一带一路"跨国专利合作网络及影响因素研究》，

《软科学》第 6 期。

张锐，2017，《世界湾区经济的建设经验与启示》，《中国国情国力》第 5 期。

张天华、董志强、许华杰，2017，《大城市的企业资源配置效率更高吗？——基于中国制造业企业的实证研究》，《产业经济研究》第 4 期。

张维迎、栗树和，1998，《地区间竞争与中国国有企业的民营化》，《经济研究》第 12 期。

张雄辉，2010，《技术进步、技术效率对经济增长贡献的研究——基于中国、韩国比较分析视角》，博士学位论文，山东大学。

张雄辉、范爱军，2010，《技术进步、技术效率与我国经济增长的实证分析》，《科技进步与对策》第 5 期。

张玉萍，2013，《图书馆发展与科技进步》，《黑龙江科技信息》第 4 期。

赵建吉、曾刚，2009，《创新的空间测度：数据与指标》，《经济地理》第 8 期。

赵伟、张萃，2008，《中国制造业区域集聚与全要素生产率增长》，《上海交通大学学报》（哲学社会科学版）第 5 期。

赵祥，2018，《中国城市化制度与产业结构优化升级》（书稿），待发表。

中国城市轨道交通协会，2018，《我国城轨交通发展的现状、问题与瞻望（摘要版）——包叙定》，《都市快轨交通》第 6 期。

周黎安，2004，《晋升博弈中政府官员的激励与合作——兼论我国地方保护主义和重复建设问题长期存在的原因》，《经济研究》第 6 期。

周茂、陆毅、杜艳、姚星，2018，《开发区设立与地区制造业升级》，《中国工业经济》第 3 期。

朱艳鑫、朱艳硕、薛俊波，2016，《地方政府产业政策的文本量化研究——以战略性新兴产业政策为例》，《经济问题探索》第 2 期。

朱勇、张宗益，2005，《技术创新对经济增长影响的地区差异研究》，《中国软科学》第 11 期。

踪家峰、李蕾、郑敏闽，2009，《中国地方政府间标尺竞争——基于空间计量经济学的分析》，《经济评论》第 4 期。

Abdel – Rahman, H. M., and Fujita, M. (1990). Product Variety, Marshallian Externalities, and City Sizes. *Journal of Regional Science*, 30 (2): 165 – 183.

Abdel – Rahman, H. M. (1990a). Agglomeration Economies, Types, and Sizes of Cities. *Journal of Urban Economics*, 27 (1): 25 – 45.

Abdel – Rahman, H. M. (1990b). Sharable Inputs, Product Variety, and City Sizes. *Journal of Regional Science*, 30 (3): 359 – 374.

Abdel – Rahman, H. M. (1998). Income Disparity, Time Allocation, and Social Welfare in a System of Cities. *Journal of Regional Science*, 38 (1): 137 – 154.

Abdel – Rahman, H. M. , and Fujita, M. (1993). Specialization and Diversification in a System of Cities. *Journal of Urban Economics*, 33 (2): 189 – 222.

Abel, J. R. , and Deitz, R. (2015). Agglomeration and Job Matching among College Graduates. *Regional Science and Urban Economics*, 51: 14 – 24.

Åberg, Y. I. (1973). Regional Productivity Differences in Swedish Manufacturing. *Regional and Urban Economics*, 3 (2): 131 – 155.

Aigner, D. , Lovell, C. A. K. , and Schmidt, P. (1977). Formulation and Estimation of Stochastic Frontier Production Function Models. *Journal of Econometrics*, 6 (1): 21 – 37.

Andersson, F. , and Forslid, R. (2003). Tax Competition and Economic Geography. *Journal of Public Economic Theory*, 5: 279 – 303.

Andersson, F. , Burgess, S. , and Lane, J. I. (2007). Cities, Matching and the Productivity Gains of Agglomeration. *Journal of Urban Economics*, 61: 112 – 128.

Arnott, R. (1989). Housing Vacancies, Thin Markets, and Idiosyncratic Tastes. *Journal of Real Estate Finance and Economics*, 2: 5 – 30.

Au, C. C. , and Henderson, J. V. (2006a). How Migration Restrictions Limit Agglomeration and Productivity in China. *Journal of Development Economics*, 80 (2): 350 – 388.

Au, C. C. , and Henderson, J. V. (2006b). Are Chinese Cities Too Small?. *Review of Economic Studies*, 73 (3): 549 – 576.

Audretsch, D. B. , and Feldman, M. P. (2004). Knowledge Spillovers and the Geography of Innovation. *Handbook of and Regional Urban Economics*, 4:

2713 – 2739.

Audretsch, D. B. , Lehmann, E. E. , and Warning, S. （2005）. University Spillovers and New Firm Location. *Research Policy*, 34： 1113 – 1122.

Bailey, N. , and Turok, I. （2001）. Central Scotland as a Polycentric Urban Region： Useful Planning Concept or Chimera? . *Urban Studies*, 38 （4）： 679 – 715.

Baptista, R. , and Swann, G. M. P. （1998）. Do Firms in Clusters Innovate More? . *Research Policy*, 27 （5）： 525 – 540.

Battese, G. E. , and Coelli, T. J. （1992）. Frontier Production Functions, Technical Efficiency and Panel Data： With Application to Paddy Farmers in India. *Journal of Productivity Analysis*, （2）： 153 – 169.

Baum – Snow, N. , Brandt, L. , Henderson, V. , Turner, M. , and Zhang, Q. （2017）. Roads, Railroads and Decentralization of Chinese Cities. *Review of Economics and Statistics*, 99 （3）： 435 – 448.

Baumol, W. J. （1967）. Macroeconomics of Unbalanced Growth： The Anatomy of Urban Crisis. *American Economic Review*, 57 （3）： 415 – 426.

Beaudry, C. , and Breschi, S. , （2003）. Are Firms in Clusters Really More Innovative? . *Economic of Innovation and New Technology*, 12： 325 – 343.

Beaudry, C. , and Schiffauerova, A. （2009）. Who's Right, Marshall or Jacobs? The Localization Versus Urbanization Debate. *Research Policy*, 38 （2）： 318 – 337.

Berndt, E. R. , and Khaled, M. S. （1979）. Parametric Productivity Measurement and Choice among Flexible Functional Forms. *Journal of Political Economy*, 87 （6）： 1220 – 1245.

Black, D. , and Henderson, J. V. （2003）. Urban Evolution in the USA. *Journal of Economic Geography*, 3 （4）： 343 – 372.

Black, G. （2005）. Geography and Innovation. In Black, G. , ed. , *The Geography of Small Firm Innovation*： 27 – 36. Boston, MA： Springer.

Blind, K. , and Jungmittag, A. （2008）. The Impact of Patents and Standards on Macroeconomic Growth： A Panel Approach Covering Four Countries and

12 Sectors. *Journal of Productivity Analysis*, 29 (1): 51 –60.

Broersma, L., and Oosterhaven, J. (2009). Regional Labor Productivity in the Netherlands: Evidence of Agglomeration and Congestion Effects. *Journal of Regional Science*, 49 (3): 483 –511.

Carlino, G. A., Chatterjee, S., and Hunt, R. M. (2007). Urban Density and the Rate of Invention. *Journal of Urban Economics*, 61: 389 –419.

Cheba, K. (2015). The Influence of Clusters on Economic Development. A Comparative Analysis of Cluster Policy in the European Union and Japan. *Oeconomia Copernicana*, 6 (3): 73 –88.

Chenery, H., Robinson, S., and Syrquin, M. (1986). *Industrialization and Growth: A Comparative Study*. Oxford University Press, New York.

Ciccone, A., and Hall, R. E. (1996). Productivity and the Density of Economic Activity. *The American Economic Review*, 86 (1): 54 –70.

Coelli, T. J. (1996). Guide to DEAP, Version 2. 1: A Data Envelopment Analysis (Computer) Program. Center for Efficiency and Productivity Analysis. University of New England. Working Paper, 96 (8).

Combes, P. P., Duranton, G., and Gobillon, L. (2008). Spatial Wage Disparities: Sorting Matters! . *Journal of Urban Economics*, 63 (2): 723 –742.

Desrochers, P., and Sautet, F. (2004). Cluster – Based Economic Strategy, Facilitation Policy and the Market Process. *The Review of Austrian Economics*, 17 (2 –3): 233 –245.

Drucker, J., and Feser, E. (2012). Regional Industrial Structure and Agglomeration Economies: An Analysis of Productivity in Three Manufacturing Industries. *Regional Science and Urban Economics*, 42 (1 –2): 1 –14.

Duranton, G. (1999). Distance, Land, and Proximity Economic Analysis and the Evolution of Cities. Research Papers in Environmental and Spatial Analysis No. 53.

Duranton, G. (2007). Urban Evolutions: The Fast, the Slow, and the Still. *American Economic Review*, 97 (1): 197 –221.

Duranton, G., and Puga, D. (2000). Diversity and Specialisation in Cities: Why,

Where and When Does it Matter? . *Urban Studies*, 37 (3): 533 – 555.

Duranton, G. , and Turner, M. A. (2012). Urban Growth and Transportation. *Review of Economic Studies*, 79 (4): 1407 – 1440.

Duranton, G. , and Puga, D. (2001). Nursery Cities: Urban Diversity, Process Innovation, and the Life Cycle of Products. *The American Economic Review*, 91 (5): 1454 – 1477.

Duranton, G. , and Puga, D. (2004). Micro – Foundations of Urban Agglomeration Economies. In Henderson, J. V. , and Thisse, J. F. , eds. , *Handbook of Regional and Urban Economics*, 4: 2063 – 2117. Amsterdam: North Holland.

Duranton, G. , and Puga, D. (2005). From Sectoral to Functional Urban Specialisation. *Journal of Urban Economics*, 57 (2): 343 – 370.

Eisinger, P. (1990). Do the American States Do Industrial Policy? . *British Journal of Political Science*, 20: 509 – 535.

Fagerberg, J. (2000). Technological Progress, Structural Change and Productivity Growth: A Comparative Study. *Structural Change and Economic Dynamics*, 11: 393 – 411.

Feldman, M. , and Audretsch, D. (1999). Innovation in Cities: Science – based Diversity, Specialization and Localized Competition. *European Economic Review*, 43 (2): 409 – 429.

Fritsch, M. , and Slavtchev, V. (2010). How Does Industry Specialization Affect the Efficiency of Regional Innovation Systems? . *The Annals of Regional Science*, 45: 87 – 108.

Fujita, M. (2007). Towards the New Economic Geography in the Brain Power Society. *Regional Science and Urban Economics*, 37 (4): 482 – 490.

Fujita, M. , and Thisse, J. F. (1996). Economics of Agglomeration. *Journal of the Japanese and International Economies*, 10 (4): 339 – 378.

Fujita, M. , and Thisse, J. F. (1997). On the Endogeneous Formation of Secondary Employment Centers in a City. *Journal of Urban Economics*, 41 (3): 337 – 357.

Färe, R. , Grosskopf, S. , Norris, M. , and Zhang, Z. (1994). Productivity Growth, Technical Progress, and Efficiency Change in Industrialized Countries. *The American Economic Review*, 84 (1): 66 – 83.

Galliano, D. , Magrini, M. B. , and Triboulet, P. (2015). Marshall's versus Jacobs' Externalities in Firm Innovation Performance: The Case of French Industry. *Regional Studies*, 49 (11): 1840 – 1858.

Glaeser, E. L. (2007). The Economics Approach to Cities. *NBER Working Paper*, No. 13696.

Glaeser, E. L. , and Gottlieb, J. D. (2009). The Wealth of Cities: Agglomeration Economies and Spatial Equilibrium in the United States. *Journal of Economic Literature*, 47 (4): 983 – 1028.

Glaeser, E. L. , Kallal, H. D. , Scheinkman, J. A. , and Shleifer, A. (1992). Growth in Cities. *Journal of Political Economy*, 100 (6): 1126 – 1152.

Good, D. H. , Nadiri, M. I. , and Sickles, R. C. (1996). Index Number and Factor Demand Approaches to the Estimation of Productivity. *National Bureau of Economic Research*.

Gordon, I. R. , and McCann, P. (2005). Innovation, Agglomeration, and Regional Development. *Journal of Economic Geography*, 5: 523 – 543.

Gotteman, J. (1957) . Megalopolis: The Urbanization of the Northeastern seaboard. *Economic Geography*, 33: 189 – 220.

Graham, D. J. (2007a) . Agglomeration, Productivity and Transport Investment. *Journal of Transport Economics and Policy*, 41 (3): 317 – 343.

Graham, D. J. (2007b). Variable Returns to Agglomeration and the Effect of Road Traffic Congestion. *Journal of Urban Economics*, 62 (1): 103 – 120.

Graham, D. J. (2009). Identifying Urbanisation and Localisation Externalities in Manufacturing and Service Industries. *Papers in Regional Science*, 88 (1): 63 – 84.

Graham, D. J. , and Kim, H. Y. (2008). An Empirical Analytical Framework for Agglomeration Economies. *The Annals of Regional Science*, 42 (2): 267 – 289.

Griliches, Z. , and Mairesse, J. (1995). Production Functions: The Search for

Identification. *National Bureau of Economic Research.*

Hall, R. E. , and Jones, C. I. （1999）. Why Do Some Countries Produce So Much More Output per Worker Than Others? . *Quarterly Journal of Economics*, 114 （1）, 83 – 116.

Haltiwanger, J. C. （2000）. Aggregate Growth: What Have We Learned From Microeconomic Evidence? . *Paris: OECD*, 8 （78）.

Hannula, M. （2002）. Total Productivity Measurement Based on Partial Productivity Ratios. *International Journal of Production Economics*, 78 （1）: 57 – 67.

Heidenreich, M. （2009）. Innovation Patterns and Location of European Low – and Medium – Technology Industries. *Research Policy*, 38 （3）: 483 – 494.

Helsley, R. W. , and Strange, W. C. （1990）. Matching and Agglomeration Economies in a System of Cities. *Regional Science and Urban Economics*, 20: 189 – 212.

Helsley, R. W. , and Strange, W. C. （1991）. Agglomeration Economies and Urban Capital Markets. *Journal of Urban Economics*, 29 （1）: 96 – 112.

Helsley, R. W. , and Strange, W. C. （2002） . Innovation and Urban Input Sharing. *Journal of Urban Economics*, 51 （1）: 25 – 45.

Henderson, J. V. （1974）. The Sizes and Types of Cities. *The American Economic Review*, 64 （4）: 640 – 656.

Henderson, J. V. （1983）. Industrial Bases and City Sizes. *The American Economic Review*, 73 （2）: 164 – 168.

Henderson, J. V. （1988）. *Urban Development Theory, Fact and Illusion.* Oxford: Oxford University Press.

Henderson, J. V. （1996）. Ways to Think about Urban Concentration Neoclassical Urban Systems versus the New Economic Geography. *International Regional Science Review*, 19 （1 – 2）: 31 – 36.

Henderson, J. V. （1997）. Medium Size Cities. *Regional Science and Urban Economics*, 27 （6）: 583 – 612.

Henderson, J. V. （2001） . Urban Scale Economies. In Paddison, R. , ed. , *Handbook of Urban Studies*: 243 – 255. London: SAGE.

Henderson, J. V. (2003). Marshall's Scale Economies. *Journal of Urban Economics*, 53 (1): 1 – 28.

Henderson, J. V. (2007a). Understanding Knowledge Spillovers. *Regional Science and Urban Economics*, 37 (4): 497 – 508.

Henderson, J. V., and Abdel – Rahman, H. M. (1991). Urban Diversity and Fiscal Decentralization. *Regional Science and Urban Economics*, 21 (3): 491 – 509.

Hippel, E. (1994). "Sticky Information" and the Locus of Problem Solving: Implications for Innovation. *Management Science*, 40 (4): 429 – 439.

Hulten, C. R. (2001). Total Factor Productivity. A Short Biography. In Hulten, C. R., Dean, E. R., and Harper, M. J., eds., *New Developments in Productivity Analysis*: 1 – 54. Chicago: University of Chicago Press.

Iyigun, M. (2006). Clusters of Invention, Life Cycle of Technologies and Endogenous Growth. *Journal of Economic Dynamics and Control*, 30 (4): 687 – 719.

Jacobs, J. (1969). *The Economy of Cities*. New York: Random House.

Jaffe, A. B. (1989). Real Effects of Academic Research. *American Economic Review*, 79 (5): 957 – 970.

Jaffe, A. B., Trajtenberg, M., and Henderson, R. (1993). Geographic Localization of Knowledge Spillovers as Evidenced by Patent Citations. *NBER Working Paper Series*, No. 3993.

Johansson, B., and Quigley, J. M. (2004). Agglomeration and Networks in Spatial Economics. *Papers in Regional Science*, 83 (1): 165 – 176.

Kendrick, J. W., and Vaccara, B. N. (1980). Introduction. In Kendrick, J. W., and Vaccara, B. N., eds., *New Developments in Productivity Measurement*: 1 – 14. Chicago: University of Chicago Press.

Ketels, C. H. M. (2007). Industrial Policy in the United States. *Journal of Industry, Competition and Trade*, 7 (3 – 4): 147 – 167.

Kuusk, A., Staehr, K., and Varblane, U. (2017). Sectoral Change and Labour Productivity Growth During Boom, Bust and Recovery in Central and

Eastern Europe. *Economic Change and Restructuring*, 50 (1): 21 – 43.

Lagos, R. (2006). A Model of TFP. *Review of Economic Studies*, 73 (4): 983 – 1007.

Lucas Jr. , R. E. (1988). On the Mechanics of Economic Development. *Journal of Monetary Economics*, 22 (1): 3 – 42.

Lundvall, B. A. (1992). *National Systems of Innovation: Towards a Theory of Innovation and Interactive Learning*. Pinter Publishers, London.

Malizia, E. E. , and Ke, S. (1993). The Influence of Economic Diversity on Unemployment and Stability. *Journal of Regional Science*, 33 (2): 221 – 235.

Manjón – Antolín, M. C. , and Arauzo – Carod, J. M. (2011). Locations and Relocations: Determinants, Modelling, and Interrelations. *The Annals of Regional Science*, 47 (1): 131 – 146.

Marshall, A. (1890). *Principles of Economics*. London: Macmillan.

Martin, P. , and Ottaviano, G. I. P. (1999). Growing Locations: Industry Location in a Model of Endogenous Growth. *European Economic Review*, 43 (2): 281 – 302.

McMillan, M. , Rodrik, D. , and Verduzco – Gallo, I. (2014). Globalization, Structural Change, and Productivity Growth: With an Update for Africa. *World Development*, 63: 11 – 32.

Meeusen, W. , and Broeck, J. V. D. (1977). Efficiency Estimation from Cobb – Douglas Production Functions with Composed Error. *International Economic Review*, 18 (2): 435 – 444.

Meijers, E. (2008). Summing Small Cities Does Not Make a Large City: Polycentric Urban Region and the Provision of Cultural, Leisure and Sports Amenities. *Urban Studies*, 45 (11): 2323 – 2342.

Melitz, M. J. (2003). The Impact of Trade on Intra – industry Reallocations and Aggregate Industry Productivity. *Econometrica*, 71 (6): 1695 – 1725.

Melo, P. C. , Graham, D. J. , and Noland, R. B. (2009). A Meta – Analysis of Estimates of Urban Agglomeration Economies. *Regional Science and Urban Economics*, 39 (3): 332 – 342.

Mincer, J. A. (1974). Schooling and Earnings. In Mincer, J. A. , ed. , *Schooling, Experience, and Earnings*: 41 – 63. New York: Columbia University Press.

Mion, G. , and Naticchioni, P. (2005). Urbanization Externalities, Market Potential and Spatial Sorting of Skills and Firms. CEPR Discussion Papers, 5172.

Moomaw, R. L. (1981). Productivity and City Size: A Critique of the Evidence. *The Quarterly Journal of Economics*, 96 (4): 675 – 688.

Moomaw, R. L. (1983). Is Population Scale a Worthless Surrogate for Business Agglomeration Economies? . *Regional Science and Urban Economics*, 13 (4): 525 – 545.

Moomaw, R. L. (1985). Firm Location and City Size: Reduced Productivity Advantages as a Factor in the Decline of Manufacturing in Urban Areas. *Journal of Urban Economics*, 17 (1): 73 – 89.

Nadiri, M. I. (1970). Some Approaches to the Theory and Measurement of Total Factor Productivity: A Survey. *Journal of Economic Literature*, 8 (4): 1137 – 1177.

Nakamura, R. (1985). Agglomeration Economies in Urban Manufacturing Industries: A Case of Japanese Cities. *Journal of Urban Economics*, 17 (1): 108 – 124.

Nathan, M. , and Overman, H. (2013). Agglomeration, Clusters, and Industrial Policy. *Oxford Review of Economic Policy*, 29 (2): 383 – 404.

Paci, R. , and Usai, S. (1999). Externalities, Knowledge Spillovers and the Spatial Distribution of Innovation. *GeoJournal*, 49 (4): 381 – 390.

Pan, Z. , and Zhang, F. (2002). Urban Productivity in China. *Urban Studies*, 39 (12): 2267 – 2281.

Park, I. K. , and Rabenau, B. V. (2011). Disentangling Agglomeration Economies: Agents, Sources, and Spatial Dependence. *Journal of Regional Science*, 51: 897 – 930.

Parr, J. B. (2014). The Polycentric Urban Region: A Closer Inspection. *Regional Studies*, 38 (3): 231 – 240.

Pessoa, A. (2014). Agglomeration and Regional Growth Policy: Externalities versus Comparative Advantages. *The Annals of Regional Science*, 53 (1): 1 - 27.

Puga, D. (2010). The Magnitude and Causes of Agglomeration Economies. *Journal of Regional Science*, 50 (1): 203 - 219.

Quigley, J. M. (1998). Urban Diversity and Economic Growth. *Journal of Economic Perspectives*, 12 (2): 127 - 138.

Rice, P. , Venables, A. J. , and Patacchini, E. (2006). Spatial Determinants of Productivity: Analysis for the Regions of Great Britain. *Regional Science and Urban Economics*, 36 (6): 727 - 752.

Roberto, A. , and Giulio, C. (2011). The Role of Spatial Agglomeration in a Structural Model of Innovation, Productivity and Export: A Firm - level Analysis. *Annals of Regional Science*, 46 (3): 577 - 600.

Romer, P. M. (1990). Endogenous Technological Change. *Journal of Political Economy*, 98 (5): S71 - S102.

Rosenthal, S. S. , and Strange, W. C. (2004). Evidence on the Nature and Sources of Agglomeration Economies. In Henderson, J. V. , and Thisse, J. F. , eds. , *Handbook of Regional and Urban Economics*, (4). Amsterdam: North - Holland.

Rosenthal, S. S. , and Strange, W. C. (2001). The Determinants of Agglomeration. *Journal of Urban Economics*, 50 (2): 191 - 229.

Rosenthal, S. S. , and Strange, W. C. (2008). The Attenuation of Human Capital Spillovers. *Journal of Urban Economics*, 64 (2): 373 - 389.

Scott, A. J. (2008). Production and Work in the American Metropolis: A Macroscopic Approach. *The Annals of Regional Science*, 42 (4): 787 - 805.

Segal, D. (1976). Are There Returns to Scale in City Size? . *The Review of Economics and Statistics*, 58 (3): 339 - 350.

Simonen, J. , Svento, R. , and Juutinen, A. (2013). Specialization and Diversity as Drivers of Economic Growth: Evidence from High - Tech Industries. *Papers in Regional Science*, 94 (2) : 229 - 247.